Uwe Westphal

Hecken – Lebensräume in Garten und Landschaft

Gedruckt auf
100% Recyclingpapier

Uwe Westphal

Hecken – Lebensräume in Garten und Landschaft

Ökologie • Artenvielfalt • Praxis

illustriert von Margret Schneevoigt

pala verlag

Inhalt

Hecken – Lebensräume in Garten und Landschaft

Hecken in der Feldflur gelten allgemein als Lebensadern der Landschaft. In einigen Gegenden waren sie – und sind es teilweise bis heute – derart prägend für das Landschaftsbild, dass sie diesen Regionen sogar ihre Namen gaben. Das gilt etwa für das Heckengäu südwestlich von Stuttgart (Baden-Württemberg), für die Techiner Heckenlandschaft im Biosphärenreservat Schaalsee (Mecklenburg-Vorpommern) oder auch für die ostholsteinische Knicklandschaft, so benannt nach einer speziellen Ausprägung, den Wallhecken oder Knicks. Einst infolge herrschaftlicher Verfügungen gezielt angelegt oder spontan an ungenutzten Grundstücksgrenzen aufgewachsen, dienten Hecken der ländlichen Bevölkerung in früheren Zeiten als lebende Weidezäune, Holzlieferanten und Sammelquelle für Wildfrüchte und Heilpflanzen. Seit Jahrhunderten dienen geschnittene Hecken auch zur Umfriedung und Gliederung von Parks und Gärten, schützen vor neugierigen Blicken, Wind und Straßenlärm. Diese regelmäßig getrimmten Gartenhecken sollen jedoch nicht Schwerpunkt dieses Buches sein. Gleichwohl kommt ihnen in Kombination mit mehr oder weniger frei wachsenden Strauchgruppen im Siedlungsraum eine beträchtliche Bedeutung für die Tierwelt zu. Vögel finden dort Nahrung und sichere Nistplätze, Igel und Spitzmäuse einen passenden Unterschlupf, und ein Heer von Insekten profitiert von Blüten, Blättern und Früchten heimischer Heckensträucher. Doch auch uns Menschen haben Hecken viele sinnliche Genüsse zu bieten: üppige Blütenpracht im Frühling, das Summen der Bienen, das Konzert von Heuschrecken und Heckenvögeln, leuchtende Beeren im Herbst, Schlehenwein und Holunderpfannkuchen. Richtig angelegte Hecken stellen geradezu das ökologische Rückgrat eines Gartens dar.

Durch regelmäßige wirtschaftliche Nutzung, bei der die Bauern in mehrjährigem Rhythmus ganze Heckenabschnitte in bestimmter nutzungsabhängiger Weise abschlugen, wurde der Gehölzbestand verjüngt und produktiv gehalten. Hecken sind also in erster Linie Kulturbiotope. Quasi als Nebeneffekt entwickelten sie sich über die Jahrhunderte zu wertvollen Lebensräumen für eine artenreiche Tier- und Pflanzenwelt. Heute werden Hecken nirgendwo in Europa mehr wirtschaftlich genutzt, ein Großteil des vielerorts einst dichten Heckennetzes wurde durch die Flurbereinigungsverfahren vergangener Jahrzehnte als nutzloses Bewirtschaftungshindernis vernichtet. Mit den Hecken gingen zahllose Brutmöglichkeiten für Vögel und Refugien für Kleintiere verloren, die in der ausgeräumten Agrarsteppe heute oft kaum mehr Lebensmöglichkeiten finden.

Im Zuge eines inzwischen deutlich gestiegenen ökologischen Bewusstseins bemühen sich Naturschutzvereine und Landschaftspflegeverbände, engagierte Kommunen und Einzelpersonen an vielen Stellen darum, die noch vorhandenen Heckenreste durch entsprechende Pflegemaßnahmen vor dem Verfall zu retten und neue Hecken in der Landschaft und auch im Siedlungsraum anzulegen. Um hierbei häufig gemachte Fehler und Misserfolge zu vermeiden und sinnvoll planen und arbeiten zu können, sind fundiertes ökologisches Fachwissen und praktisches Know-how vonnöten, die dieses Buch vermitteln möchte. Patentrezepte à la »die perfekte Hecke – so wird's gemacht« wird der interessierte Leser allerdings vergeblich suchen – solche Patentrezepte gibt es nicht. Zu unterschiedlich sind die jeweiligen Ausgangssituationen. Jede Hecke, jeder Standort ist individuell. Doch wer die grundlegenden Gesetzmäßigkeiten erst einmal verstanden hat, wird in der Lage sein, ebenso individuelle, fachlich versierte Lösungen zu finden. Dabei hat es ein Heckengärtner im Siedlungsbereich grundsätzlich leichter, weil dort andere Aspekte zum Tragen kommen als in der Landschaft.

Abschließend werden angesichts einer immer stärkeren Intensivierung der Landwirtschaft neue Konzepte zum Schutz und Erhalt von Heckenökosystemen diskutiert. Den Hecken und Gebüschen im Siedlungsraum kommt dabei eine bisher unterschätzte Rolle zu. Auch und gerade Gartenbesitzer können im wahrsten Sinne des Wortes eine ganze Menge aushecken! Gestalten Sie Lebens(T)räume – für die Natur und für sich selbst!

Heckenweg – ein Fest für die Sinne

Hecken, Gebüsche, Feldgehölze – eine Definition

Was genau ist eigentlich eine »Hecke«, ein »Gebüsch«, ein »Feldgehölz«? Alle drei genannten Lebensräume, die gelegentlich unter dem Oberbegriff »Flurgehölze« zusammengefasst werden, sind gehölzdominierte Landschaftselemente.

Hecken sind vom Menschen zu verschiedenen Zwecken angelegte und genutzte linienförmige Bestände von Sträuchern und einzelnen Bäumen. Sträucher unterscheiden sich von Bäumen durch ihre geringe Höhe – meist ein bis sechs Meter – und ihren in der Regel dicht verzweigten, »strauchigen« Wuchs ohne die baumtypische Ausprägung von Stamm und Krone. Hecken als ursprünglich vom Menschen angelegte Kulturbiotope bestehen meist aus ein bis drei Reihen von Gehölzen. Im Idealfall werden die Gehölzbänder begleitet von einem Saum aus Gräsern und Stauden. Je nach Nutzung, Ausprägung und Pflegezustand unterscheidet man verschiedene Heckentypen (siehe auch ab Seite 107).

An Böschungskanten, Nutzungsgrenzen oder entlang von Steinwällen kommt es häufig auch zum spontanen Aufwuchs schmaler Gehölzbänder. Sie ähneln in ihrem Erscheinungsbild einer länger nicht gepflegten gepflanzten Hecke, unterscheiden sich in ihrer Artenzusammensetzung aber nicht selten erheblich von den »Nutzhecken«. In der Regel werden sie nicht oder nur unregelmäßig genutzt oder gepflegt. Solche spontan aufgewachsenen Gehölzbestände werden umgangssprachlich meist ebenfalls als »Hecken« bezeichnet. Zur Unterscheidung von den eigentlichen Hecken haben manche Autoren für die spontan aufgewachsenen Gehölzbänder den Begriff »Flurgehölzstreifen« geprägt. Da dieser sperrige Begriff aber nach EU-Norm und Bürokratendeutsch klingt (in dem etwa ein Baum zum »raumübergreifenden Großgrün« wird), soll in diesem Buch der Begriff »Hecke« unabhängig von der Entstehung der Gehölzbänder verwendet werden. Dies scheint vertretbar, da sich die ökologischen Bedingungen der Nutzhecken und Wildhecken sowie deren Tierwelt und Pflanzenwelt grundsätzlich stark ähneln. Hecken bedürfen – unabhängig von der Art ihrer Entstehung – regelmäßiger Nutzungs- oder Pflegemaßnahmen zu ihrem dauerhaften Erhalt.

Hat der Gehölzaufwuchs keine linienförmige, sondern eine flächige Ausdehnung, oder besteht er nur aus einer kleinen Gruppe von Sträuchern und jungen Bäumen, so spricht man von **Gebüsch.** In der Kulturlandschaft wachsen Gebüsche spontan auf ungenutzten, schwer zu bearbeitenden Flächen auf, in Gärten und Parks werden Buschgruppen gezielt angepflanzt.

Ausgedehntere Gebüsche, die durch den Aufwuchs von Bäumen zu kleinen Wäldchen werden, bezeichnet man als **Feldgehölze.** Sie unterliegen keiner geregelten forstwirtschaftlichen, allenfalls einer bäuerlichen Nutzung und unterscheiden sich von Wäldern im ökologischen und forstlichen Sinne vor allem durch ihre geringe Größe, die in der Regel weniger als ein Hektar (10 000 Quadratmeter) beträgt. Oberhalb dieser Grenze gilt ein Gehölzbestand mit Bäumen in der Flächennutzungsstatistik als Wald. Dagegen wird in der Landschaftsplanung als formale Obergrenze für ein Feldgehölz oft eine Fläche von 0,25 Hektar angesetzt.

Für die Unterscheidung zwischen Wald und Feldgehölz wichtiger als die wissenschaftlich nur unzureichend zu definierende Minimalgröße oder Maximalgröße sind die Lage und der Einfluss des Umlandes: Feldgehölze liegen in der Regel isoliert in der Kulturlandschaft – daher auch als »Feldholzinseln« bezeichnet – und werden in ihren ökologischen Bedingungen (Lichteinfall, Kleinklima, biologischen Randeffekten) stark vom umgebenden Offenland beeinflusst. Sie weisen neben einer Kernzone mit bereits waldähnlichen Bedingungen ausgeprägte Randbereiche auf, in denen neben verschiedenen Licht liebenden Sträuchern auch Bäume wie Wildkirsche, Espe und Salweide aufwachsen, die an Waldrändern mit forstlicher Nutzung häufig dem »Reinigungshieb« zum Opfer fallen. Gelegentlich legen Jäger gezielt Feldholzinseln zur Wildhege an, die dann entsprechend auch als »Hegebüsche« bezeichnet werden.

Was ist ein Strauch, was ist ein Baum?

Hier eine kurze Definition zur Unterscheidung von Strauch und Baum: Botaniker zählen beide zum Lebensformtyp der Phanerophyten (Griechisch »Luftpflanzen«). Es handelt sich dabei um mehrjährige, verholzende Pflanzen, deren Erneuerungsknospen mindestens 30 Zentimeter über dem Erdboden und damit über dem normalen Niveau der Schneedecke liegen. Als Anpassungen an die Winterkälte unserer Breiten finden sich spezielle Ausprägungen wie Laubfall oder Nadelblätter. Wissenschaftler unterscheiden zwischen Nanophanerophyten und Makrophanerophyten.

Die meisten Sträucher zählen zu den Nanophanerophyten, die ausgewachsen eine Höhe von unter 50 Zentimetern (zum Beispiel Besenheide und andere Zwergsträucher) bis zu fünf Meter erreichen. Sie sind häufig vom Grund an reich verzweigt ohne Differenzierung von Stamm und Krone.

Im Gegensatz dazu bilden die deutlich höher wachsenden Bäume die Gruppe der Makrophanerophyten. Eine eigenständige Gruppe sind die Pseudophanerophyten oder »Scheinsträucher«, zu der neben Kratzbeeren und Himbeeren die vielgestaltige Artengruppe der Brombeeren zählt. Sie ähneln den echten Phanerophyten, haben aber im Gegensatz zu diesen einen zweijährigen Lebenszyklus. Sie sind sehr häufig in Hecken und Gebüschen zu finden.

Geschichte und Funktion der Hecken im Spiegel der Landnutzung

Wann Menschen die ersten Hecken anlegten, lässt sich nicht sicher feststellen. Entsprechende Nachweise reichen aber bis in prähistorische Zeiten zurück. Archäologen konnten nachweisen, dass die Menschen in Westeuropa bereits in der frühen Jungsteinzeit, also vor etwa 6000 Jahren, die ersten Ackerflächen mit Hecken umgaben. Luftaufnahmen aus Südostengland lassen darauf schließen, dass dort in der vorrömischen Eisenzeit ein ausgedehntes Netz von Wallhecken vorhanden gewesen sein muss. Seit alters also dienten Hecken zur Abgrenzung von Feldern und Viehweiden und sekundär auch zur Gewinnung von Holz und Laubfutter.

In früheren Zeiten hatten Hecken vielfach auch eine Verteidigungsfunktion: Bereits im ersten vorchristlichen Jahrhundert berichtete der römische Staatsmann und Feldherr Gaius Julius Caesar in seinem Werk »De bello gallico« (Der gallische Krieg), dass der am Niederrhein beheimatete germanisch-keltische Stamm der Nervier dichte Dornhecken zum Schutz gegen feindliche Reiterangriffe angelegt hatte. Noch während des Dreißigjährigen Krieges (1618 – 1648) und somit mindestens bis ins 17. Jahrhundert hinein dienten vielerorts Systeme aus Gräben

Zum Begriff »Hecke«

Der Begriff »Hecke« stammt vom althochdeutschen »hegga« (Mittelhochdeutsch »hegge«) und bedeutet so viel wie Einfriedung oder Verhau. Später wurde daraus der – inzwischen ebenfalls veraltete – Begriff »Hag«, der sich noch in der »Hagebutte« (Heckenrose und deren Früchte) oder in älteren Namen häufig verwendeter Heckensträucher wie Hagbuche (Hainbuche) und Hagdorn (Weißdorn) wiederfindet.

und Wällen, die mit undurchdringlichen Dornverhauen bepflanzt wurden, als »Landwehren« zum Schutz von Siedlungen. Noch heute findet man auf Landkarten verschiedentlich den Begriff »Landwehr« als Flurnamen – selbst wenn dort die einstigen Dornhecken längst verschwunden sind. Auch der Begriff »Heckenschütze« geht in seinem Ursprung auf die Verteidigungsfunktion der Landwehren zurück. Selbst noch im 20. Jahrhundert, zu Zeiten des unseligen Dritten Reiches, gab es Überlegungen, gestaffelte Wallhecken als Panzersperren im Osten anzulegen.

Um die Dornhecken möglichst undurchdringlich zu machen, bediente man sich eines Verfahrens, das laut der erwähnten Beschreibung des Römers Julius Caesar schon die alten Nervier (und sicher auch andere Volksstämme) beherrschten: Der Strauchbewuchs wurde künstlich verdichtet, indem man junge Stämme oder Äste schräg seitlich anschnitt und parallel zum Heckenverlauf waagerecht zur Seite oder bis zur Erde herab knickte. Aus diesen geknickten Ästen wuchsen viele Triebe in die Höhe und bildeten ein lebendes Dornverhau, eventuelle Lücken wurden mit Brombeeren und anderen Dornsträuchern geschlossen. Diese uralte Bewirtschaftungsform des »Knickens« (siehe auch Seite 111) wurde noch bis Anfang des 20. Jahrhunderts praktiziert, hat aber mit der Erfindung des Stacheldrahts und später der Elektrozäune ausgedient. Die nicht mehr notwendigen Hecken und Knicks verwilderten und wurden ab Mitte der 1950er-Jahre im Zuge der sogenannten Flurbereinigungen in großem Stil vernichtet (mehr dazu ab Seite 19). Nur die in Norddeutschland verbreitete Bezeichnung »Knick« für eine Wallhecke erinnert noch an diese besondere Art der Heckenpflege.

Wallhecken in Norddeutschland

Die Anlage von Hecken spiegelt sowohl regionale Eigenheiten wie auch die Nutzungsgeschichte der jeweiligen Kulturlandschaft wider, die in Abhängigkeit von soziokulturellen und (land-)wirtschaftlichen Entwicklungen einem steten Wandel unterliegt.

Am Beispiel der für manche Bereiche Norddeutschlands typischen Wallhecken, wie man sie zum Beispiel in Ostholstein und Westmecklenburg, in Teilen Niedersachsens und im Münsterland noch heute antreffen kann, sei diese Entwicklung grob skizziert: Vom Mittelalter bis in die zweite Hälfte des 18. Jahrhunderts weidete das Vieh der bäuerlichen Dorfgemeinschaften auf ausgedehnten Gemeinschaftsweiden, den Allmenden oder Marken. Die eingestreuten, ebenfalls gemeinschaftlich genutzten Ackerflächen wurden mit dornigen Hecken umgeben, die oft schon als Wallhecken angelegt waren, um das Vieh von den Äckern fernzuhalten, so zum Beispiel verbreitet im Münsterland und im Raum Oldenburg. Auch die Triftwege, auf denen die Bauern das Vieh durch ackerbaulich genutzte Marken auf die Allmendflächen trieben, waren häufig mit Hecken eingefasst, um ein Ausbrechen der

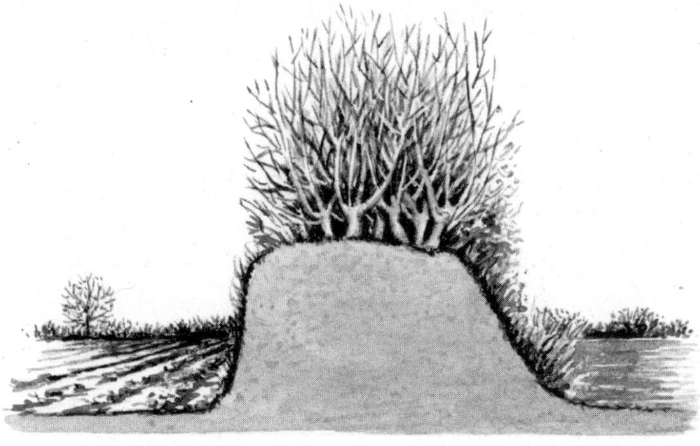

Querschnitt durch eine Wallhecke, charakteristisch für einige Gegenden Nordwestdeutschlands: Die Hecke steht nicht ebenerdig, sondern auf einem durchschnittlich etwa einen Meter hohen und auf der Wallkrone etwa zwei Meter breiten Erdwall.

Tiere zu verhindern. Schließlich ließen auch manche Feudalherren ihre Wälder gegen die damals verbreitete Hudenutzung (gemeinschaftliche Waldweide) schützen. Sie forderten ihre Untertanen zur gewissenhaften Pflege besonders jener Hecken auf, die die landesherrlichen Wälder umgaben. Solche von Wallhecken eingefassten Waldungen wurden als »Zuschlag« bezeichnet – ein Begriff, der wie die »Landwehr« auch heute noch in alten Flurnamen auftaucht.

In Schleswig-Holstein sorgten um 1770 die sogenannten Verkoppelungsgesetze für eine radikale Umstrukturierung der Landnutzung: Die zuvor genossenschaftlich genutzten Allmenden wurden im Rahmen der Markenteilung aufgeteilt und den einzelnen Bauern als Privatflächen zugewiesen. Die durch die Verkoppelung entstandenen Parzellen mussten auf Geheiß der Obrigkeit eingefriedet werden. Das vorher frei laufende Vieh wurde nun nicht mehr wie einst von den Äckern ausgesperrt, sondern auf den Weideflächen eingepfercht. In Schleswig-Holstein, das damals dem Königreich Dänemark unterstand, befahl Dänenkönig Christian VII. dazu die Anlage von Wällen und ihre Bepflanzung mit »lebendigem Pathwerk« (Strauchwerk). Tote Holzzäune oder Reisigzäune kamen schon deshalb nicht in Betracht, weil Holz durch Überweidung der Wälder und intensiven, ungeregelten Holzeinschlag knapp und kostbar war. Das so entstandene Heckennetz fiel umso engmaschiger aus, je kleiner die bei der Markenteilung gewonnenen Parzellen waren. In einigen Landesteilen, etwa im schleswigschen Angeln, gab es schließlich pro Hektar Fläche mehr als 130 Meter Wallhecken. Dagegen findet man in Gebieten, in denen wie in Teilen Ostholsteins große Güter vorherrschten, nur wenige Hecken, die meist noch aus der Zeit vor der Verkoppelung stammen. Die herrschaftlichen Güter gehörten nicht zur Allmende und waren damit auch nicht von der Markenteilung betroffen. Auch in Bereichen mit fast ausschließlicher Weidenutzung wie in den Marschen der Unterelbe und im Bereich der Nordseeküste fehlen Hecken weitestgehend, da die meisten Heckensträucher unter dem Einfluss häufiger Starkwinde und Stürme nur kümmerlich gedeihen. Auch gab es wegen der Gefahr ständiger windbedingter Bodenerosion und regelmäßiger Überflutungen nur wenige Ackerflächen, die vor dem Vieh hätten geschützt werden müssen.

Hecken in der Mitte und im Süden Deutschlands

Eine ganz andere Entstehungsgeschichte haben die Hecken Mitteldeutschlands und Süddeutschlands. Sie wurden in der Regel nicht gepflanzt, sondern entstanden mit nachlassender Intensität der Bodennutzung spontan entlang von Wegen oder Feldrainen, Geländestufen in ackerbaulich genutzten Hanglagen (Stufenrainen) oder entlang von Lesesteinmauern. Anders als in Norddeutschland herrschte in diesen Gegenden bis weit ins 19. Jahrhundert, teilweise sogar noch bis zum Anfang des 20. Jahrhunderts, die Dreifelderwirtschaft als Bodennutzungssystem vor: Für jedes Dorf wurden drei Teile abgegrenzt, wo alle Bauern nach Vorschrift, dem Flurzwang, das Gleiche anbauen mussten: Auf zwei Teilen wurden Sommergetreide oder Wintergetreide angebaut, die dritte Fläche lag für jeweils ein Jahr brach, um den vor allem in Ungunstlagen der Mittelgebirge meist wenig fruchtbaren Böden Zeit zur Regeneration zu geben. Die Nutzung dieser drei Flächen wechselte man jedes Jahr, sodass die einzelnen Flurbereiche alle drei Jahre auf gleiche Weise genutzt wurden. Abgegrenzt wurden sie meist mit Zäunen, die man entsprechend versetzen konnte.

Trotz der eingeschobenen Brachephasen konnten die Bauern der damaligen Zeit kaum genügend Getreide für den menschlichen Bedarf produzieren, von Viehfutter ganz zu schweigen. Da es zudem nur wenig Grünland gab, musste das Vieh Stoppelfelder und Brachen mit abweiden. Vor allem die ärmeren Bauern waren außerdem darauf angewiesen, alle irgend erreichbaren Grasfluren zu mähen, um wenigstens ein wenig Viehfutter zu gewinnen. Dieses Recht auf »Grasen und Krauten« war jedoch auf nicht privat genutzte Raine oder Gewässerränder außerhalb der Nutzflächen beschränkt. Unter diesem Nutzungsdruck konnten kaum Heckensträucher aufwachsen. Erst als verbesserte Methoden der Landwirtschaft es ermöglichten, Viehfutter in ausreichender Menge anzubauen, und das Vieh zunehmend im Stall gehalten werden konnte, entfiel die wirtschaftliche Notwendigkeit, die Raine zu nutzen. Erst jetzt konnten sich dort Sträucher ansiedeln und zu mehr

Hagebutten, die Früchte der Heckenrose

oder weniger geschlossenen Hecken oder Flurgehölzbändern entwickeln. Die allermeisten Hecken Mittel- und Süddeutschlands entstanden folglich erst in den letzten 50 bis 100 Jahren und sind damit wesentlich jünger als die norddeutschen Hecken.

In verschiedenen Gegenden Deutschlands markieren Hecken auch die Parzellengrenzen sogenannter Hufenfluren. Hufen sind schmale, sehr lang gestreckte Grundstücke, die sich in hügeligem oder bergigem Gelände oft vom Tal bis in die Hochlagen erstrecken. Auch in manchen Gegenden Norddeutschlands findet man noch heute von Hecken gesäumte Hufenfluren. Am Verlauf der Gehölzbänder lässt sich die Nutzungsgeschichte noch gut erkennen.

Im Alpenvorland gibt oder gab es darüber hinaus Heckenbestände, die zwar ebenfalls ursprünglich spontan entlang von Parzellengrenzen oder Lesesteinriegeln aufwuchsen, die aber hinsichtlich ihres Zweckes und der Einbindung in die Grünlandnutzung in gewisser Weise mit den norddeutschen Knicks vergleichbar sind, auch wenn sie sich in der Bewirtschaftung und im Gehölzbestand deutlich von diesen unterscheiden. Daneben finden sich Indizien dafür, dass es auch im Alpenvorland gebietsweise herrschaftliche Anweisungen oder Empfehlungen zur Pflanzung oder Anordnung von Hecken gegeben hat. Wo es die Böden zuließen, wurden die Flächen in Form einer geregelten Feld-Gras-Wechselwirtschaft genutzt. Viehwirtschaft spielte daher von Anfang an eine große Rolle. Die Bauern nutzten die Gehölzbänder als natürliche Zäune und ließen einen Teil der Gehölze zu Bäumen durchwachsen. Diese »Baumhecken« spendeten den Tieren Schatten und lieferten zudem Brennholz und Bauholz sowie Laubheu, scheinen aber nicht wie die Knicks in regelmäßigem Turnus genutzt worden zu sein.

Vernichtung, Gefährdung und Verfall von Hecken

Hecken waren und sind stets gesellschaftlichen und agrarstrukturellen Wandlungen ausgesetzt. Ihr Niedergang begann regional bereits gegen Ende des 19. Jahrhunderts, als die aufwendig gepflegten Dornhecken als lebende Begrenzungen von Viehkoppeln zunehmend durch Stacheldraht und später durch Elektrozäune ersetzt wurden. Großflächig verschwanden ganze Heckenlandschaften im Zuge sogenannter Flurneuordnungsverfahren.

Ab etwa 1950 bis in die 1970er-Jahre wurde die Feldflur von allem bereinigt, was dem Einsatz immer größerer Landmaschinen vermeintlich oder tatsächlich im Wege stand. Hecken und Feldgehölze wurden gerodet, Gräben und Hohlwege zugeschüttet, Bäche begradigt oder in Rohren unter die Erde verlegt, Lesesteinwälle und Ackerraine vernichtet. Auf dem Reißbrett entworfen, wurden vormals unterschiedlich genutzte kleine Parzellen zu großen maschinengerechten Flächen zusammengelegt. Belange des Natur- und Landschaftsschutzes spielten damals noch keine Rolle. So entstand eine ausgeräumte, uniforme Agrarsteppe, in der vielfach auch die regionale Identität verloren ging. Allein in Schleswig-Holstein, das Ende der 1940er-Jahre noch ein Knicknetz von etwa 75 000 Kilometern aufwies, verschwanden in den darauffolgenden Jahrzehnten rund 30 000 Kilometer Wallhecken durch Flurbereinigung, Straßen- und Siedlungsbau. Auch in anderen Regionen waren dramatische Heckenverluste zu verzeichnen. So verblieb in der niedersächsischen Gemeinde Ganderkesee von ehemals 1372 Kilometer Hecke gerade mal ein Rest von 110 Kilometern oder acht Prozent.

Zudem sind die verbliebenen Knickreste häufig in einem schlechten ökologischen Zustand und vielfachen Gefährdungen durch mangelnde Pflege und intensive landwirtschaftliche Nutzung auf den angrenzenden Parzellen ausgesetzt. Allzu oft pflügen Landwirte bis an den Knickfuß oder direkt an den Rand einer Feldhecke heran, sodass sich die ökologisch so wichtigen Saumgesellschaften nicht entfalten können und das Wurzelwerk der Heckensträucher mechanisch verletzt wird. Wenn der Knickwall selbst in Mitleidenschaft gezogen wird, werden die Wurzeln freigelegt, die Gehölze vertrocknen langsam. Ohne schützenden Pufferstreifen gelangen regelmäßig Gülle, Mineraldünger und Pestizide in die Hecke, Überdüngung (Eutrophierung) und Vergiftung von Flora und Fauna sind die Folgen. Intensive Beweidung schädigt die Sträucher ebenfalls, selbst mit Dornen oder Stacheln vor Verbiss geschützte Sträucher verkümmern auf Dauer, wenn Rinder oder Schafe deren frische, weiche Triebe ständig abfressen. Werden Knickwälle ganz oder teilweise in die Beweidung einbezogen, kommt es zu schweren Trittschäden, bis schließlich nur noch einige Bäume mit Stelzwurzeln an den einstigen Heckenwall erinnern.

Auch falsche oder gänzlich unterlassene Pflege, eher die Regel als die Ausnahme, führt zu einer schleichenden Verminderung des ökologischen Potenzials einer Hecke und schließlich zu ihrer Auflösung. Da Heckenbestände heutzutage keinerlei direkten wirtschaftlichen oder funktionellen Nutzen mehr haben – abgesehen von der vielfach nicht ausreichend gewürdigten Windschutzfunktion –, besteht für viele Landwirte auch keine Notwendigkeit mehr, sie regelmäßig sachgemäß zu pflegen. Hierfür fehlen überdies die personellen Kapazitäten und zunehmend wohl auch das notwendige Fachwissen. Ohne regelmäßigen Rückschnitt aber überwachsen immer mehr Bäume – seien sie ursprünglich gepflanzt oder selbst angesamt – die lichthungrigen Sträucher, die wegen der Beschattung zunehmend von unten her verkahlen und schließlich ganz verdrängt werden. Strauchhecken entwickeln sich zu Baumreihen, die heckentypische Fauna und Flora verliert großflächig ihren Lebensraum.

Wo Hecken an Straßen oder Feldwege grenzen, werden die Gehölze regelmäßig seitlich zurückgeschnitten. Häufig geschieht dies mit einem sogenannten Schlegelmäher, einem rotierenden Messer, das über einen Hydraulikarm an einem Traktor oder Unimog befestigt ist. Diese brachiale Methode hat mit sachgerechter Heckenpflege nichts zu tun, Zweige und Äste werden dabei regelrecht zerfetzt, die Sträucher können solche Wunden kaum schließen und sind eindringenden Pilzen daher schutzlos ausgesetzt. Werden die Heckensäume dann noch mehrfach im Jahr gemäht, verlieren solche »Schmalhecken« einen Großteil ihres ökologischen Wertes – dann verwundert es nicht, dass viele Landwirte in solchen Hecken vor allem lästige Bewirtschaftungshindernisse sehen, die nicht selten kurzerhand beseitigt werden.

Insgesamt ergibt sich so ein wesentlich dramatischeres Bild, als es die Vernichtungsbilanz aus der Flurbereinigung vergangener Jahrzehnte ohnehin schon zeichnet. Die Tatsache, dass Feldhecken und Knicks nach dem Bundesnaturschutzgesetz und den entsprechenden rechtlichen Bestimmungen der meisten Bundesländer als wertvolle Landschaftsbestandteile und Lebensräume geschützt sind, konnte diese Entwicklung leider nicht verhindern.

Spinnen profitieren vom Insektenreichtum der Hecken.
Von winzigen Tautropfen benetzt, glitzern ihre Netze im Morgenlicht.
Werden Hecken zugunsten von Monokulturen beseitigt, verarmt die Natur.

Landwirtschaft und Hecken – Vorurteile und Fakten

Bereits zur Zeit der Markenteilung, in der ein Großteil der heutigen Hecken angelegt wurde (siehe ab Seite 16), gab es heftige Diskussionen darüber, ob solche Hecken überhaupt sinnvoll seien oder ob sie nicht eher der Landwirtschaft und Landnutzung schaden. Daran hat sich in der Tendenz bis heute nicht viel geändert. Zwar ist in Naturschutzkreisen der ökologische Wert dieser Gehölzstrukturen längst unbestritten, viele Landwirte stehen ihnen aber dennoch skeptisch bis ablehnend gegenüber.

Eine Reihe von Argumenten und Vorurteilen wird immer wieder ins Feld geführt, etwa dass Hecken Refugien für Problemkräuter und Brutstätten für tierische Schädlinge seien, die die angrenzenden Äcker befallen. Wie ab Seite 63 dargestellt, ist eher das Gegenteil der Fall: Zahlreiche Heckenbewohner spielen eine wichtige Rolle bei der biologischen Schädlingsbekämpfung, Flugsamen von Ackerunkräutern werden von Hecken aufgefangen. Eine »Verunkrautung« von Ackerflächen – ausgehend von Hecken – ist nicht zu befürchten, da die meisten Ackerwildkräuter offene, besonnte Böden benötigen und in Hecken nicht überdauern können. Im Gegenteil: Die Filterwirkung dichter Gehölzbestände ist gerade für Flugsamen nicht zu unterschätzen. Die abgefangenen Samen können im Heckenkern oder im dichten Saumbewuchs nicht auskeimen und werden somit »unschädlich« gemacht.

In der Nachbarschaft von Erwerbsobstbauflächen ist allerdings die mögliche Rolle speziell des Weißdorns als Überträger des Feuerbrands, einer gefährlichen bakteriellen Erkrankung von Kernobst (Äpfeln, Birnen), zu beachten. Einzelheiten dazu regelt eine entsprechende Feuerbrand-Verordnung.

Ein weiterer Vorbehalt: Hecken verbrauchen wertvolle Ackerflächen und mindern den Ertrag durch Beschattung und Wurzelkonkurrenz. Im direkten Umfeld führen diese Faktoren tatsächlich zu einem Minderertrag. Zahlreiche Untersuchungen haben jedoch klar gezeigt, dass die Hecke als Windschutz insgesamt dennoch zu einem beträchtlich gesteigerten Nutzpflanzenwachstum führt – und zwar in einem Bereich im Windschatten einer Hecke, der das 20-fache der Heckenhöhe betragen kann. Das Ausmaß dieses positiven Effektes ist abhängig von der Kulturart, der Heckenausprägung, von Klima und Boden sowie den örtlichen Gegebenheiten. Die Ertragsminderung im unmittelbaren Heckenbereich wird dadurch deutlich überkompensiert.

Hecken, die quer zur Hauptwindrichtung verlaufen, können die Windgeschwindigkeit um 40 bis 60 Prozent bremsen. Anders als bei einem festen Hindernis wie einer Mauer treten dabei auf der dem Wind abgewandten Seite (Lee) keine Luftverwirbelungen auf, weil sich wegen der zwar begrenzten, aber doch vorhandenen Winddurchlässigkeit keine Unterdruckzonen bilden können.

Neben der Höhe einer Hecke ist ihre Struktur, ihre »Durchströmbarkeit«, von entscheidender Bedeutung für das Ausmaß ihrer Windschutzwirkung. Lückige Bestände, etwa durchgewachsene Baumhecken mit nur noch gering entwickelter Strauchschicht, haben eine unerwünschte »Düsenwirkung«. Den besten Effekt zeigt eine Hecke mit einem mittleren Durchströmungsfaktor, bei dem sich Winddurchlässigkeit und Wind hemmende Wirkung in etwa die Waage halten. In diesem Fall wird ein Maximum an Windenergie absorbiert, gleichzeitig ist die positiv beeinflusste Fläche im Heckenlee am größten.

In windexponierten Gegenden wurden früher ausgeklügelte Systeme von Windschutzhecken und Feldgehölzen angelegt und entsprechend gepflegt(!), die dafür sorgen sollten, die Winddynamik weitgehend vom Boden abzuheben und somit eine windbedingte Bodenerosion zu verringern.

Die positiven Wirkungen des Windschutzes auf das Wachstum von Kulturpflanzen sind dagegen vor allem indirekter Art: So ist die Bodenfeuchte in diesem Bereich während der gesamten Vegetationsperiode deutlich erhöht. Die verringerte Windgeschwindigkeit führt zu erhöhten Regen- und Taufällen sowie zu einer geringeren Verdunstung. Deshalb sind die Ertrag steigernden Effekte in Gegenden mit heißen, trockenen Sommern (Kontinentalklima) deutlicher ausgeprägt als im atlantischen Klimabereich. Ein weiterer wichtiger Grund für ein besseres Pflanzenwachstum im Windschatten ist darin zu sehen, dass das von den Bodenorganismen produzierte Kohlendioxid in höherer Konzentration erhalten bleibt und den Pflanzen für eine verstärkte Fotosynthese zur Verfügung steht.

Es sei allerdings auch nicht verschwiegen, dass – bezogen auf den konkreten Standort – »falsch« angelegte Hecken auch nachteilige Effekte haben können, etwa durch Kaltluftstau oder Schneeverwehungen. In Weidelandschaften haben Hecken eine wichtige Funktion als Schattenspender für das Vieh.

Vielfältige Nutzung

Während Hecken in der heutigen Zeit wegen ihrer hohen Wertigkeit für die Tierwelt und die Pflanzenwelt (siehe ab Seite 52) oder wegen ihrer positiven Belebung des Landschaftsbildes gepflanzt, erhalten und gepflegt werden und im Garten für Sicht- und Lärmschutz sorgen, spielten diese Aspekte früher keine Rolle. Es waren nach heutigem Verständnis lediglich sympathische Nebeneffekte. Hecken waren in der kleinbäuerlichen Subsistenzwirtschaft vielmehr unentbehrliche Bestandteile der Kulturlandschaft, die intensiv genutzt wurden.

Hecken wurden früher vielfältig genutzt: Sie lieferten zum Beispiel Brennholz sowie Holz für Möbel und Gebrauchsgegenstände oder Laubfutter für das Vieh. Ihr buntes Angebot an Früchten, Beeren, Nüssen und Heilpflanzen bereichert das Leben und die Speisezettel der Menschen – ein Aspekt, dessen man sich heute wieder zunehmend besinnt.

Neben der schon erwähnten Funktion als lebende Zäune spielten Hecken vor allem als Holzlieferanten für das einfache Volk eine große Rolle. Die typischen Heckenlandschaften entstanden vor allem dort, wo herrschaftliche Verfügungen den Bauern und Handwerkern die Holzgewinnung in den Wäldern untersagten. Der Bau von Häusern und Schiffen, Bergbau, Köhlereibetriebe und die Salzsiedereien der Salinen verschlangen enorme Mengen an Holz. Die Wälder wurden zunehmend aufgelichtet oder verschwanden ganz. Insbesondere Starkholz war als stetig knapper werdendes Gut entsprechend kostbar und aus Sicht der Feudalherren für die Untertanen schlicht zu schade. Hecken dienten in damaliger Zeit so auch zur Kompensation der fehlenden oder stark eingeschränkten Waldnutzungsrechte. In einem Turnus von durchschnittlich 7 bis 15 Jahren sägten die Bauern die Heckensträucher abschnittsweise oder vollständig bis auf die Wurzelstöcke herunter (»auf den Stock setzen«) und nutzten das anfallende Buschwerk als Brennholz. Gleichzeitig ließen sie in größeren Abständen einzelne Bäume in der Hecke aufwachsen oder pflanzten sie gezielt an, häufig Eichen, Eschen, Bergahorne, Wildkirschen oder Obstbäume, die die darunter wachsenden Heckensträucher nicht zu sehr beschatten. Bei der turnusmäßigen Heckenpflege (siehe auch ab Seite 116) blieben diese Bäume als »Überhälter« stehen, bis sie stark genug waren, um als Bauholz oder sonstiges Nutzholz zu dienen, oder sie wurden im Falle von Obstbäumen entsprechend beerntet.

In einer auf weitgehende Autarkie ausgerichteten Kreislaufwirtschaft wurde das Holz äußerst vielfältig verwendet. Aus ihm wurden nicht nur Möbel gefertigt, sondern es diente auch als Rohstoff für die Herstellung vielfältigster Gebrauchsgegenstände des täglichen Lebens und von Werkzeugen für unterschiedliche Handwerkskünste. Hergestellt wurden etwa:

- Tische, Schränke und Truhen aus Eichenholz,
- Betten aus Kirschholz,
- Wagendeichseln, Axtstiele und Schlittenkufen aus Eschenholz,
- Zaunpfähle aus Eichenholz und anderen Harthölzern,
- Schaufelstiele aus Weiden- oder Eschenholz,
- Schreinerhobel aus dem Holz der Hainbuche,

- ▹ Teller, Kochlöffel und Quirle aus Ahornholz oder
- ▹ Besen aus Birkenreisig.

Eine besondere Rolle spielte auch die Hasel, noch heute in vielen Hecken eine der dominierenden Straucharten. Ihre geraden, weitgehend astfreien Stockausschläge dienten beispielsweise zur Ausfachung von Lehm-Fachwerk-Wänden, ebenso zum Bau von Staketenzäunen, als Rankhilfen für Bohnenpflanzen (»Bohnenstangen«) sowie als Werkholz für Gerätestiele und anderes. Zum Flechten von Körben verwendete man neben Weiden auch Haseltriebe.

Ob Heugabel, Holzrechen, Flechtzaun, Essbesteck oder Wäscheklammer – für jedes Werkzeug, jeden Gegenstand wurde unterschiedliches Holz in jeweils passender Stärke gebraucht. Die Art der Nutzung des Holzes bestimmte neben den standörtlichen Gegebenheiten die Artenzusammensetzung der jeweiligen Hecke und deren Umtriebszeit – also den Zeitraum zwischen aufeinanderfolgenden Holzernten.

Regionale Besonderheiten und auf die jeweiligen Bedürfnisse abgestimmte Schnitttechniken führten darüber hinaus zu einer beträchtlichen Vielfalt von Heckentypen. Wer sich näher für die vielfältigen Nutzungsmöglichkeiten fachgerecht gepflegter Hecken und damit zusammenhängende alte Handwerkstechniken sowie für die vielseitige Verwendung von Holz, Rinde, Blüten und anderen Bestandteilen der verschiedenen Gehölzarten für Handwerk, Brauchtum und Volksmedizin interessiert, findet dazu eine sehr aufschlussreiche Übersicht in dem umfangreichen Werk von Kurz, Machatschek & Iglhauser (siehe Seite 193). Mit dem Siegeszug der Kunststoffe, der industriellen Fertigung und der Baumärkte, in denen man all jene Geräte kaufen kann, die früher unter anderem aus dem Holz der Hecken hergestellt wurden, sind die alten Handwerkskünste und viel Erfahrungswissen unwiederbringlich verloren gegangen – genauso wie ein Großteil der nicht mehr benötigten Hecken.

Nicht nur das Holz der Hecken wurde intensiv genutzt: Durch das sogenannte »Schneiteln«, die Ernte junger belaubter Triebe, gewannen die Bauern Laub als wertvolles Winterfutter für das Vieh. Besonders geeignet und beliebt war dafür die Esche, aber auch das Laub von Ulmen, Eichen, Hainbuchen, Erlen und Pappeln wurde verfüttert. Dazu waren schon aus arbeitstechnischen Gründen nur junge, gut ausschlagfähige Bäume geeignet, wie sie nur bei regelmäßiger Heckenpflege dauerhaft zu erhalten sind.

Den Menschen lieferten die Hecken darüber hinaus ein reichhaltiges Angebot an Früchten, Beeren, Nüssen und Heilpflanzen. Heutzutage besinnen sich viele Menschen wieder auf alte Rezepte mit Wildfrüchten aus der Hecke: Ob Holunderblüten-Pfannkuchen, Brombeergelee oder Schlehenlikör, ob Berberitzenpudding, Hagebuttenkonfitüre oder Vogelbeer-Quitten-Mus: Hecken schmecken!

Hecken schmecken!

Verwendung heimischer Heckensträucher für die Küche (Auswahl): Viele Wildfrüchte lassen sich gut untereinander und mit Äpfeln, Birnen oder Quitten kombinieren.

Schwarzer Holunder (Früchte): Saft, Wein, Gelee, Kompott
Schwarzer Holunder (Blüten): Pfannkuchen, Sekt, Limonade, Desserts
Schlehe (Früchte): Saft, Sirup, Likör, Wein, Konfitüre
Berberitze (Früchte): Saft, Likör, Pudding, Konfitüre
Hasel (Früchte): Nüsse, fein gehackt für (Pfann-)Kuchen, Butter
Wildrosen (Früchte): Konfitüre, Kaltschale, Wein, Likör, Tee
Eberesche, Vogelbeere (Früchte): Gelee, Mus, Chutney, Likör, Wein
Kornelkirsche (Früchte): Konfitüre, Saft, Gelee, Likör
Weißdorn (Früchte): Konfitüre, Gelee (vor allem in Kombination mit anderen Früchten)
Weißdorn (Blüten): Gelee, Likör
Sanddorn (Früchte): Konfitüre, Likör, Saft, Gelee
Brombeeren (Früchte): Saft, Gelee, Likör, ganze (frische) Früchte
Himbeeren (Früchte): Saft, Gelee, Likör, Wein, ganze (frische) Früchte

Auch die Volksmedizin wusste um die vielfältige Verwendung von Wildsträuchern. Selbst die moderne Medizin nutzt pharmakologisch wirksame Bestandteile von Heckengehölzen: Allgemein bekannt sind etwa Weißdornpräparate zur Stärkung von Herz und Kreislauf oder die in Weidenrinde vorhandene Salicylsäure als Grundlage für Schmerzmittel.

Seit einigen Jahren spielt zumindest die kulinarische Nutzung eine immer größere Rolle auch bei Pflanzung und Artenauswahl von Gartenhecken. Darüber hinaus gibt es wohl keine schönere und lebendigere Möglichkeit, »technische« Funktionen wie Sicht- und Lärmschutz mit vielfältigsten sinnlichen Genüssen für Auge, Nase und Gaumen zu verknüpfen, als eine Hecke oder Strauchgruppe aus möglichst heimischen Gehölzarten, die zudem Heimstatt für eine Vielzahl wild lebender Tiere ist.

Hecken sind gesund!

Verwendung häufiger Heckengehölze zur Heilung oder Linderung gesundheitlicher Probleme (Auswahl):

Schwarzer Holunder (Blüten, Früchte): fiebrige Erkältung, grippaler Infekt
Weide (Rinde): fiebrige Erkältung, grippaler Infekt, Rheuma, Schmerzen
Hundsrose (Früchte): Vitamin-C-Mangel, Erkältung
Weißdorn (Blüten, Blätter, Früchte): Herz und Kreislauf
Schlehe (Blüten, Früchte): Verstopfung, Harnprobleme, Herzschwäche
Hasel (Blätter): Krampfadern, Venenentzündung, Hämorrhoiden
Faulbaum (Rinde): Verstopfung
Kreuzdorn (Früchte): Verstopfung, Harnprobleme
Eiche (Rinde): Durchfall, Entzündungen von Haut und Rachen
Himbeere (Früchte, Blätter): Durchfall, Entzündungen von Haut und Rachen
Brombeeren (Blätter): Durchfall
Eberesche, Vogelbeere (Früchte): Verdauungsstörungen, Harnprobleme
Gemeiner Schneeball (Rinde): Muskelkrämpfe, Menstruationsbeschwerden

Ursprüngliche Lebensräume der Heckengehölze

Wuchsen auf einem bisher ungenutzten Randstreifen, der zu einer Hecke werden sollte, passende Gehölze nicht von selbst auf, gruben die Bauern die benötigten Sträucher und jungen Bäume einfach in der Umgebung aus. Das bringt uns zu der Frage, wo denn Weißdorn, Hasel und Co. in unserer Landschaft ursprünglich wuchsen und wachsen?

Die meisten der rund 180 in Mitteleuropa beheimateten Straucharten (inklusive nicht »heckentauglicher« Zwergsträucher wie der Besenheide) sowie die in etwa 400 Arten aufgesplitterten Brombeeren, die ebenso wie die Himbeere aufgrund ihrer zweijährigen Lebensweise nicht zu den »echten« Strauchgewächsen zählen, sind auf sonnige oder zumindest nicht allzu schattige Standorte angewiesen. Gegen die Lichtkonkurrenz großer Bäume können sie nicht bestehen. Man findet sie daher bevorzugt an natürlicherweise waldfreien Standorten, etwa an steilen, trockenen Hängen mit geringer oder fehlender Humusauflage, so zum Beispiel im Falle von Weißdornen, Wildrosen oder Berberitzen, oder aber im Randbereich von Wäldern, wo beispielsweise Hasel, Roter Hartriegel und Heckenkirsche zusammen mit Licht liebenden Bäumen wie Salweide, Vogelkirsche oder Eberesche sogenannte Mantelgesellschaften bilden. Wieder andere wie die Traubenkirsche und der Gemeine Schneeball wachsen an feuchten Standorten, etwa am Ufer von Bächen und Gräben. Eine Übersicht über die Ansprüche wichtiger Heckengehölze finden Sie ab Seite 172.

Halboffene Weidelandschaft

Auch in natürlicherweise waldreichen Gegenden dürften manche Licht liebenden Sträucher ausreichend geeignete Lebensräume gefunden haben: Nach neueren Erkenntnissen ist die früher vorherrschende

Vorstellung geschlossener, undurchdringlicher Wälder, die nach der Eiszeit weite Teile Mitteleuropas bedeckt haben sollen, so nicht länger haltbar. Viele Wissenschaftler gehen heute davon aus, dass Wälder dieser Art erst nach der Dezimierung und schließlich der Ausrottung großer Pflanzenfresser entstehen konnten. Noch im Mittelalter zogen Wisente, Auerochsen – die Vorfahren der Hausrinder – und Wildpferde neben den heute noch lebenden Elchen und Rothirschen durch die Wälder – Tiere also, die sich wie ihre domestizierten Nachfahren überwiegend von Gras und in geringerem Maße auch von Laub ernährten. Gräser aber wachsen im tiefen Schatten geschlossener Wälder nicht, und an hohen Bäumen ist das Laub unerreichbar. Wo also haben diese Tiere gelebt, wo fanden sie ihre Nahrung?

Vertreter der sogenannten »Megaherbivorentheorie«, gehen davon aus, dass sich unter dem Einfluss der großen Pflanzenfresser (Megaherbivoren) gar kein flächendeckend geschlossener Wald bilden konnte. Waldbrände und starke Stürme schufen immer wieder mehr oder weniger ausgedehnte Freiflächen, die von den Weidegängern intensiv begrast wurden.

Auch der Einfluss des Bibers als natürlicher Landschaftsgestalter ist nicht zu unterschätzen, wie Beobachtungen in vom Menschen weitgehend ungestörten Waldgebieten Nordamerikas zeigen. Indem Biber kleine Bäche aufstauen, werden die umliegenden Waldflächen überflutet. Dadurch sterben die meisten Bäume ab, nur Weiden und Pappeln, die Hauptnahrung der großen Nager und auch eine Leibspeise der Elche, können dort gedeihen. Verfallen die Biberdämme, etwa weil die Tiere sterben oder weiterziehen, fallen die überfluteten Flächen trocken und werden zu sogenannten »Biberwiesen«. Dort finden Wildrinder und Pferde exzellente Weidegründe vor. Unter dem Einfluss dieser Tiere kann eine Wiederbewaldung nicht oder nur sehr eingeschränkt erfolgen. Bei starkem Beweidungsdruck haben nur solche Gehölze eine Chance, die mit Dornen oder Stacheln bewehrt sind, insbesondere Weißdorne, Schlehen und Wildrosen. Sie bilden dichte Gebüsche, in deren Schutz unbewehrte Sträucher und junge Bäume aufwachsen können. Man bezeichnet die wehrhaften Dornsträucher daher auch als »Ammengehölze«.

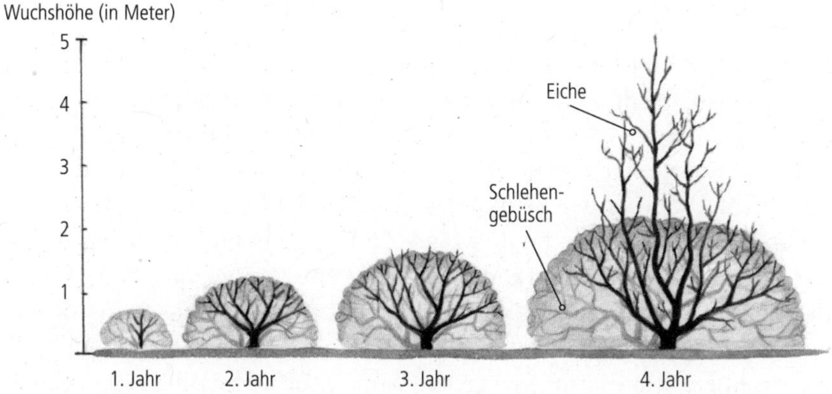

Dornsträucher, zum Beispiel Schlehen, schützen junge Bäume vor Verbiss durch Weidetiere (nach Weber 2008, verändert).

Die Abbildung oben zeigt schematisch, wie sich eine junge Eiche im Schutz eines Schlehengebüsches entwickelt: Solange Rinder, Pferde oder Hirsche ihn noch erreichen können, entwickelt der Baumschössling durch ständigen Verbiss der jungen Triebe, die über den dornigen Schutz hinauswachsen, eine buschige Gestalt. Erst wenn das Ammengehölz eine gewisse Breite erreicht, kann sich das Bäumchen voll entwickeln. Mit zunehmender Verbuschung kann im Schutz der Dornsträucher neuer Wald entstehen.

Zudem blieben die Herden der großen Pflanzenfresser unter den ursprünglichen Bedingungen nicht immer am selben Ort: Saisonale Wanderungen, jahreszeitlich schwankendes Nahrungsangebot und nicht zuletzt der ständige Feinddruck durch Wölfe und andere große Beutegreifer sorgten dafür, dass die Grasfresser ständig umherzogen. So wurden gewisse Bereiche intensiv begrast, andere nur mäßig oder in großen Abständen. In letzteren konnten dann auch unbewehrte Sträucher und Bäume aufwachsen.

Unter natürlichen Umständen setzt sich Wald also aus einem räumlich und zeitlich variablen Mosaik aus geschlossenen Waldbeständen (dies vor allem auch an Steilhängen, die für Weidegänger schwer zugänglich sind) und aus mehr oder weniger großen Freiflächen mit eingestreuten Gebüschen zusammen.

Erst nachdem der Mensch die Wildrinder und Wildpferde ausgerottet hatte (nur der Wisent überlebte in wenigen Exemplaren in Zoos, gezüchtete Tiere wurden später wieder in Polen und Weißrussland ausgesetzt), konnte sich insbesondere in den Mittelgebirgslagen der dunkle und dichte Wald entwickeln, der unsere Vorstellung von der germanischen Urlandschaft bis heute prägt. Andererseits fand die ursprüngliche, durch Wildtiere entstandene »halboffene Weidelandschaft« vielerorts ihre Fortsetzung in der allmendhaften Waldweidenutzung durch Nutztiere – mit einem auf Dauer entscheidenden Unterschied: Das Vieh weidete ständig und in großer Stückzahl mehr oder weniger flächendeckend im Wald. Dieser starke Beweidungsdruck führte dazu, dass immer weniger Bäume hochkamen. Der Wald wurde zunehmend aufgelichtet und zurückgedrängt, lichthungrige Sträucher breiteten sich aus. Zwar wurden auch sie vom Vieh verbissen, doch ihr starkes Ausschlagvermögen – das sie für eine Verwendung als Heckensträucher prädestiniert – sicherte den meisten Arten das Überleben, zumal in nicht ganz so intensiv beweideten Bereichen. Auch dort, wo die Feudalherren die Waldweide untersagten, schuf die intensive Holznutzung immer wieder Freiräume für eine Vielzahl von Wildsträuchern.

Die halboffene Weidelandschaft ist gekennzeichnet durch (dornige) Einzelsträucher, Gebüschinseln und vielfältig gegliederte Waldränder.

Standorttypische Hecken

Welche Gehölze an einem konkreten Standort natürlicherweise miteinander vergesellschaftet sind, ist neben dem jeweiligen Entwicklungsstadium der Hecke unter anderem abhängig von der geografischen Position, von Höhenlage und Bodenrelief, den Bodenverhältnissen wie Humusgehalt, Wassergehalt oder Säuregrad und weiteren Standortfaktoren wie Licht, Luftfeuchtigkeit und Windexposition (siehe auch ab Seite 37). Eine Kombination von Berberitze und Traubenkirsche oder Hasel und Sanddorn ist unter natürlichen Umständen also kaum denkbar, darauf ist auch bei der Artenzusammenstellung für Landschaftshecken unbedingt zu achten (siehe auch ab Seite 124).

In früheren Zeiten spielte bei der Anlage von Nutzhecken neben dem natürlichen Vorkommen einzelner Straucharten in der Region und den spezifischen Standortbedingungen auch die jeweils gewünschte Nutzung eine entscheidende Rolle für die Auswahl der Arten. Berücksichtigt man zusätzlich die krautige Begleitflora (siehe ab Seite 42), lassen sich unterschiedliche Pflanzengesellschaften der Hecken und Gebüsche unterscheiden:

Allein für Schleswig-Holstein nennen Vegetationskundler anhand der jeweiligen Artenzusammensetzung und der relativen Häufigkeit der einzelnen Arten fünf Haupttypen von Knicks (norddeutsch: Hecken) mit insgesamt 85 verschiedenen Ausprägungen. So findet man beispielsweise auf den lehmigen Böden der ostholsteinischen Jungmoränenlandschaft artenreiche Schlehen-Hasel-Gesellschaften, in denen neben den Namen gebenden Arten unter anderem Hainbuche, Weißdorne, Kreuzdorn, Gemeiner Schneeball, Schwarzer Holunder, Pfaffenhütchen, Vogelkirsche, Eberesche, Himbeere, Brombeeren sowie verschiedene Weidenarten und Wildrosenarten wachsen. Auf den sandigen, nährstoffarmen Böden vor allem im südöstlichen Teil Schleswig-Holsteins ist dagegen der Typ des artenarmen Birken-Eichen-Knicks anzutreffen, in dem anspruchslose Gehölze wie Espe und Faulbaum vorkommen, an feuchten Stellen durchsetzt mit Ohrweide, Grauweide und Schwarzerle.

Feldhecke mit blühendem Weißdorn

Wieder ganz andere Gesellschaften wachsen an den unterschiedlichsten Standorten Mitteldeutschlands und Süddeutschlands, etwa die Wärme und Kalk liebenden Schlehen-Liguster-Gebüsche oder das Berberitzen-Sanddorn-Gebüsch auf Schotterbänken alpiner Wildflüsse mit jeweils kennzeichnenden Begleitarten.

Wer sich näher mit dem komplexen Thema der Vegetationstypen der Hecken, Gebüsche und Krautsäume beschäftigen möchte, sei an dieser Stelle auf die einschlägige Fachliteratur verwiesen (siehe auch ab Seite 193).

Im Garten sollten Sie die natürliche Vergesellschaftung und die jeweiligen Standortverhältnisse bei der Pflanzung von Sträuchern ebenfalls grundsätzlich berücksichtigen, allerdings haben Sie hierbei deutlich mehr Freiheiten als bei einer Heckenanlage in der Landschaft, wo zudem auch noch der Aspekt der jeweils im Gebiet heimischen Arten eine entscheidende Rolle spielt (siehe auch ab Seite 124). Viele Sträucher sind sogenannte Generalisten, haben also eine recht breite ökologische Amplitude, die häufig deutlich über das ökologische Optimum hinausgeht.

Dieses ökologische Optimum, in dem eine Art in der Natur am besten gedeiht, wird neben den herrschenden Standortfaktoren wie Licht, Temperatur, Bodenart oder Feuchtigkeit durch Konkurrenzverhältnisse bestimmt und begrenzt. Letztere können im Extremfall dazu führen, dass eine Pflanze auch an einem Standort gedeiht, der beträchtlich von ihrem ökologischen Optimalstandort abweicht.

Ein Beispiel: Eine Schwarzerle ist am konkurrenzkräftigsten auf tiefgründig nassen Böden, wo sich andere Bäume nicht halten können. Erlen wachsen aber durchaus auch auf trockeneren Standorten gut, wenn sie dort durch entsprechende Planung und Eingriffe des Menschen vor konkurrierenden Gehölzen geschützt werden, die dort unter ungestörten Verhältnissen der Erle überlegen sind. Anders ausgedrückt: Im Buchenwald hätte die Erle keine Chance, ohne Buchen würde sie auf demselben Waldboden gut gedeihen. Gleiches gilt für den »geschützten Raum« eines Gartens oder Parks.

Beliebig flexibel sind viele Pflanzen aber dennoch nicht: Vor allem an spezielle Gegebenheiten wie trockene, kalkhaltige Böden oder nasse, saure Standorte angepasste Arten (Standortspezialisten) benötigen für ein dauerhaftes Gedeihen ihnen zusagende Bedingungen. Anderenfalls werden sie anfällig gegenüber Krankheiten und Parasiten, blühen nur wenig, wachsen schlecht oder gehen ganz ein.

Neben den verschiedenen Straucharten finden sich in Landschaftshecken häufig auch größere Bäume als »Überhälter«, die dort entweder in früheren Zeiten gezielt von den Bauern gepflanzt oder gefördert wurden oder die sich nach Aufgabe der Nutzung von selbst angesiedelt haben, etwa Stieleiche, Esche, Sandbirke und Bergahorn. Für den Fortbestand einer Hecke können sie bei mangelnder Nutzung und Pflege zur Gefahr werden, weil die Licht liebenden Sträucher dem zunehmenden Schattendruck dieser Bäume nicht standhalten können.

Natürliche Entwicklung einer Hecke

Die natürliche Entwicklung einer Hecke zu einer Baumreihe oder eines Gebüsches zum Feldgehölz bezeichnet man als **Sukzession.** Solche Heckenbrachen können vorübergehend sehr artenreich und strukturreich sein. Ausladende Feldhecken mit breiten Schlehenmänteln und mächtigen Strauchindividuen in der Kernzone entsprechen zwar dem Idealbild einer »Naturschutzhecke«, haben aber mit den Nutzhecken früherer Zeiten nicht viel gemein.

Unter natürlichen Bedingungen läuft die Entwicklung einer zunächst offenen Fläche, etwa eines Kalkmagerrasens, zum Feldgehölz oder Wald in mehreren Phasen ab: In der **Pionierphase** siedeln sich als Erstes Wildrosen, Brombeeren, Weißdorne oder andere durch Stacheln oder Dornen gegen Wildverbiss geschützte Arten an, deren Samen durch Vögel verbreitet werden (ornithochore Verbreitung). Durch Ausläufer vergrößert sich das Pioniergebüsch stetig und zieht wiederum viele Vögel an, die dort gute Deckung, Nistmöglichkeiten und Nahrung finden. Die Vögel tragen mit ihrem Kot die Samen weiterer Arten ein **(Anreicherungsphase).** In der nun folgenden **Reifephase,** während der der Sameneintrag durch Vögel und Kleinsäuger am größten ist, können sich im Schutz der Dornsträucher verbissempfindliche Gehölze wie Schneeball, Pfaffenhütchen, Roter Hartriegel und Holunder ansiedeln (siehe auch Seite 31), aber auch Waldpioniere wie Stieleiche und Wildkirsche. Das Emporwachsen dieser und anderer Baumarten leitet schließlich die **Abbauphase** ein, bei der die lichthungrigen Sträucher mehr und mehr zu den Rändern hin abgedrängt werden und am Ende einer längeren Entwicklung schließlich nur noch als Waldmantel überdauern oder ganz ausfallen. Eine vom Menschen angelegte Hecke wird oder wurde also durch regelmäßige Nutzung oder Pflege (siehe auch ab Seite 106) immer in einem bestimmten Entwicklungsstadium (Sukzessionsstadium) gehalten.

Zonierung innerhalb einer Hecke

Innerhalb einer ausreichend breiten, aus mehreren Strauchreihen bestehenden Hecke kann man, im Querschnitt betrachtet, grob vier Bereiche unterscheiden: den **Heckenkern,** eine äußere Hülle mit seitlichen **Wandzonen** und der oberen **Decke** sowie den vorgelagerten **Heckensaum.**

Wesentliche Faktoren, die das Vorkommen, das Wuchsverhalten und die Ausrichtung von Strauchgehölzen und der krautigen Vegetation in einer Hecke oder einem Gebüsch bestimmen, sind Lichteinfall, Temperatur, Bodenfeuchtigkeit und Verdunstungsrate. Licht, Mikroklima und Wind bestimmen natürlich auch, welche Tiere in der Hecke leben. Diese Faktoren verändern sich kleinräumig innerhalb des Gehölzbestandes in charakteristischer Weise, abhängig von dessen Struktur und Entwicklungsstadium. Das gilt erst recht im Übergang zu den angrenzenden Offenlebensräumen. An solchen Grenzen zwischen unterschiedlichen Standortbedingungen stellt sich eine erhöhte Artenvielfalt ein, Ökologen sprechen hier von einem »edge-effect« oder »Randeffekt«.

So nimmt der **Lichteinfall** innerhalb einer Hecke von außen nach innen und auch von Süd nach Nord ab.

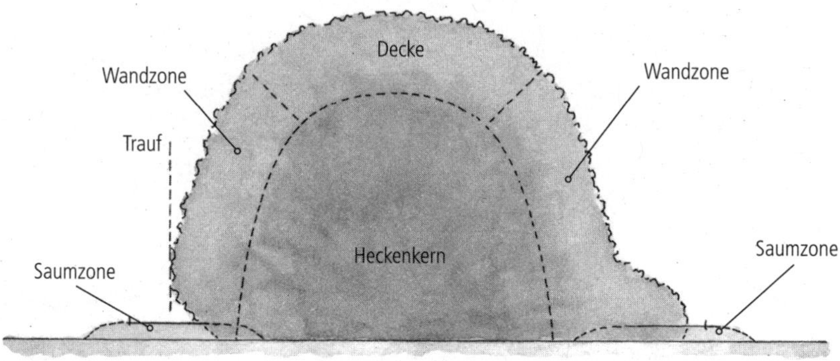

Zonen einer Hecke im Querschnitt

Während der Deckenbereich und die Wand der sonnenexponierten Südseite bei klarem, sonnigem Wetter mehr oder weniger das volle Sonnenlicht genießen können (100 Prozent relative Beleuchtungsstärke), erhalten die nordexponierte Seite sowie die jeweils im Schatten liegenden Seiten im Westen und Osten eine wesentlich geringere Lichtmenge, die dann nur etwa 20 Prozent oder weniger des an Heckendecke und Südseite gemessenen Wertes betragen kann.

Noch stärker ist das Lichtgefälle – abhängig von der Breite des Gebüschriegels – von den dichtbelaubten Seiten zum Heckenkern. Messungen auf mit Sträuchern bewachsenen Wallrücken in Schleswig-Holstein ergaben bereits vor der Laubentfaltung im April im Heckenkern nur (5 bis) 10 bis 30 (bis 70) Prozent des Wertes an den Heckenseiten, im Juni waren es nur noch (0,2 bis) 0,5 bis 2 (bis 5) Prozent. Für den Aufwuchs von Kräutern und den Jungwuchs von Sträuchern ist es damit im Heckenzentrum viel zu dunkel. Auch die größeren Gehölze drängen mit ihrem Laub in die lichtbegünstigten Decken- und Wandbereiche. Hochwüchsige und schnellwüchsige Arten wie der Schwarze Holunder oder schattentolerante Baumkeimlinge wie Esche und Feldahorn sind dabei natürlich im Vorteil, schwächer wüchsige Arten wie Weißdorn oder Kornelkirsche können oft nur stellenweise vom Heckenkern in die äußeren Wandzonen vordringen und so noch ausreichend Licht erhalten. Ohne regelmäßigen Rückschnitt verkahlt die Hecke von innen heraus.

Schattentoleranz und Wüchsigkeit von Heckensträuchern (Auswahl)

- Licht lieben Weißdorn, Schlehe, Wildrosen, Berberitze oder Liguster.
- Stärkere Beschattung ertragen Eibe, Rote Heckenkirsche, Hainbuche, Feldahorn oder Wilde Johannisbeere.
- Schnell wachsen Schwarzer Holunder, Roter Hartriegel, Weiden, Hasel oder Traubenkirsche.
- Langsamer wachsen Schlehe, Weißdorn, Kornelkirsche, Buchsbaum oder Pfaffenhütchen.

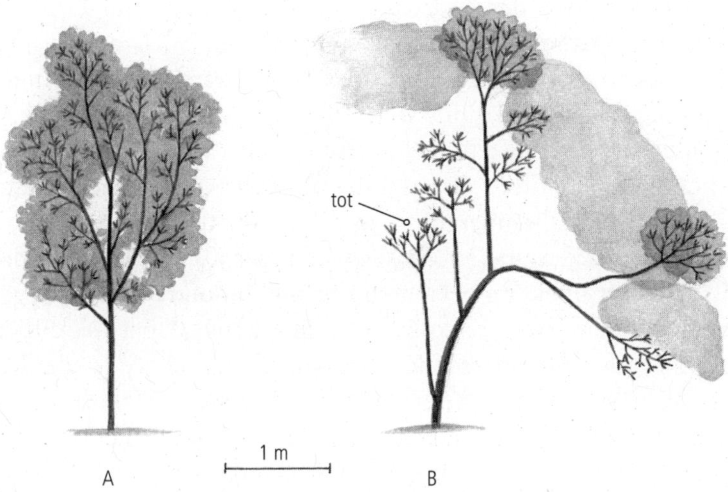

Durch Lichtmangel im Heckenkern sterben dauerhaft beschattete Bereiche eines Strauches ab, nur die Astpartien, die sich gegen die Konkurrenz anderer Sträucher zum Licht durchkämpfen können, bleiben belaubt (B). Zum Vergleich dieselbe Gehölzart im Freistand (A) (nach Schulze et al. 1984, verändert).

Eine besondere Strategie verfolgen die Lianen, also Schlingpflanzen, die sich an den Heckenrändern an anderen Gehölzen emporranken, etwa das Waldgeißblatt, die Waldrebe oder unter den krautigen Pflanzen der Wilde Hopfen. Auch Brombeeren können nur im sonnigen Randbereich der Hecke gedeihen, wo sie oft undurchdringliche »Klammergesellschaften« bilden, die unentwirrbar mit den Strauchgehölzen einerseits und den Pflanzen der Krautsäume andererseits verbunden sind.

Eine ganz ähnliche Zonierung findet man an gut ausgebildeten Waldrändern beim Übergang von der offenen Fläche über die Waldmantelgesellschaften hin zum geschlossenen Wald. Dort kann sich das Gebüsch allerdings nur zum Offenland hin entwickeln, weil der dunkle Wald den Licht liebenden Sträuchern keine Lebensmöglichkeiten bietet. Ökologisch betrachtet ist eine Hecke also ein doppelter Waldrand.

Ähnlich wie die relative Beleuchtungsstärke schwankt auch die **Temperatur** an und in Hecken und Gebüschen recht stark. Zwischen der Nordseite und der Südseite können sich bei sonnigem, windstillem Wetter extreme Differenzen von mehr als 30 Grad Celsius ergeben. Andererseits zeigten Messungen der Wärmeeinstrahlung, dass die Strauchschicht bei stark wechselhaftem Wetter eine große Pufferwirkung hat. Im Heckenkern herrschen also sehr viel stärker ausgeglichene Temperaturen als außerhalb. Ebenso sind die Unterschiede zwischen Minimaltemperaturen und Maximaltemperaturen im Jahresverlauf im Heckeninneren deutlich geringer als im Freiland, naturgemäß ist dieser Effekt im belaubten Zustand besonders stark ausgeprägt. Die den Boden erreichende Einstrahlung hängt dabei wesentlich von der puffernden Blattmasse, der Kronentiefe, ab: Je größer die Kronentiefe, desto weniger Wärme erreicht den Boden.

Deutliche Unterschiede gibt es auch bei der Feuchtigkeitsverteilung an und in einer Hecke: Am fast ständig beschatteten nordseitigen Gebüschrand ist die **Bodenfeuchtigkeit** deutlich höher als an der Südseite. Dort verdunstet der nächtliche Tau nur verzögert, im Frühjahr und Herbst bleibt eine gewisse Taufeuchtigkeit mitunter selbst bei Sonneneinstrahlung ganztägig bestehen. Natürlich spielen neben der Himmelsrichtung – und unabhängig von dieser – auch die Bodenart und der Humusgehalt eine große Rolle für die Bodenfeuchte. So sind leichte Sandböden naturgemäß trockener als humusreiche Lehmböden. Besonders gut mit Wasser versorgt sind die sogenannten Traufbereiche, wo bei Regen das vom Blattwerk der Sträucher aufgefangene Niederschlagswasser an den Heckenseiten abtropft. Deshalb ist der Boden im Heckenkern meist deutlich trockener als der Boden an den Rändern.

Umgekehrt ist die **Verdunstungsrate** (Evaporation) im Inneren gegenüber den Rändern stark herabgesetzt. Eng mit der Verdunstung gekoppelt ist die **relative Luftfeuchtigkeit,** die ebenfalls abhängig ist von der jeweiligen Himmelsrichtung, aber auch von der Höhe über dem Erdboden. An schattigen Nordrändern ist die relative Luftfeuchtigkeit höher als in Südlagen, und in Bodennähe ist sie höher als in einiger Entfernung über der Erde.

Je nach Sonnenstand, Windrichtung und Windstärke können die Unterschiede geringer sein. Zeitweise können sich die skizzierten langfristig gültigen Verhältnisse in den verschiedenen Expositionen sogar umkehren: So erhalten Westseite und Nordseite der Hecke bei bedecktem Himmel am Boden mehr Licht als die Ostseite und die Südseite. Das ist darauf zurückzuführen, dass im Süden und Osten das zum Licht strebende Strauchwerk den unteren Gebüschrand stärker beschattet als auf der Nordseite und der Westseite.

Während die Sonneneinstrahlung und damit verbunden Licht, Wärme und Feuchtigkeit vor allem dafür verantwortlich sind, ob eine Strauchart die Nordseite oder die Südseite einer Hecke bevorzugt, beeinflusst der **Wind,** der hierzulande bevorzugt aus westlichen Richtungen weht, maßgeblich die West-Ost-Verteilung der Gehölze innerhalb einer Hecke. Als besonders windhart gelten zum Beispiel die Weißdorne, während sich andererseits die sonst so robuste Hasel als windempfindlich zeigt.

Die Verteilung einzelner Gehölzarten in einer Hecke kann aufgrund unterschiedlicher klimatischer Bedingungen in Norddeutschland deutlich von den Verhältnissen in süddeutschen Regionen abweichen. Für die Einnischung an einem konkreten Standort unter natürlichen Verhältnissen spielen aber nicht nur die physiologischen Anpassungen und Ansprüche, sondern auch Konkurrenzverhältnisse eine entscheidende Rolle. Selbst nah verwandte Arten können unterschiedliche Standorte bevorzugen.

Der Krautsaum als Heckenbegleiter

Im Idealfall wird eine Hecke oder ein Gehölzbestand zu beiden Seiten von einem mehr oder weniger breiten Saum aus krautigen Pflanzen begleitet, die zur Vegetation der benachbarten Flächen überleiten. Welche Pflanzenarten sich in diesem Saum finden, ist in starkem Maße abhängig vom Artenspektrum der Nachbarflächen, das wiederum nicht nur von Klima, Lichtverhältnissen, Bodenart oder Bodenfeuchtigkeit beeinflusst wird, sondern auch von der Art und Intensität der Nutzung. Die Krautvegetation im Saum einer Hecke, die an einen nährstoffarmen Trockenrasen angrenzt, unterscheidet sich also grundlegend von der Pflanzengesellschaft, die im Übergang zu einer stark gedüngten Fettwiese, einer Viehweide oder einem Acker gedeiht. Vegetationskundler unterscheiden auch hier eine Fülle verschiedener Pflanzengesellschaften, auf die an dieser Stelle nicht näher eingegangen werden kann. Wer sich dafür interessiert, findet weiterführende Informationen dazu in der Fachliteratur, siehe auch Seite 193.

Auch die Hecke selbst und ihre Nutzung spielen eine ganz entscheidende Rolle für die Zusammensetzung und Ausprägung der Saumvegetation. Ähnlich wie entlang einer Mauer sammeln sich auch an der Hecke Staub, Laub und Humus, die aus der Umgebung angeweht werden oder wie Falllaub, Früchte und Totholz aus der Hecke selbst stammen. Das Traufwasser an den Rändern sorgt für gute Bodenfeuchtigkeit und transportiert zusätzliche Nährstoffe in den Boden, die aus der Luft ausgewaschen oder als Ablagerungen von den Blättern abgespült wurden.

All diese Einflüsse machen Heckensäume zu besonders produktiven Lebensräumen. Die dort wachsenden Pflanzenarten zeichnen sich daher häufig durch mastigen Wuchs und überdurchschnittlich große, tiefgrüne Blätter aus. Im Kampf ums Licht können nicht nur Gehölze, sondern auch viele krautige Pflanzen in Hecken – begünstigt durch die gute Versorgung mit Nährstoffen und Wasser – ein extremes Höhenwachstum zeigen. So können beispielsweise Brennnesseln und Klettenlabkraut, die sonst maximal anderthalb Meter groß werden, im Heckensaum eine Höhe von bis zu zweieinhalb Metern erreichen.

Mit zunehmendem Breitenwachstum der Heckengehölze differenziert sich der Krautsaum in einen stärker beschatteten Innensaum und einen besonnten Außensaum.

Im Heckensaum wachsen zahlreiche Wildstauden wie der Rainfarn.

Wird eine Hecke im Zuge von Nutzung oder Pflege zurückgeschnitten (siehe auch ab Seite 106), verändern sich die Lebensbedingungen für die Krautvegetation schlagartig: Licht liebende Arten werden begünstigt, typische Waldarten vorübergehend verdrängt. Zunehmende Beschattung durch nachwachsende Gehölze kehrt die Verhältnisse um. Die Zusammensetzung der Saumvegetation im Wechsel von Licht und Schatten spiegelt somit auch die Art der (regelmäßigen) Nutzung wider. Bei Hecken, die regelmäßig in ganz bestimmter Weise genutzt wurden, entwickelten sich deshalb vielfach auch speziell daran angepasste krautige Pflanzengesellschaften.

Die Krautflora der Hecken besteht aus Vertretern der Wiesen, Säume und Wälder, stellenweise auch der Grabenränder. Denn gerade die schleswig-holsteinischen Wallhecken oder Knicks waren ursprünglich auf beiden Seiten von Gräben gesäumt, aus denen das Erdmaterial für die Heckenwälle gewonnen wurde. Gleichzeitig dienten die Gräben zur Entwässerung der landwirtschaftlichen Nutzflächen. Heute sind die Gräben größtenteils zugeschüttet. Das bewegte Bodenrelief im Wechselspiel von Gräben und Wällen sorgt für eine zusätzliche Standortvielfalt, genauso wie Lesesteinhaufen, Totholz und andere Kleinstrukturen. Insbesondere für die Tierwelt spielen die Krautsäume und Kleinhabitate eine enorm wichtige Rolle als notwendige Bestandteile im Ökosystem einer Hecke, wie die nachfolgenden Kapitel ab Seite 52 zeigen werden.

Genau aus diesem Grund sind sie auch im Garten unverzichtbar, wenn Sie Ihr Grundstück in ein Naturparadies verwandeln möchten. Schon mit geringem Aufwand können Sie mit Wildstaudensäumen oder Wildstaudenbeeten und vielfältigen Kleinstrukturen Lebensräume für eine vielfältige Tier- und Pflanzenwelt schaffen. Mehr dazu erfahren Sie ab Seite 47.

Ein Beispiel: Krautsaum einer Wallhecke

Die für Teile Nordwestdeutschlands charakteristischen Wallhecken oder Knicks stehen nicht ebenerdig, sondern wie der Name es bereits ausdrückt auf durchschnittlich etwa einen Meter hohen und auf der Wallkrone etwa zwei Meter breiten Erdwällen. Da ihre Basis bis zu einen Meter breiter ist als die Krone, weisen die Wallseiten einen entsprechenden Neigungswinkel auf. Besonders die südexponierten Wallseiten sind dem Einfluss von Wind und Sonneneinstrahlung ungeschützt ausgesetzt. Die Folge: Die Knickwälle weisen wesentlich trockenere Bedingungen auf als dies bei ebenerdigen Feldhecken der Fall ist. Ihre Strauch- und Krautvegetation kann sich daher mehr oder weniger stark von derjenigen der Feldhecken unterscheiden. Das trifft vor allem für solche Wallhecken zu, die alleine und ungepuffert in der Agrarlandschaft stehen. Anders liegen die Verhältnisse beim sogenannten Doppelknick, auch Redder genannt. Dabei handelt es sich um einen beidseitig von Knicks gesäumten Weg, der ein geschütztes, gegen extreme Umwelteinflüsse gut gepuffertes Innenklima aufweist.

Der Querschnitt durch eine in Ost-West-Richtung verlaufende Wallhecke zeigt sechs vegetationskundlich gut unterscheidbare Zonen, die sich durch unterschiedliche ökologische und kleinklimatische Bedingungen auszeichnen.

Das nachfolgende Beispiel zeigt diese Verhältnisse in einem schleswig-holsteinischen Knick auf reicherem Boden, auf dem ohne Eingriffe des Menschen ein lichter Eichen-Hainbuchen-Wald wachsen würde.

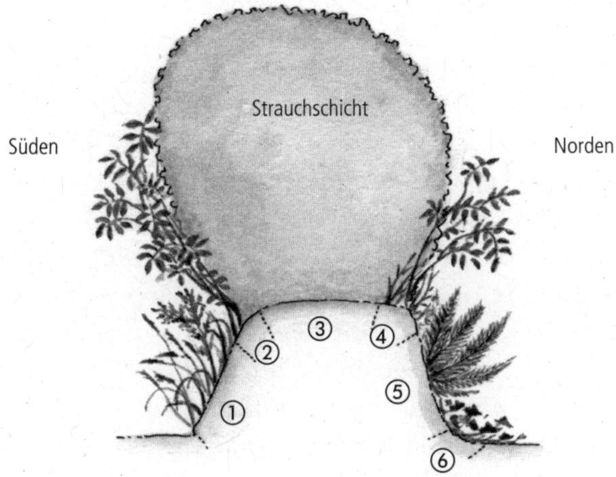

Querschnitt durch eine in Ost-West-Richtung verlaufende Wallhecke mit typischer Zonierung der Begleitvegetation: Queckenzone (1), Lianenzone (2), Frühblüher-Zone (3), Hain-Rispengras-Zone (4), Wurmfarnzone (5), Gemeines-Rispengras-Zone (6).

Der südseitige Wallhang **(Zone 1)** wird gewöhnlich von einem dichten Rasen der Quecke *(Elymus repens)* eingenommen, einer wegen ihrer großen Konkurrenzkraft in Garten und Landwirtschaft gefürchteten Grasart. Daneben kommen unter anderem Gemeiner Beifuß *(Artemisia vulgaris)*, Rainfarn *(Tanacetum vulgare)* und Ackerkratzdistel *(Cirsium arvense)* vor, allesamt typische und sehr häufige Vertreter der Ruderalvegetation, also der Pflanzengesellschaften sonniger Wegränder und trockener Brachflächen.

Die anschließende Lianenzone **(Zone 2)** ist der Lebensraum für zahlreiche Brombeer-Arten und andere rankende oder windende Gewächse wie den Heckenknöterich *(Fallopia dumetorum)* und den Wilden Hopfen *(Humulus lupulus)*, die Stammform unseres Brauerei-Hopfens. Auch die Vogelwicke *(Vicia cracca)* und die Waldplatterbse *(Lathyrus sylvestris)* mit ihren grazilen Schmetterlingsblüten winden sich in dieser Zone ein bis zwei Meter hoch an den Sträuchern empor.

Der Wallrücken **(Zone 3)** bleibt während der Belaubung praktisch vegetationsfrei, bei älteren Knicks kommen dort vor dem Laubaustrieb Frühjahrsblüher wie Buschwindröschen *(Anemone nemorosa)*,

Scharbockskraut *(Ranunculus ficaria)* und andere typische Pflanzen des Waldunterwuchses zur Entfaltung. Insbesondere diese Arten zeigen ehemalige Laubwald-Standorte an. Diese Frühblüher oder Geophyten führen gleichsam ein Leben im Zeitraffer: Austrieb, Blüte, Samenbildung, ihr gesamtes Lebensprogramm müssen sie in der kurzen Zeitspanne von etwa Ende März bis Mitte Mai erledigen, bevor ihnen das austreibende Laub das lebensnotwendige Licht nimmt. Ermöglicht wird das Wachstum im Eiltempo durch einen Stärkevorrat, der bereits im Frühjahr zuvor in unterirdischen Speicherorganen eingelagert wurde. Schon ab Mai verwelken ihre dann nutzlos gewordenen Blätter, die Pflanzen »ziehen ein«, wie die Botaniker sagen.

Das zierliche Hain-Rispengras *(Poa nemoralis)* ist als dominierende Art Namensgeber für die **Zone 4** im oberen Bereich des nordseitig exponierten Heckenwalls. Eine häufige Begleitpflanze dieser ebenfalls noch sehr schattigen Zone ist die Knoblauchsrauke *(Alliaria petiolata)*, deren zerriebene Blätter einen würzigen knoblauchartigen Geruch verströmen und daher auch in der Küche Verwendung zum Würzen finden können. Die Rote Lichtnelke *(Silene dioica)* und die blauen Lippenblüten des Gundermanns *(Glechoma hederacea)*, auch Gundelrebe genannt, setzen farbige Akzente in dieser Vegetationszone. Der Waldziest *(Stachys sylvatica)* und die Nabelmiere *(Moehringia trinervia)* mit ihren kennzeichnenden dreinervigen Blättern wachsen dort neben dem hochwüchsigen Taumel-Kälberkropf *(Chaerophyllum temulum)* aus der großen Familie der Doldenblütler.

Die auffälligste Blume der **Zone 5** ist im zeitigen Frühjahr die Große Sternmiere *(Stellaria holostea)* mit ihren leuchtend weißen Blütensternen. Erst später entrollen sich die Wedel des für diese Zone Namen gebenden Wurmfarns *(Dryopteris filix-mas)*. Dann erscheinen auch die weißlichen trichterförmigen Blüten der Vielblütigen Weißwurz *(Polygonatum multiflorum)*, die wie das nahe verwandte Maiglöckchen zur Familie der Liliengewächse zählt. Eine markante Erscheinung ist der Wiesenkerbel *(Anthriscus sylvestris)* mit seinen weithin leuchtenden doldenartigen weißen Blütenständen.

Der nordseitige feuchtschattige Hangfuß **(Zone 6)** wird vom Gemeinen Rispengras *(Poa trivialis)*, dem Kriechenden Hahnenfuß

(Ranunculus repens) und der derben Erscheinung des Stumpfblättrigen Ampfers *(Rumex obtusifolius)* beherrscht.

Die tatsächliche Vegetation kann im Einzelnen je nach den konkreten standörtlichen Bedingungen mehr oder weniger stark von dieser Beschreibung abweichen. Heutzutage findet man wegen der meist intensiven landwirtschaftlichen Nutzung der benachbarten Flächen, die mit einem starken Düngereinsatz einhergeht, häufig zu beiden Seiten des Walls nur noch Reinbestände der Großen Brennnessel *(Urtica dioica)*, einer auf überdüngten Böden äußerst konkurrenzstarken Stickstoff-Zeigerpflanze.

Krautsäume für Hecken im Garten

Auch bei Hecken und Sträuchern im Garten sollten Sie Staudensäume und Kleinbiotope nicht vergessen und konkret mit einplanen: Sie werten die Hecke gerade im Garten ökologisch enorm auf. Reisighaufen, von Brombeeren, Geißblatt oder einer Kriechrose überrankt, dienen als sichere Kinderstuben für viele Vögel, für Igel oder das Mauswiesel. Steinhaufen und Totholz in jeder Form bieten weitere ökologisch wichtige Strukturen.

Der Zaunkönig ist ein regelmäßiger Gast in strukturreichen Hecken auch im Garten. Blütenreiche Staudensäume ziehen viele Insekten an, die ihm und vielen anderen Vögeln als Nahrung dienen.

Attraktive Wildstauden für Heckensäume im Garten

Auswahl für nährstoffreiche, überwiegend sonnige Standorte

Deutscher Name *Botanischer Name*	Blütenfarbe	März	April	Mai	Juni	Juli	Aug.	Sept.	Okt.
Rote Lichtnelke *Silene dioica*	rot		✿	✿	✿				
Wiesenkerbel *Anthriscus sylvestris*	weiß		✿	✿	✿				
Waldgeißbart *Aruncus sylvestris*	weiß		✿	✿	✿	✿			
Gemeine Akelei *Aquilegia vulgaris*	blau			✿	✿	✿			
Kuckuckslichtnelke *Lychnis flos-cuculi*	rosarot			✿	✿	✿			
Wiesenbocksbart *Tragopogon pratensis*	gelb			✿	✿	✿			
Frauenmantel *Alchemilla vulgaris*	grüngelb			✿	✿	✿	✿		
Gewöhnlicher Hornklee *Lotus corniculatus*	gelb			✿	✿	✿	✿		
Wiesenlabkraut *Galium mollugo*	weiß			✿	✿	✿	✿	✿	
Himmelsleiter *Polemonium coeruleum*	blau				✿	✿			
Hecken-Kälberkropf *Chaerophyllum temulentum*	weiß				✿	✿	✿		
Klettenkerbel *Torilis japonica*	weißrosa				✿	✿	✿		
Pfirsichblättrige Glockenblume *Campanula persicifolia*	violett				✿	✿	✿		
Roter Fingerhut *Digitalis purpurea*	rot				✿	✿	✿		
Wiesenstorchschnabel *Geranium pratense*	blauviolett				✿	✿	✿		

✿ = *Blütezeit*

Hinweis für alle Blütentabellen: Die meisten Arten blühen nicht während des gesamten angegebenen Zeitraums. Vielmehr richtet sich die individuelle Blütezeit nach Wetter, Region und Höhenlage.

Deutscher Name *Botanischer Name*	Blütenfarbe	März	April	Mai	Juni	Juli	Aug.	Sept.	Okt.
Echter Pastinak *Pastinaca sativa*	gelb				✿	✿	✿	✿	
Echtes Seifenkraut *Saponaria officinalis*	rosaweiß				✿	✿	✿	✿	
Große Bibernelle *Pimpinella major*	weiß				✿	✿	✿	✿	
Kleine Brunelle *Prunella vulgaris*	blauviolett				✿	✿	✿	✿	
Weiße Lichtnelke *Silene alba*	weiß				✿	✿	✿	✿	
Wiesenbärenklau *Heracleum sphondylium*	weiß				✿	✿	✿	✿	
Gemeine Schafgarbe *Achillea millefolium*	weiß				✿	✿	✿	✿	✿
Moschusmalve *Malva moschata*	rosa				✿	✿	✿	✿	✿
Wiesenflockenblume *Centaurea jacea*	rotviolett				✿	✿	✿	✿	✿
Wiesenmargerite *Leucanthemum vulgare*	weiß				✿	✿	✿	✿	✿
Nesselblättrige Glockenblume *Campanula trachelium*	violett					✿	✿		
Tüpfeljohanniskraut *Hypericum perforatum*	gelb					✿	✿		
Wiesenwitwenblume *Knautia arvensis*	blauviolett					✿	✿		
Gemeiner Odermennig *Agrimonia eupatoria*	gelb					✿	✿	✿	
Rainfarn *Tanacetum vulgare*	gelb					✿	✿	✿	

✿ = *Blütezeit*

Frühblüher zur Unterpflanzung

Deutscher Name *Botanischer Name*	Blütenfarbe	Feb.	März	April	Mai	Juni	Juli	Aug.	Sept.
Schneeglöckchen *Galanthus nivalis*	weiß	✿	✿						
Winterling *Eranthis hyemalis*	gelb	✿	✿						
Märzenbecher *Leucojum vernum*	weiß	✿	✿	✿					
Buschwindröschen *Anemone nemorosa*	weiß		✿	✿					
Frühlingskrokus *Crocus vernus*	weiß, violett		✿	✿					
Gelbe Wildnarzisse *Narcissus pseudonarcissus*	gelb		✿	✿					
Leberblümchen *Hepatica nobilis*	blau		✿	✿					
Zweiblättriger Blaustern *Scilla bifolia*	blau		✿	✿					
Frühlings-Schlüsselblume *Primula elatior*	hellgelb		✿	✿	✿				
Hohler Lerchensporn *Corydalis cava*	rosarot		✿	✿	✿				
Scharbockskraut *Ficaria verna*	gelb		✿	✿	✿				
Doldenmilchstern *Ornithogalum umbellatum*	weiß			✿	✿				
Waldgelbstern *Gagea lutea*	gelb			✿	✿				
Echte Schlüsselblume *Primula veris*	gelb			✿	✿	✿			

✿ = *Blütezeit*

Die Auswahl passender Stauden für den Heckensaum richtet sich nach dem vorhandenen Standort, umfangreiche Artenlisten für unterschiedliche Standorte finden sich zum Beispiel in den Büchern von Reinhard Witt »Der Naturgarten« und »Wildrosen und Wildsträucher für den Garten«, siehe auch Seite 194. Man kann entweder entsprechende Samenmischungen kaufen oder bereits vorgezogene Stauden pflanzen. Auch in diesem Fall sollte man unbedingt heimische Vertreter bevorzugen, mit derzeit rund 1000 »gartentauglichen« Arten steht eine reichhaltige Auswahl zur Verfügung. Einen Hinweis auf Bezugsquellen von Wildblumenproduzenten finden Sie auf Seite 195. Mit zusätzlich im Garten gepflanzten rustikalen Zierstauden, zum Beispiel Herbstastern, lässt sich das Blüten- und Nektarangebot auch in sonst blütenarmen Zeiten erweitern.

Hecken und Sträucher im Garten bieten Schutz vor Sonne, Wind und neugierigen Blicken.

Die Tierwelt der Hecken

In Hecken wimmelt es von Leben: Goldammer, Heckenbraunelle, Nachtigall und zahlreiche weitere Vogelarten geben im Frühjahr ein vielstimmiges Konzert, Laubheuschrecken und Grashüpfer zirpen um die Wette. Bunte Schmetterlinge und ein Heer von Schwebfliegen, Wildbienen, Hummeln, Käfern und Zikaden laben sich an Blüten und Blättern von Sträuchern und Blumen. Im Herbst ernten Scharen von Vögeln das reiche Fruchtangebot, und im Winter finden Igel und Haselmaus dort geschützte Winterquartiere. Zahlreiche wissenschaftliche Untersuchungen belegen die enorme Artenfülle der Hecken: Mehr als 1000 Pflanzenarten und 7000 Tierarten wurden summa summarum in den Lebensräumen der Hecken nachgewiesen.

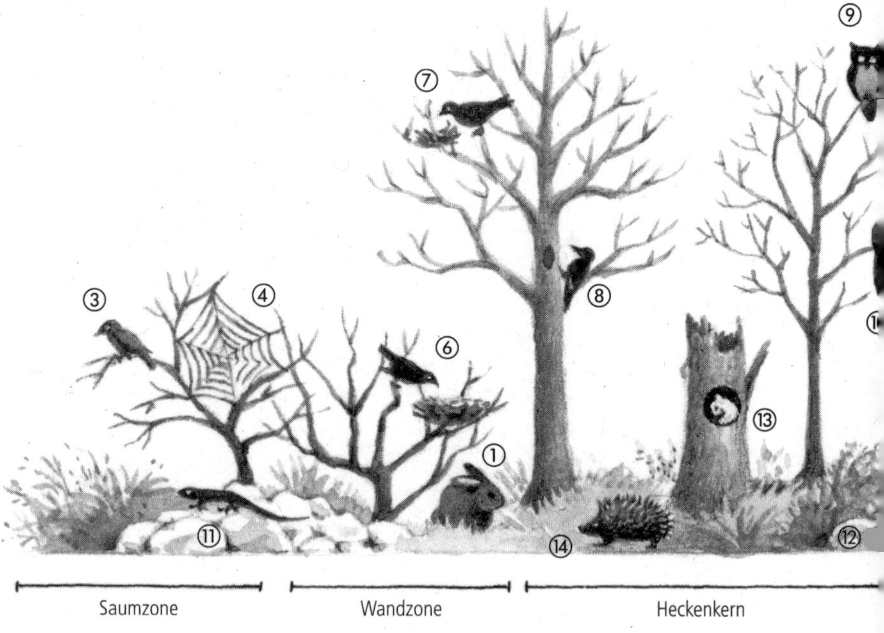

Andere Autoren gehen sogar von 10 000 Tierarten aus, die in Mitteleuropa dauerhaft oder zeitweilig in Hecken und Feldgehölzen leben können, wobei jede einzelne Hecke natürlich nur einen mehr oder weniger großen Ausschnitt des möglichen Artenspektrums beherbergt. Die Gründe für den herausragenden Artenreichtum sind vielfältig:

In einer Hecke finden sich **auf kleinstem Raum** sehr **unterschiedliche Standortverhältnisse** und Kleinstlebensräume. Vor allem Kleintiere wie Insekten, Spinnen und Schnecken mit ihren vielfach sehr spezifischen Ansprüchen an Mikroklima, Licht und Bodenfeuchte finden dort die jeweils bevorzugten Gegebenheiten, daher können viele verschiedene Arten und Lebensgemeinschaften nebeneinander existieren. Selbst wenig mobile Tiere können kurzzeitig auftretenden ungünstigen Verhältnissen durch kleinräumige Bewegungen ausweichen (Prinzip der kurzen Wege) und jeweils geeignete Mikrolebensräume aufsuchen.

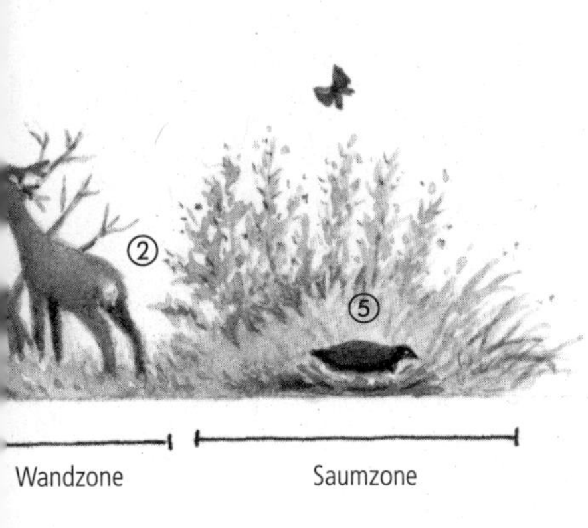

*Die Hecke als Lebensraum für Tiere. Sie bietet:
1, 2: Deckung und Äsung für Niederwild (wie Kaninchen und Reh),
3: Sitzplätze für Lauerjäger (wie Neuntöter),
4: Dickicht für Fallensteller (wie Spinne),
5, 6, 7: Nistplätze für Bodenbrüter (wie Rebhuhn), Buschbrüter (wie Dorngrasmücke) und Baumbrüter (wie Ringeltaube),
8: Baumhöhlen für Höhlenbrüter (wie Specht),
9, 10: Schlafplätze für nachtaktive und tagaktive Tiere (wie Waldohreule und Fasan),
11: Sonnenplätze für Reptilien (wie Eidechse),
12: schattige Verstecke für Amphibien (wie Erdkröte),
13: Winterquartiere für Bilche (wie Haselmaus),
14: Kinderstuben für Kleinsäuger (wie Igel);
(nach Landesanstalt für Umweltschutz Baden-Württemberg (Hrsg.): Heckenpflege, Fachdienst Naturschutz, Landschaftspflege Merkblatt, 1999).*

Blütenbesucher schätzen das üppige Nahrungsangebot von Hecken.

Unterschiedliche Gehölzarten und die Vielfalt an krautigen Pflanzen der Saumgesellschaften bieten ein üppiges, abwechslungsreiches **Nahrungsangebot** für eine Vielzahl von Blütenbesuchern und Pflanzenfressern (vor allem Insekten), die wiederum von räuberischen Insekten, Spinnen, Vögeln und Kleinsäugern erbeutet werden. Im Gegensatz zur umgebenden Feldflur, die in der Regel nur ein kurzzeitiges, periodisches und vor allem einseitiges Nahrungsangebot bereit hält, bieten Hecken und Gebüsche fast das ganze Jahr über ein verlässliches und abwechslungsreiches Nahrungsangebot in Form von Knospen, Blüten (Nektar, Pollen), Blättern, Pflanzensäften, Rinde, morschem Holz, Samen oder Früchten. Das gilt natürlich auch für Hecken und Gebüsche in Gärten und Parks, sofern sie überwiegend aus heimischen Wildsträuchern bestehen, auf die viele Tiere zwingend als Nahrungsgrundlage angewiesen sind (siehe auch ab Seite 128).

Die – zumindest in früheren Zeiten – regelmäßige und individuelle Nutzung der Feldhecken schuf ein Mosaik **unterschiedlicher Entwicklungsstadien** mit Gehölzen jeden Alters und unterschiedlicher Struktur – auch dies eine wesentliche Voraussetzung für die extrem hohe Artenvielfalt, die erst durch die Gesamtheit der verschiedenartig ausgeprägten, gepflegten und vernetzten Feldhecken, Knicks und Gebüsche ermöglicht wird. Insgesamt sorgen Nutzung und Pflegemaßnahmen dafür, dass Hecken stets in einem Zustand mittlerer Entwicklung gehalten werden (»unreife« Ökosysteme). Diese relative ökologische Stabilität ist ebenfalls eine wesentliche Ursache für den dort zu findenden Artenreichtum, der auch dadurch begünstigt wird, dass störende menschliche Eingriffe in Form von Nutzung nur relativ selten stattfinden und gleichzeitig die Konkurrenz der im Wald dominierenden Baumarten ausgeschaltet wird.

Schließlich treffen in der Hecke Wald(rand)bewohner und Tiere des Offenlandes auf solche, die im Laufe ihrer Entwicklung oder im Jahreslauf **unterschiedliche Biotope** benötigen und daher auf eine möglichst **enge Nachbarschaft** von Gehölzlebensräumen und Offenlandlebensräumen angewiesen sind. So leben etwa die Raupen mancher Schmetterlinge an Heckengehölzen, während die erwachsenen Falter im blütenreichen Krautsaum oder auf benachbarten Wiesen Nektar saugen. Viele »Heckenvögel« wie die Goldammer brüten im Schutz der Gehölze und suchen ihre Nahrung in der offenen Feldflur.

Die **Übergänge zwischen** verschiedenen **Lebensräumen** (Ökotone) bilden stets besonders artenreiche Lebensgemeinschaften. Gerade der bei Hecken stark ausgeprägte Randeffekt hat einen intensiven Austausch mit der Umgebung zur Folge und begründet den herausragenden Wert gut ausgeprägter Hecken für Flora und Fauna, der deutlich höher ist als es angesichts ihrer relativ geringen Fläche zu erwarten wäre. Aufgrund des verhältnismäßig jungen Alters von Hecken gibt es allerdings keine Tierarten, die nur dort vorkommen. Die ursprünglichen Lebensräume der Heckenbewohner sind vielmehr an Waldrändern und am Rande von Lichtungen zu suchen. Auch die ab Seite 29 beschriebene »halboffene Weidelandschaft« mit ihren vielen gebüschreichen Grenzstrukturen und vielfältig ausgeprägten Übergängen zu geschlossenen Waldbeständen wie auch zu offenem Grasland, wie sie in der Urlandschaft durch wild lebende Pflanzenfresser und später durch die Waldweide entstand, ist ursprünglicher Lebensraum vieler Hecken bewohnender Tiere.

Gezählte Tierarten in Feldhecken

So viele Tierarten ausgewählter Gruppen (Zahlen in den Klammern) wurden in Feldhecken jeweils gefunden: Säugetiere (45), Vögel (50), Reptilien (8), Amphibien (7), Käfer (800), Schmetterlinge (115), Schlupfwespen (110), Blattwespen und Halmwespen (46), Wildbienen (24), Mücken und Fliegen (2000), Wanzen (86), Zikaden (29), Heuschrecken (7), Spinnen (60), Schnecken (30).

Ökologische Funktionen von Hecken für Tiere

Bevor ab Seite 60 wichtige Arten und Artengruppen vorgestellt werden, sei zunächst einmal eine allgemeine Übersicht über die vielfältigen tierökologischen Funktionen von Hecken und Feldgehölzen mit für die Tierwelt wichtigen Teillebensräumen und Lebensraumbestandteilen vorangestellt.

Aus der Hecke emporgewachsene Bäume, sogenannte Überhälter, und dürre Wipfel dienen Greifvögeln wie dem Mäusebussard als Ansitz für die Mäusejagd, auch Wartenjäger unter den insektenfressenden Vögeln wie der Neuntöter nutzen frei stehende Zweige, um nach großen Insekten und Kleinsäugern Ausschau zu halten. Singvögel wie die Goldammer nutzen die bodennahen Heckenbereiche für die Nestanlage, benötigen aber **exponierte Singwarten** in den oberen Etagen. Schmetterlinge wie der Nierenfleck-Zipfelfalter suchen **Rendezvousplätze** im Kronenbereich auf, um sich zu paaren. Feldtiere wie Hase und Rebhuhn finden in der Hecke Schutz und **Deckung,** wenn etwa der Mähdrescher ein Getreidefeld binnen kürzester Zeit in einen Stoppelacker verwandelt. Auch viele Blütenbesucher wie Schmetterlinge, Schwebfliegen oder Hummeln suchen die blütenreichen Heckensäume auf, wenn die Mahd umgebender Wiesen sie des lebensnotwendigen Nektarangebotes beraubt. Angesichts einer immer intensiveren Landnutzung werden Hecken zu letzten Refugien für viele einst weitverbreitete Bewohner der Agrarlandschaft.

In Flurgehölzen finden Tiere zudem **Schutz** vor Witterung und Feinden. So können etwa in mit Hecken durchsetztem Grünland auch Arten überdauern, denen die kühlfeuchte Frühjahrswitterung und die Sommertrockenheit auf Wiesen und Weiden nicht zusagen. Durch den **Windschutz** verlängern sich die Aktivitätsphase und die Fortpflanzungszeit, denn im Frühjahr bietet der Südrand von Hecken vielen Arten die Möglichkeit, vorzeitig aktiv zu werden, und erlaubt auch längere Aktivitätszeiten bis weit in den Herbst hinein, wenn es ansonsten schon zu kalt ist.

Hecken können auch als sogenannte **Relaisstation** dienen: Viele räuberisch lebende Insekten wie Marienkäfer und Schwebfliegen, die sich als fertig entwickelte Tiere und als Larven von Blattläusen ernähren, nutzen Hecken als Ausgangsbasis oder Zufluchtsort, um von dort in die umgebenden landwirtschaftlichen Nutzflächen zu fliegen und das reichlich vorhandene Nahrungsangebot zu nutzen, siehe dazu auch ab Seite 100. Libellen und Fledermäuse orientieren sich bei ihren Jagdflügen an Hecken als **Leitstrukturen.** Als **Winterquartier** für viele Insekten, die ansonsten wie manche Laufkäfer die offene Feldflur bewohnen, aber auch für Amphibien, Reptilien und den Igel, spielen Hecken ebenfalls eine bedeutende Rolle.

Ein dichtes Heckennetz sorgt für eine kleinräumige **Kammerung** der Landschaft und erhöht die Strukturvielfalt im offenen Gelände.

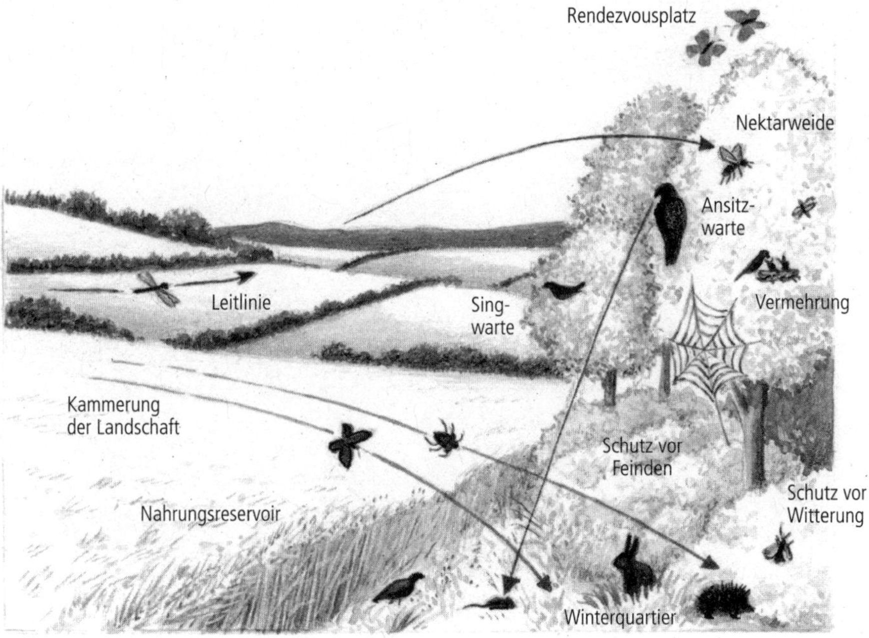

Hecken haben unterschiedliche Funktionen für die Tierwelt (nach Blab: Grundlagen des Biotopschutzes für Tiere. Ein Leitfaden zum praktischen Schutz der Lebensräume unserer Tiere, Kilda-Verlag, 1986).

Viele Tierarten benötigen einen **kleinteilig** strukturierten Lebensraum, so zum Beispiel »heckentypische« Vögel wie Hänfling und Dorngrasmücke, aber auch Iltis, Wiesel oder Igel. Beim Rebhuhn entscheidet die Fläche des vom Hahn zu überblickenden Geländes über die Größe des Reviers: Je kleinteiliger die Landschaft gekammert ist, desto mehr Rebhuhnpaare können auf gleicher Fläche leben. Eine hohe **Strukturvielfalt** auf engem Raum begünstigt die Artenvielfalt. Vertikale Strukturelemente (Büsche und hochwüchsige Stauden) sind zum Beispiel wichtig für Webspinnen, die darin ihre Netze aufspannen können. Das Nebeneinander verschiedener Vegetationshöhen auf engem Raum begünstigt Vogelarten wie Nachtigall, Rotkehlchen und Neuntöter.

Schließlich bieten Hecken und Feldgehölze sehr vielen Tierarten ganzjährig oder saisonal Lebensstätte und **Nahrungsreservoir** und verbinden und **vernetzen** darüber hinaus unterschiedliche Lebensräume miteinander.

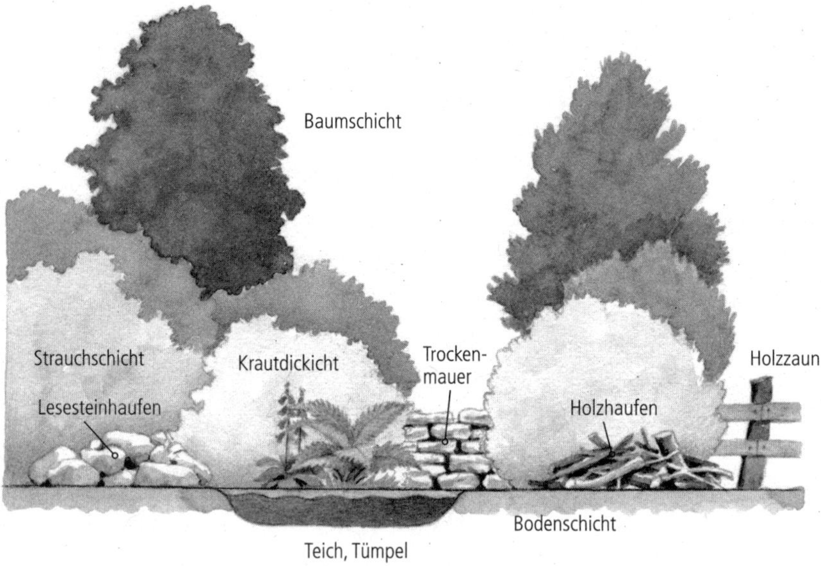

Steinhaufen, Feldsteinmauern, Totholz, Gräben und andere Kleinbiotope bereichern die Hecke und bieten vielen Tieren und Pflanzen zusätzliche Lebensräume.

Wichtig für eine artenreiche Tierwelt sind neben Gehölzspektrum, Alter, Ausprägung, Nutzung und Umgebung der Hecke zusätzliche Biotopelemente und Lebensräume in und neben der Hecke wie Steinhaufen, Trockenmauern oder Einzelsteine, Tümpel und Gräben, Reisighaufen oder Wurzelstöcke. Wo immer möglich, sollten entsprechende Elemente daher bei der Anlage und Pflege einer Hecke besondere Beachtung finden. Ihre jeweilige Funktion wird im Folgenden bei den einzelnen Tiergruppen näher erläutert.

Zusätzliche Lebensräume für Tiere in Hecken

Lebensraum	für (Beispiele)	Bedeutung
Steinhaufen (besonnte Südseite)	Kleinsäuger, Eidechsen, Amphibien, auf dem Boden lebende Insekten, Hundertfüßer und andere Gliedertiere	Wohnraum, Schutz, Sonnenplatz, Jagdgebiet
Trockenmauer (nicht verfugt, besonnt)	vor allem Eidechsen	Wohnraum, Schutz, Sonnenplatz, Jagdgebiet
Einzelstein	vor allem räuberische Gliederfüßer (Laufkäfer, Hundertfüßer)	Lebensraum, Schutz, Sonnenplatz
Tümpel, Graben (besonnte Südseite, teilbeschattet, flache Ränder)	Amphibien, Wasserinsekten (zum Beispiel Libellen), viele andere Arten	Laichgewässer, (Teil-)Lebensraum, Tränke, Jagdgebiet
Holzzaun oder Holzpfosten aus einheimischen (Hart-)Holzarten (unbeh., alt, mit Rinde)	zahlreiche Wirbellose wie Wildbienen und andere Hautflügler, Zweiflügler, Marienkäfer, Spinnen und andere Tiere	Lebensraum, Winterquartier, Nistplatz, Jagdgebiet, Sitzplatz, Sonnenplatz
Reisighaufen (gern von Wildrosen oder Brombeeren überrankt)	Kleinsäuger (zum Beispiel Igel, Wiesel), Vögel (zum Beispiel Rotkehlchen, Zaunkönig)	Versteck, Brutplatz
Wurzelstock (sonnig oder schattig)	Totholzbewohner (vor allem Käfer)	Lebensraum

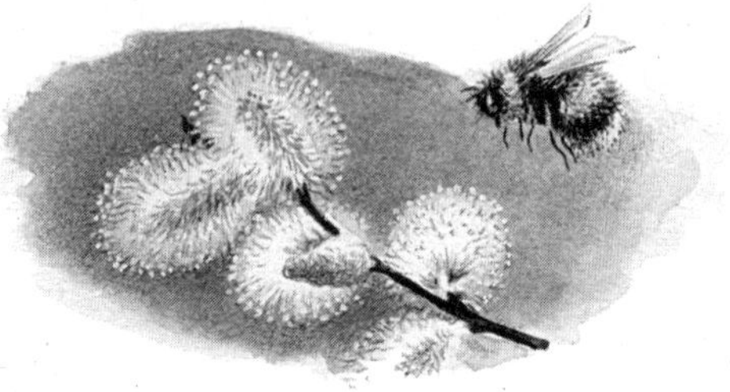

Die Salweide zählt bei Insekten zu den beliebtesten Heckengehölzen.

Insekten

Von April bis Juni, wenn das Gros der Heckensträucher blüht, wird das reiche Insektenleben in einer Hecke offensichtlich: Bienen, Hummeln und Schwebfliegen, Schmetterlinge und verschiedene Käfer laben sich an Nektar und Pollen der Blüten. Doch so zahlreich und vielgestaltig diese Blütenbesucher auch sind, so stellen sie doch nur einen kleinen Teil der unüberschaubaren Gruppe der Insekten, die in einer Hecke leben.

Wenn Sie ein weißes Tuch aufgespannt unter ein paar Zweige halten und mit einem Stock kräftig »auf den Busch klopfen«, kommt eine Fülle weiterer Vertreter zum Vorschein – neben auffällig gezeichneten Wanzen, sprunggewaltigen Zikaden, metallisch glänzenden Blattkäfern oder skurrilen Rüsselkäfern ein Heer von Blattwespen und Halmwespen, Blattläusen, Blattflöhen, Ohrwürmern und Kleinschmetterlingen samt ihren Raupen und Larven, um nur einige Insektengruppen zu nennen. Manche saugen Pflanzensäfte, andere ernähren sich von zartem Blattgewebe oder verrottenden Pflanzenteilen, wieder andere führen eine räuberische Lebensweise und stellen als Insektenfresser (Entomophage) den Pflanzenfressern (Phytophagen) nach.

Keine andere Landvegetationsform in Mitteleuropa bietet auf so kleinem Raum ein derart reichhaltiges und verlässliches Futtersortiment an wie Hecken, und das über einen langen Zeitraum im Jahr. Während das umgebende Kulturland in der Regel nur ein zeitlich eingeschränktes (zwischen dem Zeitpunkt der keimenden Saat bis zur Ernte) und sehr einseitiges Nahrungsangebot (Monokulturen!) bietet, liefern Hecken und Feldgehölze einschließlich ihrer Krautsäume auch vor und nach der Hauptproduktionsphase der landwirtschaftlichen Kulturen Nahrung für Pflanzenfresser: vom zeitigen Frühjahr (Knospen, Blüten, Blätter) bis zum Spätherbst (Blätter, Samen, Früchte). Das gilt nicht nur für Insekten, sondern auch für größere Pflanzenfresser wie Hasen und Rehe sowie für viele Vögel und Kleinsäuger. Auch in Gärten und Parks bieten insbesondere frei wachsende Hecken oder Gebüsche aus heimischen Wildsträuchern ein verlässliches Nahrungsangebot.

Wichtig für das Ökosystem Hecke ist jedoch nicht allein die Anzahl der dort lebenden Tier- und Pflanzenarten – von entscheidender Bedeutung für den Stoff- und Energiefluss ist auch das Ausmaß an pflanzlicher Produktion (Primärproduktion) als Nahrungsgrundlage für die Pflanzenfresser (Konsumenten erster Ordnung oder

Heckensträucher sind bei Insekten unterschiedlich beliebt

Die verschiedenen Heckensträucher sind als Nahrungspflanzen bei Insekten unterschiedlich beliebt. Einige Beispiele mögen dies verdeutlichen (angegeben ist jeweils die Summe der gefundenen Arten aus sechs ausgewählten pflanzenfressenden Insektengruppen [Bockkäfer, Rüsselkäfer, Wanzen, Blattwespen, Blattläuse, Kleinschmetterlinge]):

Salweide und Weißdorn führen mit 213 beziehungsweise 163 an ihnen gezählten Insektenarten die Hitliste der beliebtesten Wildsträucher an (europaweit wurden an Weißdorn sogar rund 300 phytophage Insektenarten nachgewiesen!). Auch Schlehe (137), Hasel (112) und Wildrosen (103) sind bei den untersuchten Insektengruppen sehr beliebt. Im Mittelfeld liegen Kreuzdorn und Roter Hartriegel mit 45 beziehungsweise 32 Arten. Am Ende der Beliebtheitsskala steht der Schwarze Holunder mit gerade einmal 15 Insektenarten.

Da jedoch jede Strauchart neben Vertretern mit breiterem Wirtspflanzenspektrum ihre eigenen Spezialisten ernährt, hat ein breites Gehölzspektrum in der Summe eine enorme Insektenvielfalt zur Folge, die durch eine abwechslungsreiche Krautvegetation der Heckensäume noch einmal deutlich gesteigert wird.

Primärkonsumenten genannt) und innerhalb der jeweiligen Nahrungskette indirekt auch für die Konsumenten höherer Ordnung.

Ökologen der Universität Bayreuth fanden heraus, dass die von ihnen untersuchten Hecken, die einen hohen Anteil an Weißdornen, Schlehen und Wildrosen aufwiesen, im Vergleich zu einem Buchenwald pro Flächeneinheit die doppelte bis dreifache Blattmasse produzieren. Im Vergleich mit den meisten Waldökosystemen nutzen Primärkonsumenten die Blattmasse einer Hecke außerdem überdurchschnittlich stark und können sich entsprechend vermehren. Nach Berechnungen der Wissenschaftler erbringt eine 100 Meter lange und drei Meter breite Hecke eine Insektenmenge von bis zu 25 Kilogramm Frischgewicht – zehnmal so viel wie in einem alten Buchenwald! Die Blattproduktion ist also – anders als bei den meisten Wäldern – eine wichtige Komponente für den Energiefluss im Heckenökosystem.

Doch sind Blätter nur ein Teil der für das Nahrungsnetz bedeutsamen Primärproduktion: Diese umfasst außerdem Knospen, Stängel, Blüten mit Nektar und Pollen sowie die Früchte der Heckengehölze. All diese werden von den Pflanzenfressern als Nahrungsquellen genutzt. Auch die noch weichen, nicht oder nur schwach verholzten jungen Gehölztriebe sind reich an Nährstoffen und daher als Nahrung besonders beliebt. Das gilt auch für die Stockausschläge nach starkem Gehölzrückschnitt. Der Neuaustrieb mittelalter, noch vitaler Stöcke mit gut ausgebildetem Wurzelwerk, der bei raschwüchsigen Arten wie Weiden oder Holunder mehr als einen Meter pro Jahr erreichen kann, dürfte die größte Menge an gut verwertbarem Pflanzenmaterial hervorbringen.

Zahlreiche Insekten, zum Beispiel Blattläuse, viele Wanzen und Zikaden, stechen Blattgewebe oder Leitungsbahnen an und saugen zuckerhaltige Pflanzensäfte. Einen Teil davon scheiden sie als sogenannten Honigtau wieder aus, den andere Tiere verwerten. Ameisen etwa »melken« Blattläuse regelrecht, indem sie diese so lange mit ihren Fühlern betrillern, bis die Läuse Tropfen von Honigtau abgeben, die die Ameisen begierig auflecken. Dafür beschützen die wehrhaften Ameisen »ihre« Blattlauskolonien gegen Feinde.

Sind Hecken Brutstätten für schädliche Insekten?

Angesichts der enormen Artenzahl und Masse pflanzenfressender Insekten scheinen die Vorbehalte vieler Landwirte verständlich, die in Hecken vornehmlich Brutstätten für Schädlinge sehen, die angrenzende Nutzpflanzenkulturen befallen. Mit dieser Frage befassen sich Wissenschaftler bereits seit Jahrzehnten. Besonders eingehende Untersuchungen zu diesem Thema stammen von den Tierökologen der Universität Bayreuth um Professor Helmut Zwölfer.

Das bloße Vorkommen potenzieller Nutzpflanzenschädlinge wie auch von »Nützlingen« in Hecken ist dabei für sich allein betrachtet nicht aussagekräftig. Wie in jedem Ökosystem gibt es auch in Hecken eine enorme Vielfalt von Wechselwirkungen zwischen den dort lebenden Tierarten und Pflanzenarten. Zwischen ihnen besteht ein komplexes, kompliziertes und häufig erst in Ansätzen erforschtes Netz von Nahrungsbeziehungen. Neben einem potenziellen Schadinsekt ist normalerweise immer auch eine Vielzahl von Gegenspielern (räuberische und parasitische Insekten, Spinnen, Singvögel) vorhanden, die eine Massenvermehrung bremsen oder oft sogar im Keim ersticken können. Einige Beispiele mögen diesen Themenkomplex verdeutlichen.

Auf Wildrosen und Traubenkirschen, zwei häufigen Heckengehölzen, überwintern zwei Blattlausarten, die als Getreideschädlinge auftreten können. Voraussetzung für die Schadwirkung ist eine sehr starke Vermehrung. Diese geschieht zunächst durch eine ungeschlechtliche Jungfernzeugung, bis schließlich geflügelte Formen entstehen, die in die Felder einfliegen oder vom Wind dorthin verdriftet werden und sich dort weiter vermehren. In der Bodenstreu der Hecken überwintern aber auch viele Marienkäfer, die natürlichen Feinde der Blattläuse. Die erwachsenen Käfer und später ihre Larven vertilgen bereits zeitig im Jahr sehr effektiv den beginnenden Zuwachs der Läuse und verhindern so wirksam eine Massenvermehrung. Und die Käfer sind nicht allein: Die Larven von Schwebfliegen und Florfliegen, letztere auch als »Blattlauslöwen« bekannt, räuberische Wanzen und parasitische Hautflügler entwickeln ebenfalls großen Appetit auf die Pflanzensauger. Natürlich haben auch die Blattlausvertilger Feinde, die dafür sorgen, dass ein ausgewogenes, dynamisches Gleichgewicht zwischen den Beteiligten erhalten bleibt.

Je mehr Arten in ein solches Nahrungsnetz eingebunden sind, desto geringer ist die Gefahr einer Massenvermehrung einer bestimmten Spezies, die dann – und erst dann – in landwirtschaftlichen Kulturen oder im Gartenbau zum Schädling werden kann. Ökologen bezeichnen ein solches System als »gepuffert«.

Sehr wirksame Regulatoren sind auch parasitische Hautflügler und Fliegen. Schlupfwespen, Brackwespen, Erzwespen – allesamt äußerst artenreiche und schwer bestimmbare Gruppen – sowie Raupenfliegen gehören als sogenannte Raubschmarotzer oder Parasitoide zu den wichtigsten natürlichen Feinden vieler phytophager Insekten, die als solche auch ganz gezielt im biologischen Pflanzenschutz eingesetzt werden.

Diese Tiere legen – häufig sehr wirtsspezifisch – ein Ei etwa in eine Schmetterlingsraupe. Die daraus schlüpfende Larve frisst ihren Wirt von innen her auf und tötet ihn so. Damit unterscheiden sich Parasitoide von Parasiten wie Milben oder Zecken, die ihre Wirte bei starkem Befall allenfalls schwächen, aber nicht töten.

Für die genannten Parasitoide spielen Hecken und Gebüsche in mehrfacher Hinsicht eine wichtige Rolle. Wissenschaftler schätzen, dass 90 Prozent aller einheimischen Schlupfwespenarten im Laufe ihres Lebens Hecken aufsuchen, um dort zu übernachten, Nektar oder Honigtau zu saugen, Geschlechtspartner für die Paarung zu finden oder Schmetterlingsraupen zur Eiablage zu suchen. Eine große Zahl von Parasitoiden findet in Hecken geeignete Wirte für die Larvenentwicklung und kann so jahreszeitlich bedingte Engpässe überstehen, etwa wenn der Hauptwirt nicht vorhanden oder nicht angreifbar ist.

Ein Beispiel hierfür sind Arten der Schlupfwespengattung *Diadegma,* potenziell wirksame Feinde der Kohlmotte. Da die Kohlmotte den Winter im Puppenstadium verbringt, das für *Diadegma* nicht angreifbar ist, können sich diese Schlupfwespen nur dort halten, wo während des Winters ein Ausweichen auf andere Wirtsarten möglich ist. Weil an Heckengehölzen eine große Anzahl von Kleinschmetterlingen im Raupenstadium überwintert, bieten Hecken zumindest Parasitoiden mit einem breiteren Wirtsspektrum die Möglichkeit, den

»Winterengpass« in einem Wechselwirt zu überbrücken. Im nächsten Frühjahr parasitieren sie – ausgehend von den Hecken – dann wieder ihre Hauptwirte auf Feldern oder in Gemüsekulturen und können so dazu beitragen, eine Massenvermehrung potenzieller Pflanzenschädlinge zu verhindern.

Auch zahlreiche Schwebfliegen, deren räuberische Larven als Schädlingsvertilger wirtschaftliche Bedeutung haben, finden an den Blüten von Heckensträuchern und krautigen Pflanzen der Heckensäume ein reiches Angebot an Nektar und Pollen. Darüber hinaus spielen Schwebfliegen auch als Bestäuber von Raps und Obstbäumen eine wichtige Rolle.

Hecken stellen dem Menschen ein großes Potenzial an Nützlingen zur Verfügung.

Die genannten Beispiele zeigen die außerordentliche ökologische Potenz von Hecken für die biologische Schädlingsbekämpfung. Viele der dort lebenden Schlupfwespen, Raubwanzen, Marienkäfer, Florfliegen und andere Nützlinge werden inzwischen massenhaft gezüchtet und gezielt gegen Schädlinge eingesetzt – Hecken stellen dem Menschen also ein großes, noch dazu kostenloses Potenzial an Nützlingen zur Verfügung.

Allerdings gilt dies nicht für alle Hecken gleichermaßen: Gehölzspektrum, Alter und Pflegezustand der Hecken differieren ebenso wie standörtliche Gegebenheiten und Nutzung des Umlandes, was selbstverständlich Einfluss auf die Zusammensetzung der Tierwelt hat. So zeigte sich bei der vergleichenden Untersuchung phytophager Insekten und ihrer Parasitoide an Weißdornbüschen in lange bestehenden und in neu angelegten Hecken bei letzteren ein deutlich kleineres Artenspektrum. Ganz besonders galt dies für isolierte Standorte, wo die Entfernung zu historisch alten Heckenbeständen als Besiedlungsquellen offenbar zu groß war für wenig flugtüchtige Arten. Nur eine genaue Artenkenntnis und detaillierte ökologische Untersuchungen der vielfältigen Verflechtungen von Flora und Fauna lassen daher für einen konkreten Heckenstandort Aussagen über das Vorkommen bestimmter Nützlinge und ihre Auswirkungen auf andere, unerwünschte Arten zu.

Ob Marienkäfer, räuberische Wanzen, Schwebfliegen oder Schlupfwespen – die natürlichen Gegenspieler potenzieller Schadinsekten finden in der ausgeräumten Agrarlandschaft kaum mehr Lebensmöglichkeiten und fallen dort regelmäßig der Chemiekeule zum Opfer, die »Freund und Feind« gleichermaßen vernichtet. Als Folge kommt es anschließend häufig zu einer Massenvermehrung unerwünschter Insekten. Hecken, die neben Rückzugsräumen und Verstecken immer ein gewisses Reservoir an Wirtstieren für Räuber und Parasitoide vorhalten, können somit eine große Rolle für den integrierten und biologischen Pflanzenschutz spielen, bei dem Nützlinge gefördert und chemische Präparate gar nicht oder erst nach Überschreiten einer bestimmten Schadensschwelle eingesetzt werden.

Gespinstmotten, Feuerbrand und Co.

In diesem Zusammenhang sei auch die jahrzehntelang geübte Praxis beleuchtet, bestimmte Gehölzarten als vermeintliche Wirtspflanzen für bestimmte Schadinsekten oder Pilze, Bakterien und Viren als Erreger von Pflanzenkrankheiten systematisch und rigoros zu entfernen.

Im Frühjahr fallen in Hecken häufig Büsche auf, die teilweise oder sogar vollständig eingesponnen sind. Bei genauerer Betrachtung findet man unter den Gespinsten die Urheber, zahllose Raupen von Gespinstmotten *(Yponomeuta spec.)*, die im Schutze des von ihnen gemeinschaftlich produzierten Gespinstes das zarte Blattgewebe vertilgen. Pfaffenhütchen, Traubenkirschen und auch Schlehen werden bevorzugt befallen und häufig komplett kahl gefressen. Auf den ersten Blick scheint hier die Regulation durch natürliche Gegenspieler zu versagen, aber das Zusammenspiel einer Reihe von Faktoren, darunter Parasitoide und chemische Gegenreaktionen der Pflanzen, sorgt dafür, dass ein besonders starker Befall nur alle paar Jahre auftritt, ansonsten findet man die Raupen nur an wenigen Sträuchern und dort häufig auch nur an einzelnen Zweigen. Doch selbst einen kompletten Kahlfraß überstehen die betroffenen Gehölze in der Regel problemlos: Nachdem sich die Raupen verpuppt haben, bilden sie im Sommer mit dem sogenannten Johannistrieb neue Blätter.

Da Gespinstmotten auch Obstbäume befallen und durch ausgedehnten Blattfraß auch den Obstertrag beeinträchtigen können, landeten die Tiere prompt auf der Liste der Landwirtschaftsschädlinge, deren natürliche Wirtspflanzen systematisch gerodet wurden und bei Neupflanzungen von Hecken nicht mehr berücksichtigt werden durften. Eingehende Untersuchungen zeigten aber, dass diesen Entscheidungen mangelhafte Kenntnisse auf den Gebieten der Systematik und Ökologie der Gespinstmotten zugrunde lagen. So kommt die Apfelgespinstmotte *(Yponomeuta malinellus)* nur auf Apfelbäumen vor und nicht, wie fälschlich angegeben, auch am Weißdorn oder anderen Heckensträuchern. Und von der Pflaumengespinstmotte *(Yponomeuta padellus)* gibt es drei deutlich getrennte Rassen, von denen eine ganz bevorzugt an Schlehe, eine am Weißdorn und eine an Pflaumen und Zwetschgen vorkommt. Abgesehen davon, dass die »Schlehenrasse« gelegentlich auch einmal an der nah verwandten Pflaume fressen kann, weisen die drei Rassen eine hohe Wirtsspezifität auf. Die auf Pfaffenhütchen und Traubenkirsche lebenden Gespinstmotten gehen überhaupt nicht an Obstbäume. Im Gegenteil: Wegen ihres häufigen Vorkommens unterhalten die *Yponomeuta*-Arten auf Heckensträuchern beträchtliche Parasitoiden-Populationen, die verschiedene Gespinstmottenarten – auch solche, die speziell von Obstbäumen leben – befallen und wirksam reduzieren können.

Auch in diesem Beispiel ist die Hecke nicht als Schädlingsreservoir zu sehen, sondern als Heimstatt für Tiere, die wichtige Helfer im biologischen oder integrierten Pflanzenschutz sind.

Die Pflaumengespinstmotte ist sehr wirtsspezifisch – von Pflaumenbäumen lebt nur eine der drei bekannten Rassen.

Ähnlich verhält es sich mit der Ausbreitung gefährlicher Pilzkrankheiten durch in Hecken beheimatete Zwischenwirte. So erwies sich etwa die Bekämpfung der Berberitze als Zwischenwirt des Getreideschwarzrosts in Getreideanbaugebieten als weitgehend unwirksam, da auch Wildgräser als Zwischenwirte fungieren können und Pilzsporen über weite Strecken vom Wind verdriftet werden. Auch wenn ein gewisses Risiko im Einzelfall nicht ausgeschlossen werden kann, wäre es völlig verfehlt, bestimmte Gehölzarten generell zu bekämpfen. Nur dort, wo ein konkretes und erhebliches wirtschaftliches Schadensrisiko vorliegt – etwa durch Auftreten des Feuerbrands in Kernobstkulturen – kann ein entsprechender Eingriff in bestehenden Hecken im Einzelfall gerechtfertigt sein. Eine generelle Bekämpfung oder ein generelles Pflanzverbot bestimmter Gehölze (etwa Berberitze, Weißdorn, Pfaffenhütchen, Heckenkirsche, Traubenkirsche, Schlehe, Schneeball), wie es früher häufig praktiziert wurde, ist auf jeden Fall abzulehnen, da dies zu einer unverantwortlichen und nicht zu rechtfertigenden Verarmung unserer Hecken führen würde. Im Garten und Park gibt es dazu ohnehin keine Veranlassung. Im Gegenteil ist es denkbar, im Sinne des Pflanzenschutzes »Hecken nach Maß« anzulegen, um das regulative Potenzial der natürlichen Gegenspieler möglicher Schadinsekten nutzen zu können. Das setzt allerdings ein hohes Maß an Einsichten in die Strukturen und Funktionen der jeweiligen Hecken- und Feld-Ökosysteme voraus.

Laufkäfer und andere Bodenbewohner

Eine große Rolle bei der biologischen Schädlingsbekämpfung spielen neben den genannten Insektengruppen auch die größtenteils räuberisch lebenden Laufkäfer, eine sehr artenreiche und individuenreiche Käferfamilie. Wie es der deutsche Name bereits andeutet, leben diese Tiere überwiegend am Boden, viele Arten sind schlechte Flieger oder sogar flugunfähig. Laufkäfer können aufgrund ihrer artspezifischen Lebensraumansprüche als Zeigerarten dienen: Im Kernbereich der Hecken, in den hochstaudenreichen Heckensäumen und in der offenen Agrarlandschaft kommen jeweils unterschiedliche Arten vor. Breite Hecken mit einem waldähnlichen Mikroklima im Inneren werden von typischen Wald-Laufkäferarten besiedelt, in nur wenige Meter breiten Hecken ohne ein solches Innenklima dominieren Laufkäfergemeinschaften der Säume und der Offenlandhabitate. Während die Waldarten die Hecke normalerweise nicht verlassen, wechseln Offenlandspezialisten von dort aus bis zu 50 Meter weit in Felder und Wiesen, um dort Raupen, Engerlinge, Drahtwürmer und Nacktschnecken zu erbeuten. Die Anzahl der Laufkäferarten steigt linear mit zunehmender Länge der Hecken, die ihnen Überwinterungsplätze in der Laubstreu, unter Steinen oder Holzstubben und Schutz vor den Auswirkungen intensiver Feldbewirtschaftung bieten.

Laufkäfer

Die Laufkäfer teilen sich das Untergeschoss der Hecke mit den ebenfalls sehr artenreichen Kurzflügelkäfern, mit anderen Gliedertieren wie Asseln, Schnurfüßern oder Tausendfüßern und räuberischen Steinläufern aus der Verwandtschaft der Hundertfüßer, mit den schnellen Wolfsspinnen, die keine Netze weben, sondern ihre Beute im Spurt erjagen, und sehr vielen anderen mehr.

Heuschrecken

Zu den auffälligsten Erscheinungen der Hecken und Gehölze gehören die »Gesänge« der Laubheuschrecken.

Ein lang anhaltendes Sirren, das etwa 50 Meter weit zu hören ist, verrät das **Grüne Heupferd.** Die Weibchen, gekennzeichnet durch eine lange Legeröhre an der Hinterleibsspitze, erreichen eine Länge von gut vier Zentimetern und gehören damit zu den größten heimischen Heuschrecken. Die Männchen sind deutlich kleiner, denn ihnen fehlt die Legeröhre, mit der die Weibchen ihre Eier ins Erdreich ablegen. Durch ihre grasgrüne Färbung mit bräunlichem Rücken sind die Tiere im Laub der Heckengehölze gut getarnt und trotz der auffallenden Werbegesänge der Männchen nicht leicht zu entdecken. Als gute Flieger wandern die Heupferde auch in Gärten und Felder ein und machen sich dort als Vertilger kleinerer Insekten, Raupen und Kartoffelkäferlarven nützlich. Pflanzenkost scheint bei dieser Art im Gegensatz zum nah verwandten Zwitscherheupferd nur einen sehr geringen Anteil an der Nahrung auszumachen.

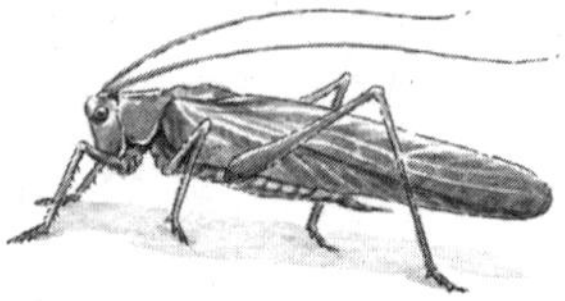

Laubheuschrecke

Die wohl häufigste Laubheuschrecke der Hecken und Waldränder ist die **Gewöhnliche Strauchschrecke.** Sie ist deutlich kleiner als die vorgenannten Arten und weist eine dunkelbraune Färbung mit leuchtend zitronengelbem Bauch auf. Als Gemischtköstlerin ernährt sich die flugunfähige Strauchschrecke von Raupen, Fliegen, Blattläusen und verschiedenen Pflanzen. Die Männchen lassen tagsüber bis in die Nacht hinein ihre markanten Gesänge hören, ein wiederholtes kurzes »zrritt«. Kommt ein anderes Männchen zu nahe, werden diese Geräusche hastig und mit zunehmender Lautstärke aneinandergereiht (»Störlaute«). Laubheuschrecken und auch die nah verwandten Grillen erzeugen ihre Gesänge durch ein schnelles Aneinanderreiben der Vorderflügel, wobei eine sogenannte Schrillleiste über eine Schrillkante streicht.

Einen sehr leisen Gesang, den ein Mensch nur ganz aus der Nähe wahrnehmen kann, hat die **Punktierte Zartschrecke.** Dieser zarte, langbeinige Pflanzenfresser lebt gern im Brombeergebüsch und kommt auch in Gärten und Parkanlagen vor. Auf Eichen-Überhältern im Heckenbereich ist die **Eichenschrecke** zu finden, bei der das Männchen nicht mit den Flügeln zirpt, sondern mit einem Hinterbein auf Blätter trommelt, um Weibchen anzulocken und Rivalen zu vertreiben.

Ähnlich wie bei Vögeln kann man die einzelnen Heuschreckenarten anhand ihrer Gesänge unterscheiden. Das gilt auch für die große Gruppe der Feldheuschrecken, die gemeinhin auch als »Grashüpfer« bezeichnet werden. Sie haben eine andere Technik der Lauterzeugung, indem sie mit einer gezähnten Leiste an der Innenseite der Hinterschenkel über eine hervortretende verstärkte Ader auf den Vorderflügeln streichen. Grashüpfer bewohnen die niedrige Vegetationsschicht der Heckensäume und des angrenzenden Offenlandes und ernähren sich rein vegetarisch.

Schmetterlinge

Rotbraunes Ochsenauge

Zu den auffälligsten Insekten in Heckenlebensräumen zählen Vertreter der äußerst artenreichen Gruppe der Schmetterlinge. Gut ausgebildete Hecken mit blütenreichen Säumen bieten neben einem breiten Spektrum an Futterpflanzen für die Raupen und Nektarquellen für die »erwachsenen« Falter (Imaginalstadien) Windschutz, Sonnenplätze und schattige, feuchte Bereiche auf engem Raum. Damit werden die oft recht unterschiedlichen Lebensraumansprüche sehr vieler Arten erfüllt.

Das Gros der dort lebenden Schmetterlinge bleibt dem menschlichen Auge allerdings verborgen. Viele Arten sind nachtaktiv und zudem oft klein und unscheinbar. Am ehesten fallen noch die Fraßspuren der Raupen auf. Einige Vertreter sind so klein, dass sie nicht auf, sondern in den Blättern leben. Durchscheinende Fraßgänge zeigen an, wo sich die Raupen verschiedener Miniermotten durch das Blattgewebe gefressen haben. Hinter dem volkstümlichen Sammelbegriff »Motte« verbergen sich Vertreter ganz unterschiedlicher, formenreicher Schmetterlingsfamilien, etwa Eulenfalter, Spanner, Wickler oder Zünsler. Auch die bereits genannten Gespinstmotten zählen dazu. Manche Arten leben nicht vom Laub, sondern entwickeln sich in den Früchten der Heckensträucher. So ist auch der sprichwörtlich gewordene »Wurm« im Apfel in Wirklichkeit die Raupe eines Kleinschmetterlings, des Apfelwicklers.

Natürlich sind an Hecken und ihren Säumen nicht nur unscheinbare »Motten« zu finden, sondern auch verschiedene attraktive Vertreter der Tagfalter.

Einer der ersten Frühlingsboten ist der bekannte **Zitronenfalter.** Als einziger der im Imaginalstadium überwinternden Schmetterlinge sucht er sich im Herbst kein geschütztes Versteck, sondern trotzt Eis

Heckensträucher als Nahrungsquellen für Schmetterlinge

Viele Heckengehölze sind bei Schmetterlingen als Raupenfutterpflanzen und Nektarquellen sehr beliebt – hier die beliebtesten Sträucher (in Klammern angegeben ist jeweils die Anzahl der gezählten Schmetterlingsarten): Schlehe (126), Salweide (117), Espe (86), Brombeeren (77), Himbeere (74), Hasel (64).

Viele Schmetterlinge saugen zwar an verschiedensten Blüten, ihre Raupen sind jedoch oftmals auf wenige ganz bestimmte heimische Futterpflanzen, mitunter auf eine einzige Art, angewiesen. Der in Gärten häufig gepflanzte und in wintermilden Stadtgebieten Deutschlands auch verwilderte Sommerflieder oder Schmetterlingsstrauch (Buddleja) lockt zwar ebenfalls zahlreiche Schmetterlinge an, doch Raupen können sich an ihm nicht entwickeln, da dieses Gewächs ursprünglich aus China stammt und sich daher keine heimischen Insekten daran anpassen konnten.

und Schnee frei an einem Zweig hängend. Damit seine Körperflüssigkeiten nicht gefrieren, produziert er natürliche Frostschutzmittel (Glycerin, Sorbit, bestimmte Eiweißstoffe), die ihn Temperaturen von bis zu minus 20 Grad Celsius schadlos überstehen lassen. Im April legt er seine Eier an Faulbaum oder Kreuzdorn, wo sich die Raupen entwickeln. Die daraus schlüpfenden Falter überwintern und haben mit rund zwölf Monaten die längste Lebensdauer unter allen heimischen Schmetterlingen.

Der **C-Falter** überwintert ebenfalls im Falterstadium, bringt aber jährlich zwei Generationen hervor, die sich in der Grundfärbung unterscheiden: Bei der ersten Generation, die von Ende Juni bis Anfang August fliegt, fällt die braunorange, mit dunklen Flecken gemusterte Grundfärbung der Flügeloberseiten viel heller aus als bei der Spätsommergeneration, die ab Mitte August, Anfang September auftritt und überwintert. Dieses Phänomen, das noch stärker beim verwandten **Landkärtchen-Falter** zu beobachten ist, bezeichnen Biologen als Saison-Dimorphismus. Die Flügelunterseiten des C-Falters zeigen jeweils eine weiße Markierung in Form des Buchstabens »C«, ansonsten sind sie farblich so gemustert, dass sie verwelkten Blättern ähneln. Auch die Raupen sind Meister der Tarnung: Ihre kalkweiße Zeichnung auf dem mittleren und hinteren Rückenteil des ansonsten schwarzgrau gefärbten Körpers erinnert stark an ein Häufchen Vogelkot.

C-Falter

Die Raupen haben ein recht breites Wirtspflanzenspektrum. Man findet sie vor allem an der Salweide, aber auch an Ulmen, Stachelbeeren, Roten Johannisbeeren und Haselsträuchern ebenso wie an Hopfen und Brennnesseln. All diese Arten wuchsen ursprünglich im lichten Schatten von Auwäldern, daher legen die weiblichen C-Falter ihre Eier bevorzugt an solchen Stellen ab, die sich durch ein entsprechend halbschattig luftfeuchtes Mikroklima auszeichnen. Wie bei vielen anderen Schmetterlingsarten ist also nicht allein das Vorkommen geeigneter Raupenfutterpflanzen von Bedeutung, sondern auch der Standort und die »Qualität« der Pflanzen. In diesem speziellen Fall fressen die Raupen im Sommer nur an den Blättern der Stockausschläge frisch gestutzter Salweiden, wohl weil das Laub sonst zu hart ist. Für die Existenz der Falter ist außerdem ein ausreichendes, durchgehendes Nektarangebot vom Frühjahr bis in den Herbst notwendig. C-Falter nutzen auch hier ein breites Angebot: Im März und April blühen Salweiden und Schlehen, im Mai laben sie sich an der Birnbaumblüte, von Juli bis September saugen sie an Wasserdost und Schmetterlingsflieder, danach bieten Efeublüten den Faltern ein letztes üppiges Mahl vor der Winterstarre.

Für die Raupen des **Nierenfleck-Zipfelfalters** würde sich dagegen ein Rückschnitt der Nahrungsgehölze fatal auswirken: Ihre Entwicklungszeit an Schlehenbüschen beträgt fast ein Jahr. In Gärten findet man sie gelegentlich auch an Pflaumen und Zwetschgen, die erwachsenen Falter saugen bevorzugt an verschiedenen Korbblütlern wie Ackerkratzdistel, Wasserdost und Goldrute.

Ein artenreicher krautiger Heckensaum, der nicht mitten im Sommer komplett gemäht wird, ist die beste Garantie für die Existenz vieler weiterer Schmetterlingsarten der Hecken und Waldränder, darunter

Waldbrettspiel, Faulbaum-Bläuling und **Rotbraunes Ochsenauge.** Auch weiter verbreitete Arten wie das prächtige **Tagpfauenauge,** dessen Raupen an Brennnesseln fressen, oder verschiedene **Dickkopffalter** laben sich am Blütenangebot der Heckensäume. Selbst in der Dunkelheit herrscht an der Hecke reges Schmetterlingstreiben. So werden die langkelchigen, nachts süß duftenden Blüten des Geißblatts von langrüsseligen Nachtfaltern wie dem imposanten **Ligusterschwärmer** und seinen Verwandten bestäubt, die wie Kolibris im Schwirrflug vor den Blüten »stehen« können.

Libellen und Holzbewohner

Libellen nutzen Hecken wegen ihres Insektenreichtums als Jagdreviere, manche Arten wie die **Blaugrüne Mosaikjungfer** oder die **Braune Mosaikjungfer** entfernen sich dabei oft weit von den Teichen und Weihern, in denen sich ihre ebenfalls räuberischen Larven entwickeln. An gewässernahen Hecken sieht man häufig Kleinlibellen auf den Blättern der Büsche sitzen, zum Beispiel Binsenjungfern und Azurjungfern aus den Gattungen *Lestes* und *Coenagrion.* Libellen nutzen die linienförmigen Strukturen von Hecken auch als Flugleitlinien, an denen sie sich bei Überlandflügen orientieren.

Eine große und heterogene Gruppe von Insekten und anderen Gliedertieren lebt im morschen Holz aller Abbaustadien. Zu diesen zusammenfassend als Xylobionten (Holzbewohner) bezeichneten Tieren zählen zahlreiche Käfer, solitär lebende Wildbienen und Wespen, Ameisen, Vertreter der Fliegen und Mücken und viele andere mehr. Absterbende oder tote Bäume und Büsche sollten daher unbedingt in der Hecke verbleiben, genauso wie morsche Äste, Zaunpfähle und Stubben. Sie dienen auch vielen anderen Tieren als Versteck oder Nahrungsquelle. Über die Vielfalt und häufig faszinierende Lebensweise der Totholzbewohner informiert beispielsweise das Buch »Lebensraum Totholz« von Werner David (siehe Seite 193), sodass an dieser Stelle auf eine ausführlichere Darstellung verzichtet werden soll.

Lurche und Kriechtiere

Lurche oder Amphibien führen ein Doppelleben: Bei fast allen heimischen Arten – Ausnahme ist der Alpensalamander – entwickeln sich die Larvenstadien, bei den Froschlurchen Kaulquappen genannt, im Wasser, die erwachsenen Tiere hingegen besiedeln unterschiedliche Landlebensräume. Besonders **Grasfrösche, Erdkröten** und **Molche** findet man regelmäßig auch im Bereich von Hecken und Gebüschen, mitunter über einen Kilometer vom Laichgewässer entfernt. Im ausgeglichen feuchtkühlen Mikroklima des Heckenkerns suchen die in der Regel nachtaktiven Tiere tagsüber Schutz vor Austrocknung und Feinden. Sie verkriechen sich dazu unter Falllaub, morschem Holz oder in Steinhaufen. Dort verbringen sie auch die kalten Wintermonate. Mit ihrem Reichtum an Kleintieren (Würmern, Nacktschnecken, Insekten und ihren Larven) bescheren Hecken den Amphibien zudem ein reiches Nahrungsangebot. Genauso sind diese Tiere aber auch in Laubwäldern, feuchten Wiesen und naturnahen Gärten zuhause.

Ein ausgesprochener Heckenspezialist ist hingegen der meist grasgrün gefärbte **Laubfrosch,** der insbesondere sonnige Hecken aus Wildrosen und Brombeeren mit vorgelagerten Hochstaudenfluren schätzt. Als einzige heimische Lurchart klettert der Laubfrosch regelmäßig auf Büsche und Bäume, um sich auf den Blättern zu sonnen. Haftscheiben an den Fingern mit Tausenden von winzigen Saugnäpfen ermöglichen ihm, selbst senkrechte Glasscheiben zu erklimmen. Um während ihrer oft stundenlangen Sonnenbäder nicht auszutrocknen, nehmen Laubfrösche eine charakteristische halbkugelige Form mit gewölbtem Rücken und unter den Leib gezogenen Beinen an. Auf diese Weise verringern sie ihre Körperoberfläche und damit die Verdunstung. Außerdem bleibt so über längere Zeit ein dünner Wasserfilm zwischen Blatt und Bauch erhalten. Durch ihre grüne Färbung

Laubfrosch

sind die Tiere im Laub perfekt getarnt. Umso mehr machen die Männchen in der Laichzeit durch ihre extrem lauten nächtlichen Rufe auf sich aufmerksam, die dank einer ballonartigen Schallblase an der Kehle über einen Kilometer weit zu hören sind. Auch im Herbst rufen noch vereinzelt Laubfrösche in Hecken und Gärten. Leider ist die Art durch Vernichtung oder Beeinträchtigung ihrer Laichgewässer vielerorts selten geworden.

Unter den Kriechtieren, den Reptilien, ist vor allem die **Blindschleiche** in Heckenlandschaften zu beobachten. Ihr ursprünglicher Lebensraum sind sonnige Waldränder. Die Tiere gehören trotz ihrer äußeren Ähnlichkeit mit Schlangen zu den Echsen und sind keineswegs blind. Sie sonnen sich gern an offenen oder spärlich bewachsenen Stellen wie Wegen und Böschungen und erbeuten Regenwürmer, Nacktschnecken und andere langsame Kleintiere. Morsches Holz am Boden und Steinhaufen dienen ihnen als Verstecke. Blindschleichen und auch **Waldeidechsen,** die oft im selben Lebensraum zu finden sind, bringen lebende Junge zur Welt und sind daher unabhängig von geeigneten Eiablageplätzen in vollsonnigen, sandigen Böden, wie sie die **Zauneidechse** benötigt. Eidechsen profitieren von Kleinstrukturen an Heckenrändern, etwa besonnten Steinhaufen, die als Sonnenplätze und Unterschlupf dienen, und vom Insektenreichtum der Heckensäume, benötigen als wechselwarme Tiere jedoch angrenzende Flächen mit niedriger, teils lückiger Vegetation wie Heiden und Trockenrasen, wo es warm und sonnig ist. Den Winter verbringen sie in frostsicheren Quartieren unter Steinen oder in von Mäusen gegrabenen Erdbauten.

Auch Schlangen trifft man gelegentlich im Bereich von Hecken und Gebüschen an, in der Nähe von Gewässern vor allem die für den Menschen völlig harmlose **Ringelnatter.** Feuchte Laubhaufen oder Schreddergut aus der Heckenpflege nutzt sie zur Eiablage. Die Wärme des verrottenden Pflanzenmaterials brütet die Eier aus, die (je nach Temperatur) nach sechs bis zehn Wochen schlüpfenden Jungtiere sind sofort selbstständig. Eine Besonderheit unter den heimischen Schlangen ist die **Äskulapnatter,** mit bis zu zwei Meter Länge die größte heimische Reptilienart. Sie lebt in Deutschland nur an wenigen besonders wärmebegünstigten Stellen, in Österreich und der Schweiz ist sie weiter verbreitet. Als einzige mitteleuropäische Schlangenart kann die Äskulapnatter – das Symboltier der Ärzte und Apotheker – hervorragend klettern, daher sind selbst Vögel im Kronendach von Hecken und Gebüsch nicht vor ihr sicher.

Dorngrasmücke

Vögel

Von Feldhecken und Knicks durchzogene, kleinräumig gekammerte Landschaften sind grundsätzlich sehr vogelreiche Lebensräume. Das gilt sowohl für die Anzahl der Brutvogelarten als auch für die Anzahl der Brutreviere. Hinzu kommt eine Reihe von Nahrungsgästen und Durchzüglern, die das Artenspektrum bereichern. Bis zu 50 Arten wurden hierzulande insgesamt in und an Hecken beobachtet – rund ein Fünftel aller in Deutschland heimischen Vogelarten.

Die ursprünglichen Lebensräume der regelmäßig in Hecken brütenden Vögel sind dornige Pioniergebüsche in offener Landschaft, strukturreiche Waldmantelgesellschaften und lichte Wälder mit buschigem Unterwuchs.

Zu den eigentlichen Heckenbewohnern, die sich dort fortpflanzen und sich aus Hecken auch ganz oder teilweise ernähren, gesellen sich Vogelarten, die Hecken und Knicks in ihre Lebensräume mehr oder weniger einbeziehen, zum Teil auch in ihnen brüten, aber nicht unbedingt an sie gebunden sind. Zur letztgenannten Gruppe zählen etwa Rebhuhn und Fasan, die dort Deckung und Nahrung finden, oder Greifvögel wie Mäusebussard und Turmfalke. Bussarde nutzen hochgewachsene Knicks und ganz besonders aus der Strauchschicht herausragende Einzelbäume (Überhälter) als Ansitze für die Mäusejagd, Turmfalken nisten – außer in Kirchtürmen und Mauernischen hoher Gebäude – auch in alten Nestern von Elstern oder Krähen in Hecken. Braunkehlchen und gelegentlich die Rohrammer brüten in der Hochstaudenvegetation der Heckensäume oder suchen dort nach Insekten für ihre Jungen.

Zur Gruppe der regelmäßigen und eigentlichen Heckenbrüter, von denen im Folgenden einige charakteristische Arten kurz vorgestellt werden sollen, gehören die Grasmücken. Diese Vögel sind weder mit Insekten verwandt noch leben sie im Gras. Vielmehr leitet sich ihr Name vom mittelhochdeutschen »gra smucka« ab, was so viel bedeutet wie grauer Schlüpfer – kleine, unscheinbar gefärbte Sänger, die im dichten Gebüsch umherschlüpfen. Der hierzulande in Heckenlebensräumen der Agrarlandschaft häufigste Vertreter dieser mit fünf heimischen Arten vertretenen Singvogelgattung ist die **Dorngrasmücke.** Ihren kurzen, kratzigen Gesang lässt sie meist gut verborgen aus den oberen Etagen eines Busches erklingen, mitunter startet sie von dort auch zu einem kurzen Singflug mit längeren Gesangspassagen. Mit ihren rostbraun gefärbten Flügeldecken, dem grauen Kopf und weißer Kehle, die mit der rosafarben überhauchten hellen Brust kontrastieren, ist die Dorngrasmücke zur Brutzeit recht apart gefärbt. Ähnlich im Aussehen, aber grauer und weniger kontrastreich gefärbt ist die Zaun- oder **Klappergrasmücke.** Sie erhielt ihren Namen nach den einfach strukturierten klappernden Gesangsmotiven, die klingen, als würden zwei Kieselsteinchen schnell aneinandergeschlagen. Dagegen verrät sich die **Gartengrasmücke** durch ihren lang anhaltenden, plaudernden Flötengesang in Altstimmlage.

Nah verwandt mit den Grasmücken ist die Gattung der Laubsänger, zu denen **Zilpzalp** und **Fitis** gehören. Als sogenannte Zwillingsarten sehen sich die unscheinbar graugrün gefärbten Vögel zum Verwechseln ähnlich, unterscheiden sich aber durch ihren Gesang: Während der Zilpzalp ein rhythmisches, Namen gebendes »zilpzalpzilpzalp ...« hören lässt, erinnert die melancholisch schwebende Flötenstrophe des Fitis in ihrer Melodie an ein zu Boden schwebendes Blatt.

Gelbspötter und **Sumpfrohrsänger,** zwei weitere unauffällig gefiederte Singvögel, sind begnadete Nachahmer (Spötter), welche die

Laute vieler anderer Vogelarten perfekt imitieren und in ihren eigenen Gesang einarbeiten.

Zu sehen bekommt man die »grauen Schlüpfer« und viele ihrer Verwandten jedoch nur selten und flüchtig. Mit Ausnahme des Zilpzalps, der im Mittelmeerraum überwintert, ziehen alle genannten Arten im Herbst ins tropische Afrika, weil sie als ausgesprochene Insektenfresser in der kalten Jahreszeit sonst bei uns verhungern würden.

Das prächtig goldgelb gefärbte Männchen der **Goldammer** fällt sofort ins Auge, wenn es von der Spitze eines Busches seine einfache und etwas wehmütig klingende Gesangsstrophe »Wie, wie, wie hab' ich Dich liiieb!« erklingen lässt. Auch die lärmenden Scharen der **Feldsperlinge** lassen sich gut beobachten. Bei den zur Finkenverwandtschaft zählenden **Bluthänflingen** unterscheiden sich die Männchen durch eine blutrote Zeichnung an Brust und Stirn von den unscheinbarer gefärbten Weibchen. Wegen ihres abwechslungsreichen Gesanges wurden sie früher häufig als Käfigvögel gehalten. Ammern, Finken und Sperlinge fliegen zur Nahrungssuche auf die umliegenden Felder, wo sie Körner und Sämereien aufpicken. Ihre Jungen füttern sie jedoch mit eiweißreicher Insektenkost.

Ein Charaktervogel dornstrauchreicher Hecken ist der **Neuntöter** oder Rotrückenwürger. Seinen martialisch klingenden Namen erhielt der knapp lerchengroße Singvogel nach seiner Angewohnheit, sich in Zeiten des Nahrungsüberflusses Futterdepots anzulegen, indem er Käfer, Eidechsen, junge Mäuse und andere Beutetiere auf Dornen spießt oder in Astgabeln klemmt. Größere Beute kann er so auch leichter mit seinem hakenförmigen Schnabel zerteilen, da seine Füße zum Festhalten nicht taugen. Wegen dieser Angewohnheit glaubte man früher, der Vogel müsse erst

Neuntöter

neun Tiere töten, bevor er eines frisst. Neuntöter sitzen oft auf einem frei stehenden Ast, um von dort nach Beute zu spähen oder ihr Revier zu überwachen. Das Männchen lässt sich vom Weibchen durch seine schwarze Gesichtszeichnung unterscheiden, die an eine Banditenmaske erinnert. Sein größerer Verwandter, der amselgroße Raubwürger – besser **Grauwürger** genannt –, brütet nur noch selten in Deutschland, ist im Norden aber ein regelmäßiger Wintergast aus Skandinavien.

Auch die **Elster** ist ursprünglich eine Heckenbewohnerin, aber in vielen Regionen in der freien Landschaft mittlerweile auffallend selten geworden. Denn sie braucht zur Nahrungssuche offene Böden oder zumindest Flächen mit niedriger Vegetation, wo sie ihre Hauptnahrung, Regenwürmer, Schnakenlarven und anderes Kleingetier, findet. Durch die Umstellung in der Landwirtschaft von Sommergetreide auf Wintergetreide, das bereits im Frühjahr zur Brutzeit der Elstern hoch aufwächst, finden die Vögel auf den Feldern keine Nahrung mehr für sich und ihre Jungen. Die Eroberung neuer Lebensräume in Städten und Dörfern geriet für diesen intelligenten Rabenvogel daher zu einer Überlebensfrage.

Wo Hecken höhere Einzelbäume aufweisen oder in Waldrandnähe wachsen, wird das Spektrum der Heckenvögel durch weitere Vogelarten ergänzt, die als ursprüngliche Wald(rand)arten auf solche Strukturen angewiesen sind. Dazu zählen beispielsweise **Buchfink, Ringeltaube** und **Aaskrähe** mit den beiden Unterarten Rabenkrähe und Nebelkrähe, die im Kronenbereich ihre Nester anlegen. Von frei stehenden Bäumen aus startet der **Baumpieper** seine auffälligen Sing- und Schauflüge, bei denen er nach kurzem Steigflug mit hängenden Beinen und halb ausgebreiteten Flügeln wie an einem Fallschirm zum Startplatz oder zu einem anderen Baum herabgleitet. **Buntspecht, Grünspecht** und **Kleinspecht** sind für den Bau ihrer Bruthöhlen auf stärkere Bäume angewiesen, verlassene Höhlen bieten Nistmöglichkeiten für »Nachmieter« wie **Kohlmeise, Blaumeise** oder **Weidenmeise, Star** und **Gartenrotschwanz.** Im halbschattigen Unterholz siedeln sich **Amsel, Rotkehlchen** und **Heckenbraunelle** an, zelebrieren **Mönchsgrasmücke** und **Nachtigall** ihre meisterhaften Gesänge.

Welche Heckenstrukturen bevorzugen Vögel?

Gemäß ihrer ursprünglichen Herkunft und ihrer Spezialisierung auf bestimmte ökologische Nischen stellen die einzelnen Vogelarten unterschiedliche Ansprüche an Ausprägung, Struktur und Alter der Hecken, wie nachfolgende Abbildung zeigt.

Strukturwahl von Singvögeln

	waldartige Strukturen				halboffene Strukturen			
	alt	hoch	dicht	breit	schmal	jung	niedrig	lückig
Rotkehlchen	🐦	🐦	🐦					
Mönchsgrasmücke	🐦	🐦		🐦				
Zilpzalp	🐦	🐦						
Klappergrasmücke	🐦		🐦					
Trauerschnäpper		🐦		🐦				
Amsel		🐦						
Blaumeise			🐦					
Schwanzmeise			🐦					
Gartengrasmücke	🐦	🐦						🐦
Buchfink		🐦			🐦			
Gimpel				🐦		🐦		
Nachtigall				🐦		🐦	🐦	
Zaunkönig						🐦		
Bluthänfling						🐦		
Girlitz						🐦	🐦	
Feldsperling								🐦
Gelbspötter							🐦	🐦
Neuntöter					🐦			🐦
Sumpfrohrsänger							🐦	🐦
Dorngrasmücke						🐦	🐦	🐦

Die mit Symbolen markierten Felder zeigen die von den einzelnen Vogelarten bevorzugten Strukturen (nach Barkow 2001, verändert).

Die dem Schema zur Strukturwahl von Heckenvögeln zugrunde liegenden Untersuchungen wurden an sehr breiten Feldhecken im Raum Göttingen (Südniedersachsen) durchgeführt. In anderen Regionen können einzelne Vogelarten teilweise davon abweichende Vorlieben zeigen, sodass sich die Brutvogelwelt beispielsweise von fränkischen Lesesteinhecken hinsichtlich des Artenspektrums, der Siedlungsdichte und bevorzugter Strukturen von derjenigen holsteinischer Knicks unterscheiden kann.

Letztere wurden besonders gründlich von dem Amateur-Vogelforscher Klaus Puchstein untersucht. Er fand heraus, dass die meisten Vogelarten als Lebensraum den sogenannten Doppelknick, in Norddeutschland auch Redder genannt, gegenüber einem einfachen Knick bevorzugen.

Wie Puchstein zeigen konnte, beherbergt ein 100 Meter langer Redder ebenso viele Brutvögel wie ein knapp 600 Meter langer Einzelknick. Auch Knickverzweigungen weisen eine stark erhöhte Vogeldichte auf. Betrachtet man nicht nur die Anzahl der Vogelreviere, sondern auch das Artenspektrum, gewinnt der Doppelknick laut dieser Untersuchung noch mehr an Bedeutung: Einige Arten wie Fitis, Gelbspötter und Gartengrasmücke kommen ausschließlich oder ganz überwiegend dort vor. Goldammer, Amsel und Heckenbraunelle bevorzugen gleichfalls die Struktur der Redder, doch brütet ein beachtlicher Anteil auch im Einzelknick, für den unter den häufigen Heckenvögeln lediglich die Dorngrasmücke eine hohe Präferenz zeigt. Sie besiedelt selbst einzelne Büsche in offenem Gelände.

Die Ursachen für die Bevorzugung des Doppelknicks und der Knickverzweigungen sind vielfältig: In ihnen herrscht ein windgeschütztes Kleinklima, das sich förderlich auf die Entwicklung der Insektenfauna als Nahrungsgrundlage der meisten Vögel auswirkt. Die längere Beschattung dieser Bereiche hält den Boden länger feucht, eine wichtige Voraussetzung für die erfolgreiche Futtersuche von Amseln, Rotkehlchen und Nachtigallen, die gern am Boden nach Kleintieren picken. Die offenen oder kurzrasigen Böden unbefestigter Redderwege bieten besonders für Drosseln und Hühnervögel wie Rebhuhn und Fasan gute Möglichkeiten zur Nahrungssuche, während Samen-

Querschnitt durch zwei Wallhecken entlang eines Weges: Diese doppelte Hecke weist im Vergleich zur einfachen (Wall-)Hecke wesentlich vielfältigere Strukturen und Lebensbedingungen auf, sodass viele Vögel sie bevorzugen.

fresser wie Ammern und Finken von begleitenden Krautsäumen profitieren. An Wegrändern und schlecht zu beackernden Knickwinkeln kann sich eine höherwüchsige Vegetation entwickeln, die nicht nur im Sommer Schutz, Nistraum und Nahrung bietet, sondern vor allem für überwinternde Vogelarten von existenzieller Bedeutung sein kann. In windgeschützten Bereichen sammelt sich zwischen den Hochstauden eine dicke Schicht aus Falllaub an, die als Frostschutz und Winterquartier für Kleintiere dient. Unter und zwischen den Blättern finden Vögel bis ins Frühjahr hinein ausreichend Nahrung in Form von Würmern, Asseln und überwinternden Insekten. Vielfach befinden sich an Knickverzweigungen Sonderstrukturen wie staunasse Senken oder Tümpel, die wiederum Vogelarten anlocken, die nicht zu den eigentlichen Heckenvögeln zählen, etwa Stockenten oder Teichhühner. Vor allem aber dürfte es der Strukturreichtum sein, der den Doppelknick so attraktiv für Brutvögel macht.

Mit der Entwicklung einer Hecke im Laufe der Jahre verändert sich auch deren Vogelwelt. Charakterarten junger, niedriger oder lückiger Gehölzbestände wie Dorngrasmücke, Hänfling und Neuntöter verschwinden, wenn sich in der Hecke durch ausbleibende Nutzung oder Pflege zunehmend waldartige Strukturen entwickeln, die dann Wald(rand)bewohnern wie Amsel, Mönchsgrasmücke oder Ringeltaube Lebensraum bieten. Eine aus Sicht des Vogelschutzes idealtypische Hecke kann es daher nicht geben. Vielmehr bietet eine Landschaft mit einem dichten Netz von Hecken, die durch individuelle, regelmäßige Nutzung oder Pflege ein räumliches Nebeneinander unterschiedlicher Altersklassen und Strukturen aufweisen, die beste Gewähr für eine artenreiche Vogelwelt.

Bevorzugte Brutgehölze sind dornenbewehrte Büsche mit reicher innerer Verästelung. Weißdornbüsche werden besonders gern von Neuntöter, Grauwürger und Hänfling besiedelt, Goldammer, Heckenbraunelle und die Grasmückenarten scheinen dagegen Schlehen zu bevorzugen. Besonders günstige Strukturen entstehen, wenn die Dornbüsche regelmäßig von Weidevieh verbissen oder regelmäßig geschnitten werden: Die Gehölze bilden als Folge quirlartige, stark bedornte Kurztriebe, die brütende Vögel gut schützen. Aber auch die krautigen Heckensäume sind wichtig für den Bruterfolg gerade der auf heckenartige Strukturen spezialisierten Vogelarten. Leider werden viele Hecken begleitende Krautsäume zur Brutzeit regelmäßig komplett gemäht – ganz besonders entlang von Wegen. Dadurch werden viele Nester vernichtet oder freigelegt. In der Folge haben Nesträuber leichtes Spiel, neben Rabenvögeln bedienen sich dann auch gerne Fuchs und Wiesel an Eiern oder Jungvögeln.

Die Nähe zu Wegen wirkt sich auch allgemein negativ auf die Siedlungsdichte von Heckenbrütern aus. Gründe hierfür können häufige Störungen durch Spaziergänger und frei laufende Hunde sowie landwirtschaftlichen Verkehr sein, vor allem aber das oft brachiale Abschlegeln der Heckenränder, das in Verbindung mit dem Ausmähen der Säume schmale Gehölzstreifen entstehen lässt, die mit einer Hecke nicht mehr viel zu tun haben und Vögeln kaum sichere Brutmöglichkeiten bieten.

Goldammer

Andererseits wurden in Straßen begleitenden Hecken etwa genauso viele Nester festgestellt wie in reinen Feldhecken. An Motorengeräusche und vorbeifahrende Autos scheinen sich Vögel gut gewöhnen zu können, sofern der Verkehrslärm nicht ihre Gesänge übertönt.

Von entscheidender Bedeutung für das Vorkommen und die Siedlungsdichte von Vogelarten sind aber nicht nur Alter, Struktur und Gehölzzusammensetzung einer Hecke, sondern vor allem auch die Ausprägung und Nutzung des Umlandes.

In Franken zum Beispiel fanden Wissenschaftler die Nester von Neuntöter, Heckenbraunelle sowie der Grasmückenarten vorwiegend oder ausschließlich in Hecken im Grünland, während der Sumpfrohrsänger die Nachbarschaft von Getreidefeldern bevorzugte. Nach eigenen Beobachtungen besiedelt letztgenannte Art in Norddeutschland gerne auch Weidenbüsche mit umgebender Hochstaudenvegetation im Grünland und an Gewässerufern, was einmal mehr zeigt, dass man mit Verallgemeinerungen aus konkreten Fallstudien stets vorsichtig sein muss.

Ausprägung, Nutzung und Struktur des Umlandes stellen vor allem für die in Hecken brütenden Vogelarten der halboffenen Landschaft entscheidende Biotopqualitäten dar. Insbesondere die Samenfresser unter den Feldvögeln wie Hänfling und Goldammer benötigen Brachflächen mit samentragenden Stauden, wildkrautreiche Stellen in Feldern sowie Ackerraine und Wegraine. Auch der Neuntöter, der hauptsächlich von Großinsekten lebt, ist als sogenannter Biotopkomplexbewohner auf das Nebeneinander von Bruthecken und ergiebigen Jagdgründen in offenem, extensiv genutztem Gelände angewiesen. Demgegenüber suchen die meisten der ursprünglich im Wald beheimateten Singvögel ihre Nahrung – überwiegend Insekten und Beeren – im unmittelbaren Bereich von Feldhecken und Knicks, die Ausprägung des Umlandes spielt für diese Arten daher in der Regel nur eine untergeordnete Rolle.

In jedem Fall problematisch wirken sich Intensiv-Monokulturen wie Raps und Mais auf die Vogelbestände angrenzender Hecken aus. Der Einsatz von Insektengiften gegen den Rapsglanzkäfer und andere Rapsschädlinge verursacht regelmäßig einen Totalausfall der Bruten, wenn Jungvögel mit vergifteter Insektennahrung gefüttert werden. Nicht wenige Landwirte »behandeln« die Hecke gleich mit – ob absichtlich oder durch ungewollte Abdrift, sei dahingestellt. Bei Maiskulturen führt vor allem der intensive Einsatz von Herbiziden und Düngemitteln auf Dauer zu einer extremen Verarmung der Krautflora angrenzender Heckensäume und damit zur Vernichtung der Nahrungsgrundlage für viele Insekten und dadurch auch der Vögel, die auf Insektenkost angewiesen sind. Wo Hecken auf einer Seite an einen Maisacker grenzen und auf der anderen Seite beispielsweise an Grünland, finden sich Nester fast ausschließlich auf der dem Maisfeld abgewandten Seite. Hecken innerhalb von Maismonokulturen werden von Vögeln kaum besiedelt.

Wie erfolgreich brüten Vögel in Hecken?

Ein breites Artenspektrum und eine hohe Siedlungsdichte sind zwar wichtige, nicht aber allein entscheidende Qualitätsmerkmale für den Vogellebensraum Hecke. Vielmehr muss für eine ökologisch orientierte Beurteilung auch der jeweilige Bruterfolg berücksichtigt werden. Mit anderen Worten: Wie erfolgreich können sich Vögel dort im Vergleich zu ihren ursprünglichen Lebensräumen fortpflanzen, und unterscheiden sich die einzelnen Arten hinsichtlich ihres Bruterfolgs?

Diesen Fragen ging der Biologe Andreas Barkow bei seinen Untersuchungen über die ökologische Bedeutung von Hecken für Vögel nach. Er fand heraus, dass der Bruterfolg in Hecken insgesamt außerordentlich gering war. Bei weniger als einem Drittel aller untersuchten Nester wurden Jungvögel flügge. Doch gab es zwischen den einzelnen Arten deutliche Unterschiede, wie nachfolgende Beispiele für ausgewählte Vertreter zeigen (in Klammern angegeben ist jeweils der Bruterfolg in Prozent): Zilpzalp (70), Dorngrasmücke (50), Goldammer (42),

Mönchsgrasmücke (36), Gartengrasmücke (33), Klappergrasmücke (29), Heckenbraunelle (21), Singdrossel (17), Amsel (14).

Berücksichtigt man die jährliche Sterberate von Jungvögeln und Altvögeln, lässt sich aus dem Ausfliegeerfolg der einzelnen Arten deren Populationsentwicklung abschätzen.

Bei Amsel, Singdrossel, Mönchsgrasmücke, Gartengrasmücke und Klappergrasmücke ist die Nachwuchsrate im Vergleich zu Bruterfolgen in deren natürlichen Lebensräumen Wald und Waldrand so gering, dass die Heckenpopulationen ohne ständige Zuwanderung von außen auf längere Sicht nicht überlebensfähig wären. Für diese Arten stellen Hecken »Verlust-Habitate« dar, quasi ökologische Fallen. So benötigt beispielsweise die Amsel theoretisch mehr als sieben Brutversuche, um wenigstens vier Nachkommen – das entspricht einem durchschnittlichen Vollgelege – durchzubringen. Anders ausgedrückt: Nur aus einem von sieben gelegten Eiern wird ein Junges flügge. Andere Studien an Amseln zeigten, dass Jungvögel, die in kleinen Waldfragmenten erbrütet wurden, körperlich schwächer waren und eine höhere Sterblichkeitsrate aufwiesen als Jungvögel aus großen Waldstücken. Für Amseln, die in Hecken brüten, dürfte dasselbe gelten.

Goldammer, Dorngrasmücke, Zilpzalp und – trotz geringen Bruterfolgs – auch die Heckenbraunelle produzieren dagegen genügend Nachwuchs, um den Bestand zu halten. Sie sind als ursprüngliche Bewohner natürlicher Gebüschstrukturen in halboffenen Weidelandschaften offensichtlich viel besser an die Bedingungen in der Hecke angepasst als solche Arten, deren ursprüngliche Siedlungsschwerpunkte in lichten, unterholzreichen Wäldern liegen.

Es stellt sich somit die Frage, warum Waldvögel wie die Amsel trotz des mangelhaften Bruterfolgs dennoch auch in offensichtlich nicht gut geeigneten Lebensräumen nisten. Die Antwort ist

Für Jungvögel sind Hecken nicht immer sichere Kinderstuben.

vermutlich folgende: Bei hoher Populationsdichte werden die besten Reviere in optimalen Habitaten von dominanten, erfahrenen Vögeln besetzt, schwächere Individuen müssen, um überhaupt eine Chance zur Fortpflanzung zu haben, in suboptimale Lebensräume ausweichen. Da dort trotz hoher Brutverluste dennoch auch immer einige Jungvögel flügge werden, profitiert die Population als Ganzes, wenn möglichst viele Individuen am Brutgeschäft teilnehmen.

Mehr als die Hälfte der von Andreas Barkow registrierten Gelegeverluste ging auf das Konto von Nesträubern, etwa 16 Prozent der Gelege gingen durch die Mahd der Heckensäume zur Brutzeit, aufgrund von Störungen durch Menschen und Hunde, durch ungünstige Witterungseinflüsse oder aus ungeklärter Ursache verloren. Mithilfe von mit Wachteleiern bestückten Kunstnestern und automatischen Kameras konnte der Vogelforscher die Nesträuber identifizieren. Erstgelege im April und Mai fielen zahlreich der Elster zum Opfer, bei Zweitbruten und Gelegen spät brütender Arten im Juni und Juli traten vor allem Eichelhäher, überwiegend wohl umherstreifende Trupps von Jungvögeln, als Nesträuber in Erscheinung. Eichelhäher erwiesen sich dabei als deutlich weniger effektiv als Elstern, sodass spätere Gelege eine größere Überlebenschance hatten. Auffallend war, dass insbesondere Elstern die Nester systematisch und »heckenweise« ausräumten. Wurde ein Nest geplündert, war die Wahrscheinlichkeit sehr hoch, dass auch andere Nester in derselben Hecke dasselbe Schicksal erlitten – unabhängig davon, wie gut sie versteckt waren. Je breiter die Hecken waren, desto mehr Schutz boten sie den Nestern.

Die zeitliche Beschränkung der durch Elstern verursachten Verluste auf die Monate April und Mai dürfte zwei Gründe haben: Zum einen haben Elstern zu dieser Zeit einen hohen Proteinbedarf, da sie selbst Gelege produzieren und Jungvögel zu versorgen haben. Zum anderen ist die Suche wegen der allgemein hohen Nestdichte von Kleinvögeln in Hecken bei anfänglich noch spärlich ausgebildeter Belaubung und Krautvegetation (Sichtschutz!) zu dieser Zeit besonders lohnend und effektiv. Von entscheidender Bedeutung ist dabei auch die lineare Struktur der Hecken: Im Wald sind die Nester in der Fläche verteilt und daher für Nesträuber schwieriger zu finden.

Wie aber schaffen es besonders gut an Heckenstrukturen angepasste Kleinvogelarten wie die Goldammer im Gegensatz zu ursprünglichen Waldarten wie der Amsel, einen ausreichend hohen Bruterfolg zu erzielen?

Wesentliche Faktoren sind der bevorzugte Neststandort sowie die Flexibilität, auf sich zeitlich ändernde Bedingungen in der Hecke zu reagieren. Vogelforscher Barkow fand heraus, dass die Nester erfolgreich brütender Arten tendenziell niedriger angelegt waren als die der Arten mit hohen Brutverlusten. So baut der Zilpzalp sein gut getarntes »Ofennest« in dicht verfilzter Vegetation in Bodennähe, während Amsel und Singdrossel für ihre umfangreichen napfförmigen Nester tragfähige Astverzweigungen in höheren Gehölzetagen benötigen. Sie sind in der Wahl ihres Nistplatzes also recht eingeschränkt. Wegen der geringen bis fehlenden Belaubung der stärkeren Äste im Innenbereich der Hecke ergibt sich für spätere Zweitbruten im Verlauf der Brutsaison auch kein nennenswert besserer Sichtschutz. Bei den Arten mit positiver Nachwuchsrate waren späte Gelege dagegen deutlich erfolgreicher als frühe, weil die Vögel ihre Neststandorte im Verlauf der Brutsaison an die fortschreitende Vegetationsentwicklung der Heckenränder anpassen.

So legte etwa die Heckenbraunelle ihre Nester im April in den noch kahlen Hecken bodennah in Totholz, auf vorjährigen Brennnesselmatten oder um das Stammholz von Schlehen an, spätere Gelege fanden sich dagegen eher in mit Brennnesseln und Klettenlabkraut durchwuchertem Geißblatt- oder Brombeergebüsch. Auch die Goldammer nutzte die Vegetation im Krautsaum oder Heckenmantel erst, wenn diese dicht genug war, um den Nestern wirkungsvolle Deckung zu bieten. Entgegen der oben formulierten allgemeinen Beziehung zwischen Nesthöhe und Bruterfolg lagen die Neststandorte der Zweitbruten von Goldammer und Heckenbraunelle in Anpassung an die fortschreitende Entwicklung der Krautvegetation durchschnittlich sogar höher als bei den Erstbruten.

Das von Art zu Art unterschiedliche Ausmaß der Flexibilität hinsichtlich der Neststandorte entscheidet also mit darüber, ob eine Hecke ein »guter« oder ein »schlechter« Lebensraum für dort brütende Vögel ist.

Gibt es die ideale Vogelschutzhecke?

Die idealtypische Vogelschutzhecke gibt es nicht und kann es aufgrund der unterschiedlichen Lebensraumansprüche einzelner Arten auch nicht geben.

In Hecken mit großem Gehölzvolumen, das heißt eher waldartigen Strukturen siedeln zwar allgemein mehr Vogelarten und diese in höherer Dichte, trotzdem sollte es nicht das vorrangige Ziel sein, die Artenzahl durch unterlassene Heckenpflege steigern zu wollen. Gefördert würde damit nur die Ansiedlung ohnehin häufiger, anpassungsfähiger Waldvogelarten, für die Feldhecken nur Lebensräume »zweiter Klasse« darstellen. Die Offenland-Heckenspezialisten würden dagegen verdrängt, weil ihnen waldartige Hecken keinen passenden Lebensraum bieten können. Dabei zeigen gerade diese Arten wie fast alle Bewohner der intensiv genutzten Agrarlandschaft teilweise stark rückläufige Bestände. Schutz- und Managementprogramme für Hecken in der Feldflur sollten aus Sicht des Vogelschutzes daher schwerpunktmäßig auf Arten wie Dorngrasmücke, Neuntöter oder Hänfling abzielen, die zum Überleben auf diesen Lebensraum angewiesen sind.

Die Mehrzahl der gefährdeten oder rückläufigen Arten kommt bereits in Hecken vor, die jeweils nur wenige Arten beherbergen. Verschiedene Untersuchungen zeigen, dass mit zunehmender Heckenlänge zwar die Anzahl der Vogelarten zunimmt, kürzere Hecken mit ihren ausgeprägten Randeffekten jedoch eine vergleichsweise höhere Revierdichte aufweisen als lange Hecken.

Bereits kleinste Hecken von 5 bis 15 Meter Länge stellen wichtigen Siedlungsraum für gefährdete oder rückläufige Arten dar. Insofern erscheint es sinnvoll, anstelle einzelner langer Hecken eine hohe Anzahl von Kleinhecken in enger räumlicher Verteilung in der Landschaft zu fördern. Bei einem solchen Konzept steht als Ziel also nicht eine möglichst vielfältige Vogelwelt im Vordergrund, sondern die Überlebensfähigkeit bestimmter Vogelarten. Entsprechende Heckenmanagement-Pläne müssen immer auch Struktur und Nutzung des Heckenumlandes berücksichtigen. Auch Gartenhecken spielen eine wichtige Rolle für die Vogelwelt, wenngleich Heckenspezialisten der Feldflur wie Goldammer oder Dorngrasmücke dort in der Regel nicht vorkommen (siehe auch ab Seite 144).

Hecken als Nahrungsquellen für Vögel

Hecken spielen nicht nur für dort brütende Vögel eine wichtige Rolle: Auch »lediglich« durchziehende Kleinvögel finden dort Schutz und Nahrung. Ab dem Spätsommer locken Beeren und Früchte der Heckengehölze zusätzlich zahlreiche Vögel an. Selbst Insektenfresser wie die Grasmücken und ihre Verwandten stellen dann ihre Kost auf Beerennahrung um.

Bis vor wenigen Jahren glaubten Vogelforscher, dass Beeren und Früchte für Vögel nur leckeres Naschwerk seien, denn sie enthalten nur wenig Energie und Nährstoffe. Neuere Forschungen zeigen jedoch, dass insbesondere die Beeren des Schwarzen Holunders für Zugvögel unverzichtbar sind, um sich genügend Fettreserven für den Energie zehrenden Flug in den Süden anzufuttern. Dieses Fett kann die Hälfte des Körpergewichts vor dem Abflug ausmachen. So kann etwa eine Gartengrasmücke ihr normales Gewicht von 16 bis 18 Gramm vor dem Abflug ins afrikanische Winterquartier innerhalb weniger Tage auf 34 Gramm nahezu verdoppeln. In Laborversuchen zeigte sich, dass diese Gewichtszunahme mit Insektennahrung allein nicht zu erreichen war, wohl aber bei Fütterung mit Schwarzen Holunderbeeren. Setzten die Forscher den Vögeln dagegen die Beeren des nah verwandten Roten Holunders vor, verloren sie an Gewicht. Der Grund: Die Früchte

Holunderbeeren sind unentbehrliches Vogelfutter.

Hitliste heimischer Wildfruchtsträucher für Vögel

Die nachfolgenden Beispiele zeigen, welche Wildfrüchte von heimischen Vögeln besonders geschätzt werden. Die Zahlen in den Klammern geben an, wie viele Vogelarten die Früchte der genannten Wildsträucher verzehren: Eberesche / Vogelbeere (63), Schwarzer Holunder (62), Vogelkirsche (48), Traubenholunder (47), Himbeere (39), Faulbaum (36), Rote Johannisbeere (34), Weißdorn (32), Brombeeren (32), Wildrosen (27).

Auch Pfaffenhütchen, Traubenkirsche und Roter Hartriegel ernähren jeweils weit über 20 Vogelarten.

weisen einen unterschiedlichen Gehalt an ungesättigten Fettsäuren auf, aus denen das Speicherfettpolster der Zugvögel aufgebaut wird. Im Labor zeigte sich auch, dass die Versuchsvögel aus einer Mischung verschiedener Beeren gezielt diejenigen mit dem höchsten Gehalt an ungesättigten Fettsäuren herauspickten. Woran sie das erkennen, ist bisher nicht bekannt.

Nordische Wintergäste wie Wacholderdrosseln und Rotdrosseln oder die in manchen Jahren invasionsartig auftretenden Seidenschwänze profitieren ebenso vom Fruchtangebot in Landschaft und Garten. Gegen Ende des Winters hängen meist nur noch die roten Beerendolden des Gemeinen Schneeballs an den Zweigen. Monatelang von den Vögeln verschmäht, stellen sie in dieser kargen Zeit häufig eine Notration dar, die über Leben und Tod entscheiden kann.

Viele Heckengehölze profitieren ihrerseits von den Vögeln, die die Früchte verspeisen und die Samen mit ihrem Kot verbreiten. Die leuchtend rote Färbung der meisten Wildstrauchfrüchte ist als »Signalfarbe« zu verstehen, die die Vögel anlocken soll. Zwischen Früchte fressenden Vögeln und Pioniergehölzen wie Weißdorn und Wildrosen existiert geradezu eine Art Symbiose zu beiderseitigem Nutzen: Ohne Hilfe der Vögel könnten diese Pioniersträucher keine neuen, offenen Lebensräume besiedeln, und andererseits könnten viele Vogelarten ohne den Schutz der lebenden »Dornverhaue« nicht erfolgreich in der offenen Landschaft brüten.

Säugetiere

Unter den Säugetieren zeigen die Kleinsäuger die engste Bindung an Hecken und Gebüsche. Das üppige Angebot an Früchten und Samen, Insekten, Würmern und Larven sowie der Strukturreichtum gut ausgebildeter Hecken mit seiner Fülle von Verstecken bieten ihnen hervorragende Lebensmöglichkeiten.

Bekannt ist der **Igel,** den die Engländer wegen seiner laut schmatzenden, schnaufenden und grunzenden Geräusche als »hedgehog« bezeichnen, zu Deutsch »Heckeneber« oder »Heckenschwein«. Er ernährt sich von Kleintieren aller Art und verschmäht auch Vogeleier und junge Mäuse nicht. Beeren und Früchte werden dagegen nur als Beikost genommen. Als Bewohner strukturreicher, vielfältig gekammerter Lebensräume leben Igel bevorzugt auch in Gärten und Parkanlagen mit »wilden Ecken«, wo ihnen dichtes Gebüsch, Laubhaufen und Reisighaufen oder Holzstapel geschützte Tagesverstecke, Kinderstuben und Winterquartiere bieten.

Nacktschnecken und Regenwürmer zählen zur Lieblingsnahrung der kleinen Stachelritter, doch bergen sie ein Risiko: Diese Tiere fungieren als Zwischenwirte für die Larven parasitischer Lungenwürmer. Beim Fressen gelangen diese Larven in den Igel als Hauptwirt, wo sie ihre Entwicklung in dessen Lunge beenden und sich fortpflanzen. Befallene Tiere leiden unter trockenem Husten und sind oftmals auch allgemein geschwächt. Doch Igel wissen vorzubeugen, indem sie große Laufkäfer verzehren, die in Hecken häufig vorkommen (siehe Seite 68) und wirksam vor einem zu starken Befall mit Lungenwürmern schützen. Bei der Verdauung der harten Chitinpanzer der Käfer entstehen nämlich Spuren von hochgiftiger

Igel

Blausäure, die als natürliches Gegenmittel die aufgenommenen Parasitenlarven bereits im Magen abtötet. Wo aber – wie in vielen Gärten – moderndes Holz und altes Laub als Verstecke fehlen, finden sich nur wenige Laufkäfer. Je penibler also Gärten und Parkanlagen aufgeräumt werden, desto mehr leiden Igel unter Lungenwurmbefall.

Als echte Winterschläfer verbringen sie die kalte Jahreszeit in einem mit Laub und Moos gepolsterten Nest. Während des Winterschlafes, der von November bis Mai dauern kann, sind alle Lebensfunktionen stark gedrosselt, das Herz schlägt nur noch acht- bis zehnmal in der Minute, und die Körpertemperatur kann bis auf vier Grad absinken. In dieser Zeit zehrt der Igel von den Fettreserven, die er sich im Herbst angefuttert hat.

Einen solchen Winterschlaf können sich **Spitzmäuse** nicht leisten, denn sie haben eine enorm hohe Stoffwechselrate. Entsprechend groß ist ihr täglicher Nahrungsbedarf an Insekten, Würmern und anderen Kleintieren. Die Masse der täglich verzehrten Beute entspricht in etwa ihrem eigenen Körpergewicht. Spitzmäuse müssen daher dauernd aktiv sein, um genügend Beute zu finden. Trotz ihres Namens sind sie nicht mit Mäusen verwandt, sondern zählen wie der Igel zur systematischen Ordnung der Insektenfresser.

Unter den sieben heimischen Arten sind besonders die Waldspitzmaus und die Zwergspitzmaus häufige und typische Bewohnerinnen von Hecken und Waldrändern. Von dort aus dringen sie zur Nahrungssuche auch in angrenzende Landwirtschaftsflächen ein, sofern die Vegetation hoch genug ist, um ihnen Deckung vor Feinden zu gewähren.

Viele **Fledermäuse** – wie die Spitzmäuse ebenfalls nur namensverwandt mit den kleinen Nagern – nutzen Hecken wegen ihres Insektenreichtums als Nahrungsreviere und als Flugleitlinien, siehe auch Seite 102. Mithilfe ihrer Echoortung können sie mühelos Hindernisse erkennen und fliegende oder krabbelnde Beute fangen. Einige Arten wie das Braune Langohr und die Fransenfledermaus sammeln Insekten sogar im Rüttelflug von Blättern oder vom Boden ab. Höhlen in stärkeren, teils morschen Überhälter-Bäumen können manchen Fledermausarten als Tagesquartiere oder Wochenstuben dienen.

Haselmaus

Ein heimlicher, nachtaktiver Heckenkobold ist die **Haselmaus,** die kleinste Vertreterin der Bilche oder Schlafmäuse, zu denen auch der bekanntere Siebenschläfer zählt. Sie lebt die meiste Zeit auf Büschen und Bäumen. Dort balanciert sie mit traumwandlerischer Sicherheit noch auf den dünnsten Zweigen, wobei ihr der behaarte Greifschwanz zusätzlichen Halt gibt.

Den Tag verschläft die Haselmaus in einem kunstfertig gebauten kugelförmigen Nest mit seitlicher Öffnung, das an das Nest eines Zaunkönigs erinnert. Anders als dieser legt sie ihren etwa faustgroßen Kobel jedoch nicht bodennah in Nischen und Höhlungen an, sondern hängt ihn in ein bis vier Meter Höhe an Zweigen auf. Das Nest besteht außen aus zusammengeflochtenen Materialien wie trockenem Gras, Laub, Rindenfasern, Moos oder Flechten und wird mit aufgefaserten Pflanzenteilen, Samenwolle oder anderen weichen Materialien ausgepolstert. Das Winternest, in dem das Tier zu einer Kugel zusammengerollt einen bis zu siebenmonatigen Winterschlaf hält, liegt dagegen sehr versteckt in Erdhöhlen, unter Wurzelstöcken oder in hohlen Baumstämmen, mitunter auch in Nistkästen.

Haselmäuse sind Allesfresser, auf deren Speisezettel Knospen, Samen, Beeren, Insekten und gelegentlich auch Singvogeleier stehen. Besonders beliebt sind Haselnüsse, die das Tier in arttypischer Weise benagt: Ein gleichmäßig rundes Loch, ein glatter Lochrand und Zahnspuren, die parallel oder leicht schräg zum Öffnungsrand stehen, lassen zweifelsfrei die Haselmaus als Urheberin erkennen. Waldmäuse und Rötelmäuse etwa, zwei ebenfalls typische Heckenbewohnerinnen, zeigen jeweils andere Fraßmuster, die auf unterschiedlichen Techniken beruhen, mit denen die Tiere die Nüsse öffnen.

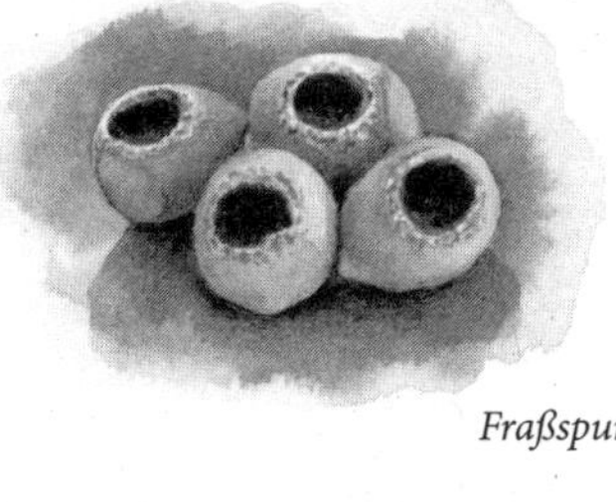

Fraßspuren einer Haselmaus

Die **Waldmaus** gehört zu den echten Mäusen und ist hinsichtlich ihrer Lebensraumansprüche sehr anpassungsfähig. Biologen unterscheiden zwei Populationstypen: Zum einen gibt es Tiere, die an Waldrändern, in Hecken und Feldgehölzen leben und im Sommer von dort aus in die angrenzenden Äcker einwandern. Im Winter ist die Bindung an Gehölzstrukturen dagegen sehr eng. Zum anderen existieren auch reine »Feldpopulationen« der Waldmaus, die auf den (winterlichen) Rückzug in Gehölze nicht angewiesen sind.

Die **Rötelmaus** zählt zur Familie der Wühlmäuse, die sich von den echten Mäusen unter anderem durch ihre vergleichsweise kurzen Schwänze unterscheiden. Auch sie scheint zumindest gebietsweise kleinere Ausflüge in benachbarte Felder zu unternehmen, ist aber insgesamt stärker an Hecken und aufgelockerte Wälder gebunden als die Waldmaus.

Die **Feldmaus** hingegen, die häufigste heimische Vertreterin der Wühlmäuse, meidet als Steppentier die Gehölzbestände. Auch die bei Gärtnern und Landwirten gefürchtete »Wühlmaus« schlechthin, die Schermaus, ist keine typische Heckenbewohnerin, sondern zieht eher die Nähe zu Wasser vor, was ihr auch wegen ihrer Körpergröße den Beinamen »Wasserratte« eingebracht hat. Wo sie häufiger vorkommt, kann sie durch Wurzelfraß erhebliche Schäden insbesondere an Kulturgehölzen wie Obstbäumen anrichten.

Gemischtköstler wie Haselmäuse, Waldmäuse und Rötelmäuse, die jeweils das »Angebot der Saison« nutzen, profitieren im Spätsommer und Herbst vom reichen Fruchtbehang der Hecken.

Das im Vergleich zur offenen Agrarlandschaft konzentrierte Vorkommen potenzieller Beutetiere wie Mäuse und Kleinvögel in den Hecken lockt natürliche Feinde wie das **Mauswiesel** an, das kleinste Raubtier der Welt. Ganze 17 bis 23 Zentimeter misst der wieselflinke Winzling von der Schnauze bis zur Schwanzspitze. Dank ihres lang gestreckten, schmalen Körperbaus können die Tiere ihrer Hauptbeute, den Mäusen, in deren unterirdische Gänge folgen. Etwa 2000 bis 3000 Mäuse kann ein Mauswiesel im Jahr verzehren, daneben stehen Frösche, Eidechsen, Jungvögel und Insekten auf dem Speiseplan. Anders als bei echten Mäusen schwanken die Populationen der Wühlmäuse

Hitliste heimischer Wildsträucher für Säugetiere

Die folgenden Beispiele zeigen, welche Wildsträucher bei Säugetieren besonders beliebt sind. Die Zahlen in den Klammern geben an, wie viele Tierarten Früchte, Blätter, Triebe oder Rinde einer Gehölzart fressen: Wildapfel (35), Hasel (33), Wildbirne (29), Wildrosen (27), Himbeere (20), Schlehe (18), Kornelkirsche (17), Weißdorn (17), Traubenkirsche (16), Weiden (16).

Auch Pfaffenhütchen, Rote Heckenkirsche, Faulbaum, Schneeball und Liguster sind wertvolle Nährgehölze für einige Säugetierarten. Der Vergleich mit den Top Ten der bei Vögeln beliebtesten Heckensträucher (siehe Seite 92) zeigt teils deutliche Unterschiede im Artenspektrum und in der Rangfolge. So rangiert etwa der Schwarze Holunder bei den Vögeln (62 Arten) auf Platz zwei, bei den Säugern (8 Arten) aber nur auf einem der unteren Ränge. Himbeeren, Wildrosen, Weißdorn und Traubenkirsche sind bei beiden Tiergruppen gleichermaßen beliebt.

wie der Feldmaus zyklisch stark. Dem folgen die Bestände der Mauswiesel, die sehr gern im Schutze dichter Hecken in Steinhaufen und Reisighaufen wohnen und von dort aus Jagdzüge in die umliegenden Felder und Wiesen unternehmen. In guten Mäusejahren haben auch die kleinen Räuber reichlich Nachwuchs. Ein Weibchen kann bis zu drei Würfe im Jahr mit je vier bis sechs, ausnahmsweise sogar acht Jungen zur Welt bringen, die bereits binnen eines halben Jahres selbst geschlechtsreif werden können.

Dem örtlich und zeitlich stark unterschiedlichen Beuteangebot entsprechend haben Mauswiesel wie auch das Große Wiesel oder Hermelin eine besondere Anpassungsstrategie entwickelt: Regelmäßig wandern ganze Teilpopulationen aus und besiedeln neue, nahrungsreiche Gebiete. Auch sonst sind die kleinen Marder sehr mobil und wechseln innerhalb ihrer ausgedehnten Streifgebiete regelmäßig zwischen verschiedenen Jagdgründen und Ruheplätzen. Während der Paarungszeit von Mitte Mai bis Mitte August leben viele Männchen sogar als Nomaden. Dabei sind die Tiere auf ein dichtes Netz von Hecken, Feldgehölzen, Lesesteinwällen, Brachland und verkrauteten Ackerrandstreifen angewiesen, das ihnen neben Unterschlupf vor allem Deckung bietet vor ihren zahlreichen Feinden: Greifvögel und Eulen, Katzen, Füchse und Steinmarder, selbst Störche und Reiher sehen die flinken Mäusejäger als Beute an. Deshalb halten sich diese möglichst verborgen und folgen im Winter ihrer eigenen Beute unter die Schneedecke. Anders als das Hermelin, das ein weißes Winterfell anlegt, behält das Mauswiesel daher ganzjährig sein rotbraunes Fell mit weißer Unterseite, die so individuell ausgeprägt ist wie ein Fingerabdruck.

Ein heimlicher Geselle ist auch der nachtaktive **Iltis,** den man wie das Mauswiesel nur selten zu Gesicht bekommt. Iltisse können bei Bedrohung aus ihren Analdrüsen ein übel riechendes Sekret absondern, deswegen nennt man sie gelegentlich auch Stinkmarder. Sie hausen unauffällig in Ställen, Scheunen, Feldschuppen oder unterirdisch in Rattenlöchern und Kaninchenbauen, auch in dichtem Gestrüpp. Als Stöberjäger patrouilliert der Iltis gerne an Hecken, Waldrändern oder Gewässerufern entlang, um eine unvorsichtige Maus oder einen schlafenden Vogel zu überraschen. Frösche, Fische, Eier und Jungvögel und sogar Früchte werden ebenso wenig verschmäht.

Auch **Fuchs, Dachs** und **Steinmarder** statten Feldhecken und Knicks regelmäßige nächtliche Besuche ab, wo es für sie stets einen Leckerbissen zu holen gibt.

Kaninchen legen ihre Baue nicht selten im Schutz von Hecken an, vor allem die Knickwälle eignen sich dazu besonders gut. **Hasen** dagegen ruhen in oberirdischen Kuhlen (Sassen) auf freiem Feld. Im Gegensatz zu den in sozialen Gruppen lebenden Kaninchen sind ihre größeren Vettern »gesellige Einzelgänger«. Hecken und ihre Säume bieten den Langohren Schutz vor Wetterunbilden und Landmaschinen sowie ein abwechslungsreiches Angebot an Kräutern und saftigen Trieben. Im Winter spielt auch die Rinde von Heckengehölzen eine wichtige Rolle für die Ernährung der Hasen und Kaninchen, da es dann kaum Grünzeug gibt.

Besonders in waldarmen Gegenden können Feldhecken und Knicks die wichtigsten Rückzugsräume (Einstandsgebiete) von **Rehen** sein. Rehe meiden dunkle, geschlossene Wälder, sie leben in der halboffenen Waldlandschaft mit vielen gebüschreichen Randstrukturen und Lichtungen. An das Leben in der Kulturlandschaft haben sie sich mittlerweile perfekt angepasst und gewöhnen sich auch an die Nähe des Menschen. Anders als etwa Rothirsche, die häufig selbst bei entfernteren Störungen das Weite suchen, drücken sich Rehe bei Gefahr, solange sie sich unentdeckt glauben: Sie verharren still in der Deckung und lassen Spaziergänger und Wanderer oft nur wenige Meter entfernt an sich vorübergehen. Erst wenn die Distanz zu gering wird oder jemand stehen bleibt, flüchten die Tiere mit bellenden Schreckrufen. Rehe sind ausgesprochene Feinschmecker: Sie bevorzugen faserarme Kost wie Blüten, frisch sprießende Gräser, zarte Blätter, weiche Knospen oder die Triebspitzen junger Bäume. Im Winter schälen sie regelmäßig auch Rinde und vor allem die darunterliegende nährstoffreiche Bastschicht von den Gehölzen. Eine zu hohe Rehdichte kann daher eine natürliche Waldverjüngung stark beeinträchtigen. Wo aber ein Netz von Feldhecken und Knicks ein abwechslungsreiches Nahrungsangebot schafft, sinken auch die Schäden durch Wildverbiss in angrenzenden Wäldern und Forstkulturen.

Biotopverbund durch Hecken?

Naturnahe Biotope wie Wälder, Moore und Weiher sowie Relikte der einstigen extensiv genutzten Kulturlandschaft mit ihren Streuobstwiesen, Magerrasen und Hecken liegen häufig wie Inseln in der ausgeräumten, intensiv genutzten Agrarsteppe. Vielen Tierarten, insbesondere den wenig mobilen Vertretern, gelingt es nicht oder nur sehr unzureichend, von dort aus neue, geeignete Lebensräume zu erreichen, der genetische Austausch zwischen einzelnen Populationen ist in diesen Fällen unterbrochen. In einem isolierten Biotop steigt das Risiko von Krankheiten oder zufälligem Aussterben, eine schnelle Wiederbesiedlung ist kaum möglich. Ganz besonders gilt dies für wenig flexible Arten mit speziellen Lebensraumansprüchen. So kann bereits ein nur wenige Dutzend Meter breiter Acker für flugunfähige Laufkäferarten, die in Wäldern leben, eine unüberwindliche Barriere darstellen. Zu unterschiedlich sind die kleinklimatischen Bedingungen im Wald und auf dem Acker. Auch Standortspezialisten unter den Pflanzen haben, sofern ihre Samen nicht vom Wind oder von Tieren verbreitet werden, nur sehr eingeschränkte Ausbreitungsmöglichkeiten. Viele Arten können in kleinflächigen Inselbiotopen nur dann dauerhaft überleben, wenn eine stetige Zuwanderung von außen möglich ist. Auch Arten, die im Verlaufe ihres Lebens zwischen unterschiedlichen Lebensräumen wechseln, zum Beispiel Amphibien, sind von zunehmender Verinselung betroffen.

Biotopverbund – die Verbindung isolierter Lebensräume – ist daher eine Kernforderung des Naturschutzes, entsprechende Zielvorgaben sind mittlerweile auch in modernen Naturschutzgesetzen verankert. Wegen ihrer linienhaften Struktur scheinen Hecken geradezu prädestiniert, verschiedene Lebensräume miteinander zu verbinden. Doch können sie aus ökologischer Sicht tatsächlich diese Erwartung erfüllen? Wie effektiv ist ein Biotopverbund durch Hecken? Oder verleitet vielleicht die Möglichkeit, auf dem Reißbrett ein ausgeklügeltes Heckennetz entwerfen zu können, zur insgesamt bisher weitgehend unbe-

Viele Vögel nutzen Hecken als Flugleitlinien.

wiesenen Annahme der ökologischen Wirksamkeit von Hecken als »Verbindungsstücke« und zu einem darauf gegründeten Aktionismus?

Pauschale Antworten auf diese Fragen sind nicht möglich, gesicherte Erkenntnisse lassen sich nur durch langfristige, auf bestimmte Tierarten und Pflanzenarten bezogene Freilanduntersuchungen gewinnen. Für verschiedene Organismen können Hecken aber tatsächlich als Leitlinien, Wanderkorridore oder Trittsteine dienen.

Relativ gut bekannt ist die Funktion von Hecken als Leitlinien für hochmobile Tierarten wie Vögel, Fledermäuse und andere Säuger sowie manche Insekten. Wie die folgenden Beispiele zeigen, sollte man hierbei allerdings vorsichtig sein mit allzu pauschalen Aussagen.

Insbesondere Waldvögel scheuen sich, größere Distanzen über offene, deckungslose Flächen zu fliegen. Gerade bei Meisen, deren nordische Populationen im Gegensatz zu den mitteleuropäischen als Zugvögel unterwegs sind, kann man oft beobachten, wie kleine Trupps gerichtet an Hecken entlang von Busch zu Busch fliegen. Auch Rohrsänger und Grasmücken, die nachts weite Strecken auf direktem Weg zurücklegen, zeigen tagsüber gelegentlich ein solches Verhalten.

Vogelkundler bezeichnen dieses Phänomen als Kriechzug oder Schleichzug. Ein durchgehender Verbund der Hecken untereinander und mit Wäldern und Feldgehölzen ist hierbei allerdings nicht notwendig. Wichtig ist lediglich, dass geeignete Landeplätze und Rastplätze als »Trittsteine« nicht allzu weit voneinander entfernt sind. Hecken können solcherart vor allem sehr mobilen Arten, die auf diese Weise auch ungeeignetes Terrain überfliegen oder durchqueren können, als Trittsteine dienen.

Manche Fledermausarten wie die Wasserfledermaus orientieren sich bei ihren nächtlichen Flügen, ausgehend von ihren Tagesquartieren zu oft kilometerweit entfernten Jagdgebieten, strikt an möglichst lückenlosen Hecken oder Alleen. Offenes Gelände meiden sie, selbst wenn sie dabei erhebliche Umwege fliegen müssen. Andere wie der Große Abendsegler fliegen und jagen jedoch problemlos über geschlossenen Wäldern oder offenem Gelände.

Wieder andere Arten wie die Breitflügelfledermaus nehmen eine Mittelstellung ein, sie orientieren sich ebenfalls gern an Hecken, Waldrändern und Alleen, die nicht nur als Leitlinien, sondern auch als ergiebige Jagdreviere dienen. Sie sind aber ebenso in der Lage, auch größere Distanzen über offenes Gelände zu fliegen.

Eine Leitlinienfunktion lässt sich auch für manche Libellen, Schmetterlinge und Schwebfliegen nachweisen, vor allem für Besiedler von Waldrändern und Saumstrukturen.

Für viele Arten sind Heckenkorridore nur dann als Verbundelemente nutzbar, wenn diese eine bestimmte Qualität aufweisen.

So wandern waldtypische Laufkäfer (siehe auch Seite 68) nur dann in eine Hecke ein, wenn diese Verbindung zum Wald hat, eine üppig entwickelte Strauchschicht aufweist und mindestens acht Meter breit ist. Denn nur unter diesen Voraussetzungen kann sich im Heckenkern ein waldähnliches Mikroklima bilden, das diese Insekten benötigen. Die zurückgelegte Entfernung hängt dabei unter anderem von der Körpergröße ab. Große Arten wie der bis zu vier Zentimeter große

Aktionsradien von Heckenbewohnern

Die folgenden Beispiele geben an, wie weit sich die jeweilige Tierart von der Hecke ausgehend ins freie Feld hinein bewegt: Hermelin (bis 300 m), Ameise (bis 50 m), Spitzmaus (bis 200 m), Fuchs (bis 3000 m), Erdkröte (bis 150 m), Igel (bis 250 m), Neuntöter (bis 75 m), Goldammer (bis 150 m), Mauswiesel (bis 150 m), Laufkäfer (bis 50 m [200 m]), Steinmarder (bis 1000 m).

Lederlaufkäfer bewältigen in einer Vegetationsperiode eine maximale Distanz von 200 Metern, kleinere Arten schaffen in dieser Zeit gerade einmal 30 Meter. Ein Austausch zwischen entfernt voneinander liegenden Waldbiotopen entlang eines Heckenkorridors kann also – wenn überhaupt – erst nach mehreren Generationen erfolgen. Besonders eng an Waldlebensräume angepasste Arten zeigen eine deutlich geringere Wanderneigung als weniger spezialisierte Vertreter.

Ob also zwischen zwei weiter voneinander entfernten Waldstücken ein regelmäßiger Austausch der Laufkäferpopulationen über eine verbindende Hecke möglich ist oder tatsächlich in nennenswertem Umfang stattfindet, bleibt spekulativ.

Das gilt auch für Kleinsäuger wie Waldmäuse oder Rötelmäuse. Sie teilen ihre Heckenlebensräume in Reviere auf, die sie gegen Artgenossen verteidigen. Das könnte eine Passage für wandernde Tiere erschweren oder unmöglich machen – auch hier fehlen gesicherte Erkenntnisse. Immerhin werden sporadisch Hausmäuse oder sogar Wasserspitzmäuse fernab von Gewässern in Hecken beobachtet, was zeigt, dass auch biotopfremde Tierarten Hecken offenbar als Wanderkorridore nutzen (können).

Wer Hecken gezielt als Verbundelemente anlegen möchte, sollte wissen, welche Lebensräume überhaupt sinnvoll miteinander verbunden werden können und welche Arten davon profitieren. Danach richten sich die räumliche Anordnung, die strukturelle Ausprägung und Pflege der Hecke.

So ist ein Heckenverbund etwa zwischen einem Gewässer und einem Feldgehölz nicht per se sinnvoll, wohl aber zum Beispiel für Erdkröten und Grasfrösche, die in und an dem Gehölzstreifen gefahrlos

Hecken als Wanderwege für Wildkatzen

Offene Landschaften sind für ausgesprochene Waldarten wie die Wildkatze Wanderbarrieren: So nutzt die Wildkatze die angrenzende Feldflur zwar zur Nahrungssuche, entfernt sich allerdings nie allzu weit aus der Deckung dichten Gehölzes. Der Bund für Umwelt und Naturschutz versucht daher, im Rahmen eines sogenannten Wildkatzen-Wegeplans noch vorhandene und potenzielle Wildkatzen-Lebensräume in Deutschland miteinander zu vernetzen. Langfristig geplant ist ein Verbundsystem von insgesamt 20 000 Kilometer Länge. Davon könnten natürlich auch andere Waldtiere profitieren. Allerdings darf der Korridoreffekt auch hier nicht pauschal auf beliebige Organismengruppen übertragen werden.

zwischen Wasser- und Landlebensraum wechseln und auch in der Hecke selbst leben können.

Besonders geeignet sind Hecken für die Vernetzung von Waldrandgesellschaften, Feldgehölzen und Waldfragmenten sowie von Lebensräumen, die ökologisch verwandt sind. So kann eine besonnte Hecke mit ausgeprägtem mageren Saum einen Magerrasen-Gebüsch-Komplex mit einem lichten Laubwald verbinden. Sinnvoll kann auch eine »innere Vernetzung« sein, das heißt eine Verbindung von Hecken untereinander, um ein möglichst engmaschiges Netz zu knüpfen. Zu bedenken ist allerdings, dass eine neu gepflanzte Hecke ihre Funktionen als Lebensraum und Verbundelement häufig erst nach Jahrzehnten erfüllen kann – wenn überhaupt. Überhaupt sei vor allzu viel Euphorie gewarnt: Ohne ein grundlegendes Umsteuern in der Agrarpolitik, ohne eine deutliche Extensivierung der landwirtschaftlichen Nutzung hin zu einer Landschaft mit vielfältigen, möglichst engmaschig verteilten Strukturen wie Hecken und Feldgehölzen, mit blühenden Ackerrandstreifen, Wegrainen und Brachflächen, Kleingewässern und naturnahen Bachufern scheint ein wirksamer Biotopverbund kaum möglich.

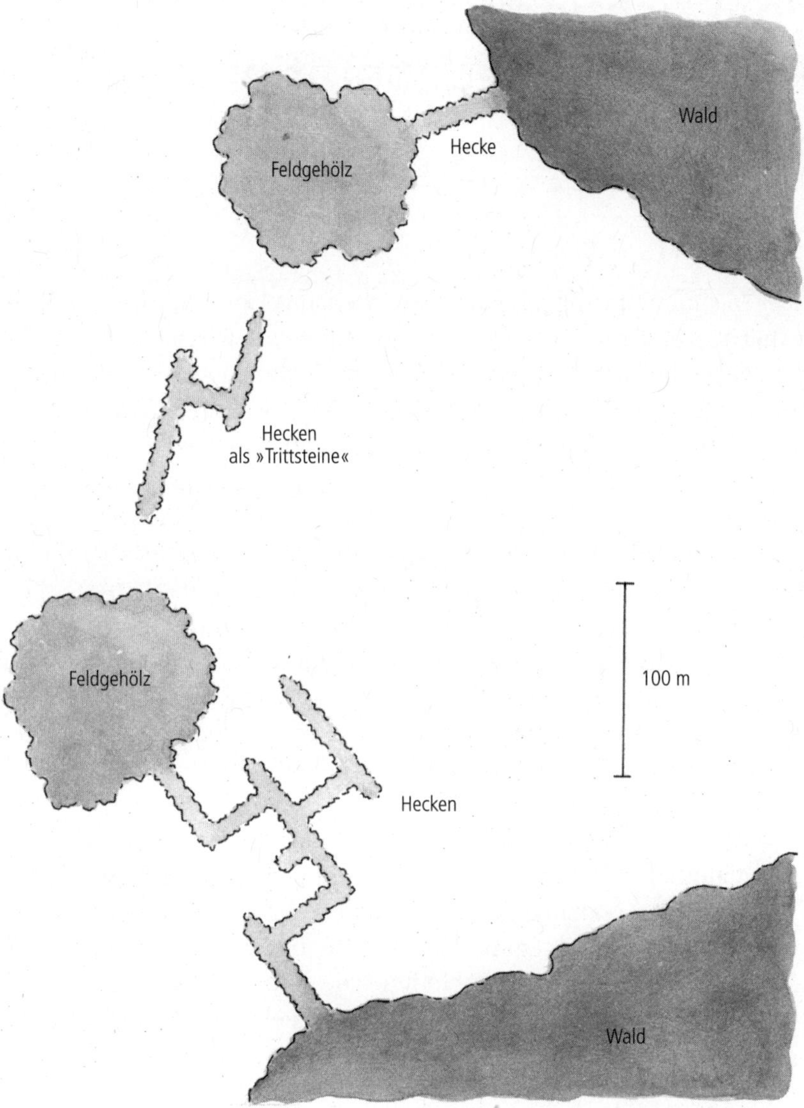

Hecken und Feldgehölze bilden einen Biotopverbund zwischen zwei Waldstücken: Wer Hecken als Verbundelemente anlegen möchte, sollte wissen, welche Lebensräume überhaupt sinnvoll miteinander verbunden werden können und welche Tiere und Pflanzen davon profitieren.

Vom richtigen Schnitt – Pflege und Regeneration von Hecken

Hecken sind ursprünglich vom Menschen angelegte Kulturbiotope, die früher zu bestimmten Zwecken konsequent bewirtschaftet wurden. Je nach Gehölzart und gewünschter Holzqualität oder Heckenfunktion gab es bewährte, teilweise regionalspezifische Heckentypen, die entsprechende Schnitttechniken und Nutzungsintervalle erforderten: Denn die Art, wie eine Hecke (regelmäßig) genutzt oder gepflegt wird, beeinflusst stets die Art und Weise, wie die Heckenpflanzen untereinander konkurrieren, sodass sich das natürliche Gehölzspektrum einer Hecke auf längere Sicht verändert. Um diesen »unnatürlichen« Zustand zu erhalten, muss auch die jeweilige Art der Nutzung und Pflege aufrechterhalten werden. Einen Einblick in dieses alte, auch kulturhistorisch bedeutsame Gebrauchswissen unserer Vorväter, das heute leider weitgehend in Vergessenheit geraten ist, gibt zum Beispiel das umfangreiche Werk von Kurz, Machatschek & Iglhauser anhand der Hecken des Salzburger Landes, siehe Seite 193.

Um heutige Hecken auch nach Aufgabe der geregelten Bewirtschaftung dauerhaft erhalten zu können, benötigen sie regelmäßige Pflege, die die frühere Nutzung ersetzt. Anderenfalls entwickeln sie sich im Laufe der Zeit zu baumdominierten Gehölzbeständen. Die Pflegemaßnahmen müssen also darauf abzielen, die Hecke dauerhaft in einem bestimmten Entwicklungsstadium zu halten, siehe auch ab Seite 116.

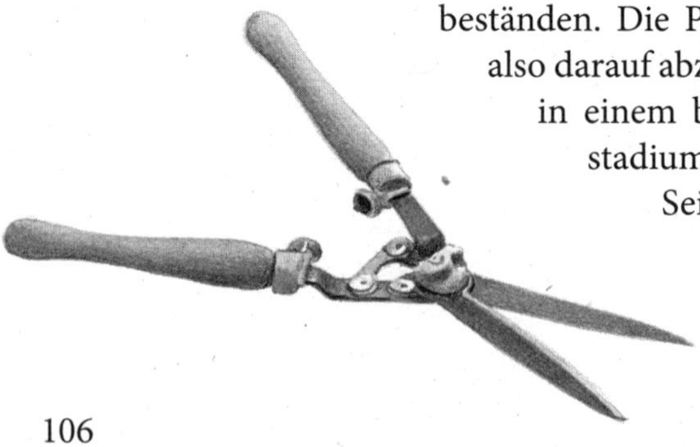

Die Heckenschere eignet sich nur zum Schnitt junger Austriebe von Schnitthecken.

Der Schnitt entscheidet über den Heckentyp

Grundsätzlich lassen sich nach Art der Nutzung oder Pflege drei Hecken-Grundtypen unterscheiden: die Schnitthecke, die Kopfhecke und die Stockhecke.

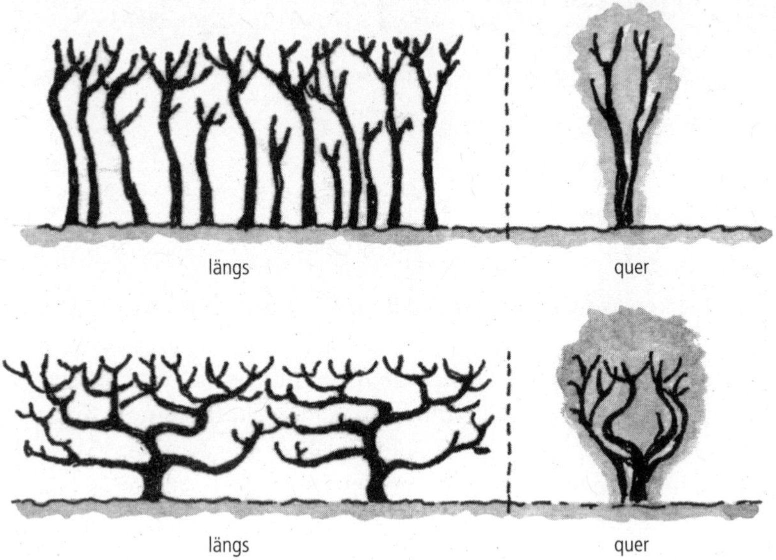

Schnitthecke in zwei Varianten: Ständerhecke (oben) und Armleuchterhecke (unten)

Bei **Schnitthecken** unterscheidet man je nach Erziehung des Astgerüstes die Ständerhecke und die Armleuchterhecke. Beide dienten früher zur Gewinnung von Laubfutter und Reisigfutter für das Vieh, heute findet man diese Heckenform – meist als Ständerhecke – weitverbreitet in Gärten. Zur Anlage und Pflege von Schnitthecken im Garten existiert eine Fülle von Literatur, sodass an dieser Stelle einige grundlegende Anmerkungen genügen mögen. Zur fachgerechten Pflege und insbesondere zur Verjüngung von Landschaftshecken ist diese Schnittform ohnehin nicht geeignet.

Richtiger Schnitt einer Schnitthecke im ersten, dritten und fünften Jahr nach der Pflanzung. Jeweils links Sommerschnitt, rechts Winterschnitt. Ziel ist eine sich nach oben verjüngende Heckenform.

Schnitthecken werden durch jährlichen Schnitt der jungen Triebe stabil gehalten. Der Hauptschnitt wird im Sommer ab Ende Juni – wegen der Brutzeit der Vögel besser erst ab Mitte Juli (vorher auf besetzte Nester kontrollieren!) – durchgeführt, ein Nachschnitt kann im Spätwinter oder Vorfrühling erfolgen. Bei guter Pflege und gesundem Wachstum genügt häufig ein einmaliger Sommerschnitt. Zu beachten ist, dass die Heckenkrone schmaler gehalten wird als die Heckenbasis, damit auch die unteren Bereiche genügend Licht bekommen und nicht verkahlen. Jeder neue Schnitt sollte etwas weiter außen ansetzen, weil bei einer Schnittführung alljährlich auf derselben Ebene die Sträucher mit der Zeit weniger stark oder gar nicht mehr ausschlagen und Lücken entstehen können. Da die Hecke dabei immer breiter wird, erfolgt von Zeit zu Zeit ein kräftigerer Rückschnitt. Zur Anlage von Schnitthecken sind zahlreiche Gehölzarten geeignet, gängig sind insbesondere Hainbuche, Feldahorn, Eibe, Weißdorn, Berberitze und Liguster. Um gleichmäßigen Wuchs zu erreichen, sollten solche Hecken immer nur aus einer einzigen Art bestehen. Durch den regelmäßigen Schnitt treten Blütenaspekte und Fruchtaspekte notgedrungen in den Hintergrund.

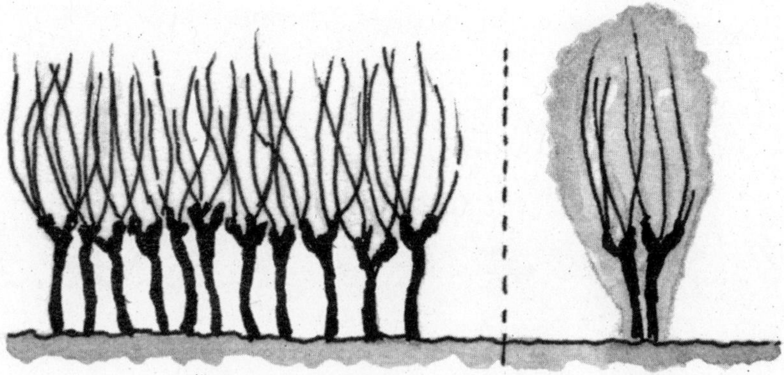

Kopfhecke

Die **Kopfhecke** besteht ebenfalls aus einem tragenden und dauerhaften Stammgrundgerüst. Im Gegensatz zur Schnitthecke erfolgt der Rückschnitt im mehrjährigen Abstand von zwei bis fünf Jahren an der Krone über dem alten Holz, sodass an den verheilenden Wundstellen im Laufe der Zeit knotige Verdickungen entstehen. Aus diesen sogenannten Köpfen, wie man sie zum Beispiel auch von Kopfweiden kennt, schlagen zahlreiche Kopftriebe aus, die zur unterschiedlichen Verwendung geerntet werden können. Für regelmäßig genutzte Kopfhecken besonders geeignet sind Hainbuche und Esche. Auch der vor allem in Privatgärten häufig praktizierte – und häufig unzweckmäßige – Rückschnitt von Strauchgehölzen auf etwa einen Meter Höhe entspricht im Prinzip einem Kopfhieb.

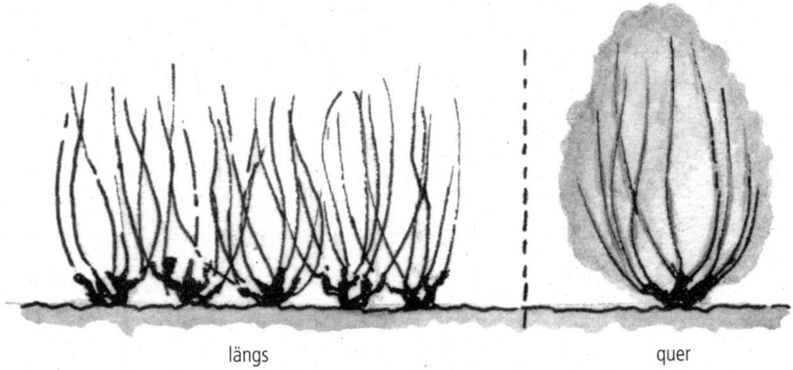

Stockhecke

Die **Stockhecke** wird durch periodischen Rückschnitt, den sogenannten Stockhieb, des gesamten Holzkörpers bis auf den Wurzelstock stabil gehalten. Aus diesem treiben anschließend zahlreiche Stocktriebe neu aus, die ähnlich wie bei einer Kopfhecke in regelmäßigen Abständen geerntet werden. Vor allem aber dient das »Auf-den-Stock-Setzen«, bei dem alle Triebe im Abstand von 10 bis 15 Jahren unmittelbar über dem Wurzelstock abgesägt werden, der Verjüngung der Heckengehölze. Ein regelmäßiger Stockhieb führt dazu, dass die Hecke im unteren Bereich dichtbuschig und undurchdringlich bleibt, besonders in früheren Zeiten eine wesentliche Voraussetzung für ihre Funktion als lebender Zaun. Bei Feldhecken dient das abschnittweise »Auf-den Stock-Setzen«, das in den folgenden Abschnitten noch ausführlicher erläutert wird, vor allem der Verjüngung der Heckensträucher und damit dem dauerhaften Erhalt der Heckenfunktionen. Auch Kopfhecken und Schnitthecken können bei Bedarf in Abständen von einigen Jahrzehnten durch Stockhieb verjüngt und anschließend neu aufgebaut werden.

Knicken einer Hecke – traditionelle Heckenpflege

Eine althergebrachte Technik der Heckenpflege ist das »Knicken«, eine Technik, die sehr häufig, aber dennoch fälschlich mit dem »Auf-den-Stock-Setzen« gleichgesetzt wird. Das Knicken ist eine sehr effektive, aber arbeitsintensive Methode, eine Hecke regelmäßig zu verjüngen und sie gleichzeitig undurchdringlich zu halten. Nahrungsangebot, Deckung und Windschutzfunktion bleiben zumindest teilweise bestehen.

Dabei wird ein Teil der Stämme bodennah entfernt, einzelne besonders vitale Triebe mit einer Stärke von bis zu zehn Zentimetern werden belassen. Diese schneidet man etwa auf Kniehöhe nur so weit an, dass sie leicht umzuknicken sind. Danach werden sie parallel zum Heckenverlauf in eine Richtung waagerecht oder schräg umgelegt und im Idealfall miteinander verflochten. Da die geknickten Triebe noch Verbindung zur Mutterpflanze haben, schlägt der größte Teil vieltriebig aus, die Stammwunden verheilen mit der Zeit. Eventuelle Lücken können mit zusätzlich eingebrachten Dornsträuchern (oder Schnittgut davon) geschlossen werden. Das Ergebnis ist ein dichter, für das Vieh undurchdringlicher Gehölzwall. Falls genügend Platz vorhanden ist, können die Gehölze auch im rechten Winkel zum Heckenverlauf und dann am besten bis zum Boden geknickt werden. So entsteht eine optimale Deckung für das Niederwild und brütende Vögel.

Die Methode des Knickens war vor allem in Schleswig-Holstein früher weitverbreitet, um die Funktion der Hecken als lebende Einzäunung zu erhalten und zu verbessern. Heute noch erinnern mancherorts seltsam geformte Bäume mit geknickten Stämmen und zahlreichen senkrechten Ästen, sogenannte »Knickharfen« oder Gebückstämme, an diese alte Nutzungsform.

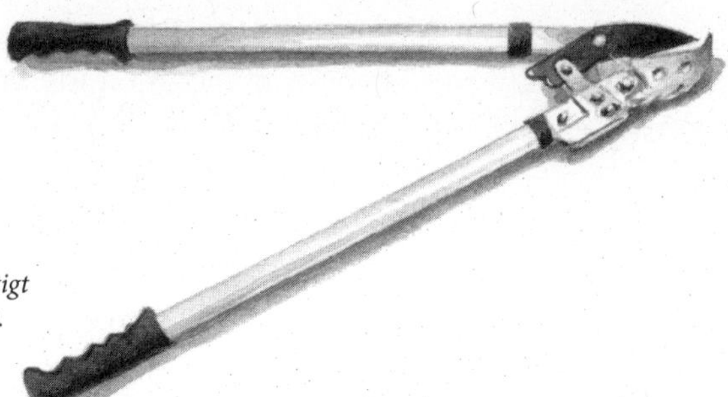

Die Astschere bewältigt auch stärkere Äste.

Schnittverträglichkeit von Heckensträuchern

Ob regelmäßiges »Auf-den-Stock-Setzen« oder der weniger radikale Kopfschnitt die bessere Methode für den Schnitt einer Hecke oder eines Strauches ist, richtet sich vor allem nach der Regenerationsfähigkeit des einzelnen Gehölzes, die wiederum davon abhängt, ob ein Strauch oder Baum seine Nährstoffe vorrangig im Stamm oder im Wurzelstock speichert. Gehölze mit baumförmigem Wuchs sind in der Regel Stammspeichertypen, vom Boden her strauchartig verzweigte Formen rechnet man dagegen zum Wurzelstockspeichertyp. Eine Mittelstellung nehmen Gehölzarten ein, die sich am Stamm reich verzweigen.

Die verschiedenen Speichertypen reagieren unterschiedlich auf Kopfhieb und Stockhieb, wie am Beispiel von Hasel und Hainbuche, zwei typischen Heckengehölzen, deutlich wird:

Die Hasel speichert ihre Reservestoffe im Wurzelstock, nach jedem Stockhieb treibt sie willig und vital wieder aus. Bereits nach drei Jahren können die Neuaustriebe eine Höhe von fünf Metern erreichen, der jährliche Zuwachs nach Stockhieb ist damit weit größer als bei einer Neupflanzung, wo er unter günstigen Bedingungen nur etwa die Hälfte beträgt. Regelmäßig auf den Kopf gesetzt, wachsen die Haselstämme dagegen viel langsamer und vermorschen recht schnell. Kopfschnitt steht nicht im Einklang mit ihrer Wuchsform.

Die Hainbuche, ein Stammspeichertyp, verträgt gelegentlichen Stockhieb zur Verjüngung zwar auch recht gut, wird sie aber regelmäßig in kürzeren Abständen auf den Stock gesetzt, erschöpfen sich ihre Reserven. Im Konkurrenzgefüge mit anderen Gehölzen vom Haseltyp gerät sie ins Hintertreffen, bleibt in ihrer Entwicklung zurück oder fällt ganz aus. Die Rotbuche, obwohl sonst gut schnittverträglich, verträgt es dagegen überhaupt nicht, »auf den Stock gesetzt« zu werden.

Generell gilt daher: Stammspeichertypen sind gute Kopfausschlaggehölze, Wurzelstockspeichertypen sind gute Stockausschlaggehölze.

Die nachfolgende Tabelle gibt eine Übersicht über Wachstumsgeschwindigkeit, Stockausschlagvermögen und die Verträglichkeit gegenüber einem radikalen Stockhieb für einige heckentaugliche Gehölze.

Wachstumsgeschwindigkeit, Stockausschlagvermögen sowie Stockhieb-Verträglichkeit ausgewählter Heckengehölze

Gehölzart	Wachstums-geschwindigkeit	Stockausschlagvermögen	Auf-den-Stock-Setzen
Hainbuche	schnell	gut bis sehr gut	++
Feldahorn	langsam	mäßig bis gut	+
Hasel	schnell	sehr gut	++
Roter Hartriegel	schnell	sehr gut	++
Schwarzer Holunder	schnell	sehr gut	++
Pfaffenhütchen	langsam	mäßig bis gut	+
Gemeiner Schneeball	langsam	mäßig bis gut	+
Eberesche, Vogelbeere	schnell	sehr gut	+
Weiden	schnell	sehr gut	++
Weißdorn	langsam	mäßig bis gut	+
Schlehe	langsam	mäßig bis gut	+
Wildrosen	schnell	gering	—
Brombeeren	schnell	mäßig bis sehr gut	(+)
Wildapfel	mittel	gering	—
Traubenkirsche	schnell	gut bis sehr gut	++
Vogelkirsche	schnell	mäßig bis gut	+

Legende:

++ *Verträgt periodisches »Auf-den-Stock-Setzen« sehr gut.*

\+ *Verträgt »Auf-den-Stock-Setzen« mäßig gut.*
Jüngere Exemplare vertragen es recht gut und deutlich besser als ältere Exemplare.

(+) *Die unterschiedlichen Arten reagieren unterschiedlich, allgemein ist ein weniger radikaler Rückschnitt angeraten.*

— *Insbesondere ältere Exemplare vertragen den Stockhieb im Allgemeinen nicht, in diesen Fällen ist lediglich ein mehr oder weniger kräftiger Rückschnitt älterer Triebe anzuraten.*

Schutz für Mensch und Tier – Sicherheit und Werkzeuge bei der Heckenpflege

Nach geltendem **Naturschutzrecht** darf ein Heckenschnitt in der freien Landschaft nur außerhalb der Vegetationsperiode und Vogelbrutzeit von Anfang Oktober bis Ende Februar durchgeführt werden. Um Frostschäden zu vermeiden, sollten Schnittmaßnahmen nur in frostfreien Perioden erfolgen.

Auch im Garten sollten Sie einen stärkeren Rückschnitt von Gehölzen mit Rücksicht auf die Tierwelt möglichst nur in diesem Zeitraum durchführen. Ausnahmen sind der regelmäßige Sommerschnitt von Schnitthecken (siehe Seite 108) und der Schnitt von zeitigen Frühjahrsblühern wie der Forsythie nach der Blüte (siehe Seite 188).

Je nach Schnitttechnik und Pflegeziel werden im Garten unterschiedliche Werkzeuge benötigt:

- **Mechanische Heckenschere** (Zweihandschere) oder **elektrische Heckenschere** für den regelmäßigen Schnitt einer Schnitthecke.
- **Rosenschere:** Kurze handliche Einhandschere in verschiedenen Ausführungen. Gute Modelle haben zwei aneinander vorbeigleitende Klingen. Von Modellen mit Klinge-Amboss-Prinzip ist abzuraten, weil hierbei die zu schneidenden Äste eher gequetscht als sauber geschnitten werden. Wichtig für ermüdungsarmes Arbeiten sind ergonomisch geformte, rutschfeste Handgriffe. Mit der Rosenschere werden Zweige und dünne Äste gekappt oder entfernt.
- **Hippe:** Gartenmesser mit sichelförmig gebogener Klinge mit nach unten gebogener Spitze in verschiedenen Ausführungen und Stärken. Eignet sich zum Schneiden und Reißen und wird sowohl im Garten als auch bei Profis in Gartenbau und Forstwirtschaft verwendet zum Entasten von Stämmen, Auslichten von Sträuchern, Entfernen von Gestrüpp und unerwünschten Stockausschlägen.
- **Astschere (»Astkneifer«):** Zweihandschere mit starken Klingen und langen, am besten längenverstellbaren Holmen zur besseren Kraftübertragung, dient zum Abschneiden und Zerkleinern stärkerer Äste.
- **Handsäge** und gegebenenfalls eine **leichte Motorsäge** dienen dazu, dickere Äste zu entfernen oder zu kappen, die für den Astkneifer zu stark sind, oder einen kleineren Strauch auf den Stock zu setzen.

Die fachgerechte Pflege von Feldhecken und Knicks erfordert dagegen neben viel Fachwissen, Erfahrung und Körperkraft eine gute Ausrüstung mit schwererem Gerät, von **starken Motorsägen** über fahrzeugbetriebene **hydraulische Heckenscheren** bis zum **Fällgreifer,** mit dem Bäume und große Sträucher gleichzeitig abgeschnitten und entnommen werden können. Ein leistungsfähiger **Häcksler** tut gute Dienste für das Schreddern des Schnittgutes.

Feste Arbeitshandschuhe und **Schutzbrille** sind auch im Garten ein Muss – sehr leicht kann ein Ast unter Spannung zurückschnellen und schwere Augenverletzungen verursachen. Bei der Arbeit mit der Motorsäge gehören **festes Schuhwerk** (Sicherheitsstiefel) mit gutem Profil sowie eine **Schnittschutzhose** zur Grundausstattung, unbedingt empfehlenswert ist zumindest beim Einsatz an großen Feldhecken ein **Helm mit Gehör- und Gesichtsschutz** sowie die vorherige Teilnahme an einem Motorsägenführer-Lehrgang, wenn entsprechende Vorkenntnisse und praktische Erfahrung fehlen. Solche Lehrgänge werden zum Beispiel von Landschaftspflegeverbänden angeboten.

Wie gut sich ein Gehölz nach starkem Rückschnitt erholt, ist nicht nur von Art zu Art unterschiedlich, sondern auch abhängig von dessen Alter und Vitalität. Insbesondere Stammspeichertypen erholen sich mit zunehmendem Alter und auch mit zunehmender Länge des Schnittintervalls immer schlechter. Als Richtwert für das regelmäßige »Auf-den-Stock-Setzen« zur Heckenverjüngung kann ein Turnus von 10 bis 15 Jahren gelten. Gehölze, die sozusagen »von Klein auf« an einen regelmäßigen Stockhieb »gewöhnt« sind, vertragen das »Auf-den-Stock-Setzen« generell meist viel besser als solche, die plötzlich nach einem längeren Zeitraum eine solche Behandlung erfahren. In letzterem Fall ist ein zwar kräftiger, aber doch weniger radikaler Rückschnitt gegenüber dem Stockhieb vielfach wohl die bessere Lösung, gerade bei älteren Exemplaren.

Widersprüchliche Erfahrungen im Hinblick auf die Reaktion nach Stockhieb gibt es insbesondere mit Schlehen, Weißdornen und

Wildrosen. Schlehen vertragen einen Rückschnitt ins alte Holz nur schlecht, erholen sich jedoch normalerweise durch vermehrte Ausbildung von Wurzelschösslingen. Auf sandigen, kalkarmen Böden, etwa in vielen Geestgebieten Norddeutschlands, unterbleibt die Ausläuferbildung allerdings häufig. Starker Rückschnitt kann somit zum Verkümmern führen. Auch Weißdorne reagieren unterschiedlich auf Stockhieb: Manche (insbesondere ältere) Exemplare schlagen danach deutlich schlechter aus als andere. Vermutlich ist dies nicht nur vom Alter abhängig, sondern auch vom Standort und der individuellen genetischen Ausstattung. Wildrosen sollte man generell nicht auf den Stock setzen, sondern bei Bedarf nur gelegentlich kräftig zurückschneiden. Im Gegensatz zu Gartensorten kommen Wildrosen bei jährlichem, kräftigem Rückschnitt nicht zur Blüte.

Fehler bei der Heckenpflege und wie man sie vermeidet

Im Folgenden ein Überblick über die häufigsten Fehler bei der Heckenpflege sowie ausführliche Erläuterungen dazu:

- ▹ zu hoch angesetzte Schnittführung bei Stockausschlaggehölzen,
- ▹ Abschlagen einer Hecke auf ganzer Länge,
- ▹ radikale Pflege alter, durchgewachsener Hecken:
  - Nichtbeachtung individueller Heckenausprägungen und Besonderheiten,
  - seitlicher senkrechter Rückschnitt, zum Beispiel entlang von Wegen,
  - mechanische Pflege mit ungeeigneten Werkzeugen und Methoden,
- ▹ fehlerhafte Entsorgung des Schnittgutes:
  - Mulchen des gehäckselten Schnittgutes in der Hecke,
  - Verbrennen des Schnittgutes in Heckennähe.

Zu hoher Schnitt bei Stockhieb

Entscheidend für einen dichten Neuaustrieb aus dem Stock ist die Schnitthöhe: Ein Absägen der Sträucher in Knie-, Hüft- oder gar Brusthöhe erzeugt eine unerwünschte Heckenstruktur, die im unteren Bereich von Beginn an zum Verkahlen neigt. Wo kein ausgeprägter Wurzelstock erkennbar oder noch nicht ausgebildet ist, erfolgt der Schnitt etwa eine Handbreit über dem Boden.

Fachgerechtes »Auf-den-Stock-Setzen« eines Strauchgehölzes: richtig: Schnitt nahe am alten Holz, Schnittflächen weisen schräg nach außen, falsch: zu hohe Schnittführung hinterlässt lange Stummel, links: Strauch vor dem Stockhieb.

Einzelne Bäume können, sofern sie nicht als »Überhälter« geschont werden sollen, dagegen durchaus einen Kopfschnitt erhalten, sollten in der Folge dann aber auch entsprechend gepflegt werden, damit sie sich zu ökologisch wertvollen Kopfbäumen entwickeln können.

Abschlagen auf ganzer Länge

Jeder starke Rückschnitt und insbesondere ein Stockhieb im größeren Stil hat einschneidende Auswirkungen auf das Mikroklima und die Lebensgemeinschaften der Hecke: Wo vorher im Heckenkern ein waldähnliches, das heißt feuchtschattiges Mikroklima herrschte, erreichen nun die volle Sonneneinstrahlung und Windgeschwindigkeit den Boden. An Trockenheit und Wärme angepasste Tiere und Pflanzen des Offenlandes verdrängen die an waldartige Bedingungen gebundenen Arten, Vögel und Kleinsäuger verlieren Brutmöglichkeiten und Deckung. Mit zunehmender Bestockung ändert sich die Zusammensetzung der krautigen Heckenbegleitpflanzen und der Fauna erneut, bei regelmäßigem Stockhieb wechseln Lichtphasen und Schattenphasen einander ab.

Eine wesentliche Voraussetzung für ein dauerhaftes Überleben auch der oft wenig mobilen Bewohner des Heckenkernes, die offene Bereiche kaum überwinden können, ist deshalb der Erhalt geeigneter Rückzugsräume, von denen aus eine spätere Wiederbesiedlung der auf den Stock gesetzten Bereiche erfolgen kann. Wissenschaftliche Untersuchungen legen außerdem nahe, dass großflächiger Heckenkahlschlag zu vermehrten Schädlingsproblemen auf angrenzenden Nutzflächen führen kann, weil sich die Populationen potenzieller Schadinsekten (zum Beispiel Blattläuse) meist viel schneller von dem Eingriff erholen als die ihrer natürlichen Gegenspieler.

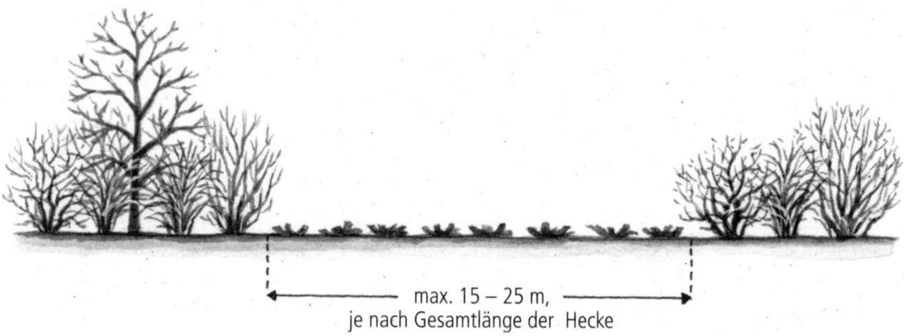

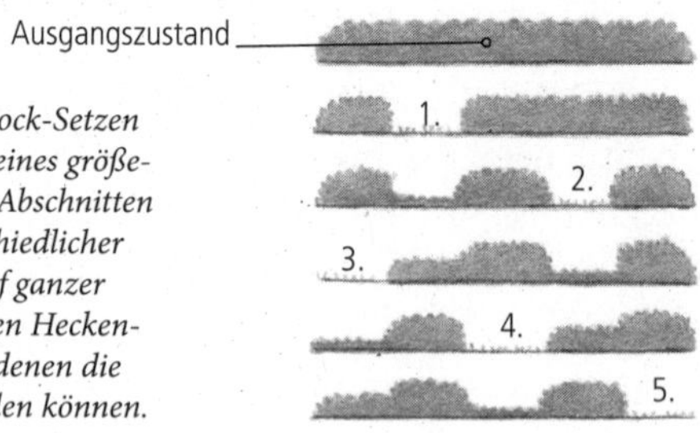

Pflegeschema für abschnittsweises Auf-den-Stock-Setzen einer Feldhecke: Der Bestand wird innerhalb eines größeren Zeitabschnitts nacheinander in kleineren Abschnitten zurückgeschnitten, sodass ein Mosaik unterschiedlicher Stadien entsteht. Eine Hecke sollte niemals auf ganzer Länge abgeschlagen werden, um wenig mobilen Heckenbewohnern Rückzugsräume zu erhalten, von denen die abgeschlagenen Bereiche wiederbesiedelt werden können.

Deshalb darf eine Hecke niemals auf ganzer Länge abgeschlagen werden, sondern immer nur abschnittweise! Im Falle von Reddern (Doppelknicks) muss jeweils der gegenüberliegende Knickabschnitt erhalten bleiben. Auch benachbarte Hecken sollten nicht gleichzeitig auf den Stock gesetzt werden, sondern mit einem Abstand von mindestens drei Vegetationsperioden. Das Abschlagen ganzer Heckensysteme aus Effizienzgründen innerhalb einer Pflegesaison führt zum nachhaltigen Verlust ihrer ökologischen Funktionen – dies schon allein aus dem Grund, weil aufgrund des dann gleichförmigen Altersaufbaus auf großer Strecke die ökologisch so bedeutsame Strukturvielfalt verloren geht. Daher sollten immer nur kleinere Abschnitte von 15 bis 25 Meter Länge beziehungsweise einem Fünftel, maximal einem Viertel der gesamten Hecke auf den Stock gesetzt werden. Erst nach einer Wartezeit von zwei bis vier Jahren, in der sich der kahle Bereich wieder regenerieren kann, sollte ein anderer, möglichst nicht unmittelbar benachbarter Abschnitt in Angriff genommen werden. Auf diese Weise entsteht ein Mosaik verschiedener Altersklassen. Innerhalb von 10 bis 15 Jahren wird so nach und nach die gesamte Hecke verjüngt.

Radikale Pflege alter Hecken

Im Gegensatz zu den früheren Nutzhecken haben wir es heute meist mit Heckenbrachen zu tun, die sowohl in der Höhe wie in der Breite ausufern. Vielfach dominieren aufgewachsene Bäume, die Strauchschicht ist nur noch spärlich ausgebildet und durch lang aufgeschossene Triebe von unten verkahlt. Licht liebende Dornsträucher sind entweder nur noch in Kümmerexemplaren vorhanden oder rücken unaufhaltsam in angrenzende Nutzflächen vor (Schlehen!). Solche Brachen lassen sich nur mit sehr großem Aufwand und gegebenenfalls schwerem Gerät pflegen oder überhaupt erst einmal in eine ökologisch wertvolle (und nachbarschaftsverträgliche) von Sträuchern dominierte Hecke mit einzelnen Bäumen überführen (falls wir uns für diese Variante entschieden haben).

Am folgenden Beispiel soll gezeigt werden, dass eine radikale Pflege nach »Schema F« kontraproduktiv ist. So benachteiligt ein rigoroser

Rückschnitt aller Strauchgehölze diejenigen Arten oder Exemplare, die empfindlich auf Stockhieb reagieren, stark und bringt sie vielleicht sogar zum Absterben.

Als Erstes muss also eine Bestandsaufnahme erfolgen: Welche Arten sind in welchem Alter und Zustand überhaupt vorhanden? In einem ersten Pflegeschritt wird dann der überhandnehmende Baumbestand ausgeholzt (geplentert). Anders als in der herkömmlichen Forstwirtschaft werden abgestorbene oder vermorschte Bäume, so weit keine Verkehrssicherungspflicht dagegen steht, unbedingt als wertvolle Lebensräume für viele Insekten und in Höhlen brütende Vögel belassen, ebenso besonders markante Vertreter oder seltene Arten und Obstbäume. Falls notwendig, werden gesunde Bäume, die stehen bleiben sollen, aufgeastet, das heißt alle oder ein Großteil der Äste unterhalb der Krone entfernt. Alle übrigen Bäume werden entnommen, am besten mit einem sogenannten Fällgreifer, wie er auch in der Forstwirtschaft Verwendung findet. Am Ende sollte nicht mehr als ein vitaler Baum auf etwa 50 Meter Hecke stehen, bei kleinkronigen Exemplaren wie Ebereschen oder Obstbäumen reicht auch ein engerer Abstand.

Durch diese Maßnahme bekommen die nun abschnittsweise und selektiv auf den Stock zu setzenden Sträucher wieder genügend Licht. Langsamwüchsige Arten wie die Kornelkirsche, besonders reich fruchtende oder dicht gewachsene Exemplare werden vom Stockhieb ausgenommen. Fremdländische oder nicht standortgerechte Gehölze, wie sie in früheren Jahrzehnten in teilweise beträchtlicher Anzahl in Neupflanzungen eingebracht wurden, sollten möglichst entfernt werden (siehe auch ab Seite 128). Weißdorne und Wildrosen bekommen, falls notwendig, einen kräftigen, aber keinen radikalen Rückschnitt. In angrenzende Nutzflächen ausufernde Schlehenschösslinge und Brombeeren werden mit einem Freischneider mit Sägeblatt (»Buschhacker«) direkt über dem Boden geschnitten – in der Absicht und Hoffnung, dass sie sich in die nun wieder besonnten und daher für diese Arten wieder besiedelbaren Heckenbereiche ausbreiten. Für den Rückschnitt überalterter Schlehenhecken eignen sich hydraulische Ast- und Heckenscheren besser als Motorsägen. Da erfahrungsgemäß selbst eine fachlich einwandfrei durchgeführte Heckenpflege aus Unkenntnis häufig

Auch die Krautsäume wollen gepflegt sein

Die Pflege der Krautsäume ist genauso wichtig für den Erhalt des ökologischen Wertes der Hecke wie die der Gehölze. Krautsäume sollten – je nach Ausprägung und Wüchsigkeit – am besten nur alle drei bis fünf Jahre gemäht werden, um unerwünschten Gehölzaufwuchs zu unterdrücken. Hochstaudenfluren bleiben meist auch ohne Mahd über längere Zeit stabil. Ähnlich wie beim Heckenschnitt sollte auch die Mahd der Säume nur in rotierenden Abschnitten erfolgen, damit im Frühjahr und Sommer nicht schlagartig das gesamte Blütenangebot für Insekten vernichtet wird und in der Saumvegetation überwinternde Kleintiere kontinuierlich geeignete Strukturen wie verholzende Stängel vorfinden.

massive Proteste in der Öffentlichkeit provoziert, empfiehlt sich bereits im Vorfeld eine entsprechende Pressearbeit, die die geplanten Maßnahmen ankündigt und gut begründet.

Größere Lücken im Heckenbestand können durch Nachpflanzung geeigneter Sträucher (vorrangig Dornsträucher) geschlossen werden. Kleinstrukturen wie liegendes Totholz, Baumstubben oder Lesesteinhaufen sind zu schonen und, wo sinnvoll, freizustellen. Im Falle von Wallhecken sind auch die häufig teilweise zerstörten Wälle wieder instand zu setzen. Bei größeren Hecken ist es notwendig, die einzelnen Maßnahmen wie oben beschrieben abschnittweise auf mehrere Jahre zu verteilen. Ist der gewünschte Heckenumbau abgeschlossen, erfolgt eine turnusmäßige Erhaltungspflege im beschriebenen Rotationsverfahren.

Um individuelle Ausprägungen und Besonderheiten zu erhalten, müssen also stets individuelle Entscheidungen getroffen werden, die sich an der konkreten Situation und dem Gehölzbestand vor Ort orientieren. Patentrezepte für die optimale Heckenpflege kann es nicht geben. Es liegt auf der Hand, dass eine maschinelle Heckenpflege durch Lohnarbeiter auf solche »Feinheiten« kaum Rücksicht nimmt. Insbesondere der auf Seite 20 beschriebene seitliche, senkrechte Rückschnitt nach Art einer Gartenschnitthecke vom Fahrzeug aus (Trimmen) ist keine geeignete Methode der Heckenpflege, da die Gehölze dabei nicht verjüngt und zudem häufig durch das Abschlegeln geschädigt werden. Allenfalls kann dies eine Zwischenlösung sein bis zu einem fachlich qualifizierten Pflegeschnitt.

Fehlerhafte Entsorgung des Schnittgutes

Bleibt schließlich noch das Problem der Verwertung des Schnittgutes: Bei der Heckenpflege fällt im Sinne des Wortes eine Menge Holz an. Das Stammholz von Bäumen kann in der Regel als Bauholz oder wenigstens als Kaminholz verwertet werden. Ein Teil des Ast- und Reisigmaterials aus dem Heckenschnitt kann als Reisighaufen in die Hecke eingebracht werden, um Kleintieren und Vögeln Deckung und Brutmöglichkeiten zu bieten. Dabei sollte aber darauf geachtet werden, dass keine Wurzelstöcke überdeckt werden, da an diesen Stellen sonst Lücken entstehen. Auch für die Anlage sogenannter Benjeshecken (siehe ab Seite 134) eignet sich Schnittgut, insbesondere von Dornsträuchern, hervorragend.

Manchmal werden Holz und Reisig in der Nähe der Hecke gelagert, um es später als Osterfeuer zu verbrennen – die schlechteste Lösung. Falls der Haufen länger liegt, ist er vor dem Verbrennen unbedingt umzuschichten, um Kleinvögeln, Kleinsäugern und Amphibien, die sich dort gerne einnisten, die Möglichkeit zur Flucht zu geben. Jährlich sterben unzählige Kleintiere einen qualvollen Feuertod. So weit zulässig, sollte das Schnittgut – wenn überhaupt – am besten sofort verbrannt werden, wobei unbedingt ein ausreichender Abstand zu Hecken und Säumen einzuhalten ist. Entsprechende behördliche Auflagen und Zeiten, die das Verbrennen in Landschaft und Garten regeln, sind dabei selbstverständlich strikt zu beachten.

Vielfach wird das Material auch einfach geschreddert und in die Hecke geblasen. Größere Schredderguthaufen an einer oder zwei Stellen können wertvolle Lebensräume für seltene Käferlarven oder Eiablageplätze für Ringelnattern sein, ein flächendeckendes Abmulchen mit Holzschredder ist jedoch abzulehnen, da es zu einer unerwünschten Nährstoffanreicherung führt und den Stockausschlag der Gehölze behindern oder verhindern kann.

Zunehmend interessant ist die Verwertung des Schnittgutes als Holzhackschnitzel für die alternative Energieerzeugung. Dazu ein Rechenbeispiel (nach DVL, 2006): Ein Kilometer einer gesunden, produktiven, schlagreifen Baum-Strauch-Hecke enthält 30 bis 60 Tonnen trockenes Holz, wenn die vollständige Holzmenge geerntet wird. Eine Tonne trockenes Holz (25 Prozent Feuchtigkeit) = 3,2 Raummeter = 4,8 Raummeter Hackschnitzel = 0,36 Megawattstunden (MWh). 30 Tonnen gewonnenes Holz aus der Beispielhecke ergeben eine theoretische Menge von 96 Raummeter Holz = 144 Raummeter Hackschnitzel = 10,8 MWh, von denen je nach Erntemethode 30 bis 90 Prozent gewonnen werden.

Die Gewinnung von Holzhackschnitzeln könnte ein Anreiz sein, die vernachlässigten Hecken wieder regelmäßig zu nutzen. Ob die Erfordernisse der Hackschnitzelproduktion allerdings mit den Zielen des Naturschutzes vereinbar sind, bliebe zu prüfen.

Checkliste für die Pflege einer Landschaftshecke

- ▹ Öffentlichkeit vorab informieren, um mögliche Proteste zu vermeiden.
- ▹ Geeigneten Zeitpunkt der Heckenpflege wählen (Oktober bis Februar).
- ▹ Verwertung des Schnittgutes (zum Beispiel als Brennholz, Hackschnitzel, Zaunholz) beziehungsweise Entsorgung vorab klären.
- ▹ Unfallverhütungsvorschriften einhalten.
- ▹ Unterschiedliche Ausschlagfähigkeit der Gehölze beachten und individuelle Pflegemaßnahmen festlegen.
- ▹ Besondere Individuen wie alte Bäume oder besondere Wuchsformen beachten.
- ▹ Morsches Holz und Totholz in der Hecke belassen.
- ▹ Fremdländische Arten (Neophyten) aus der Hecke entfernen.
- ▹ Heckensäume erhalten und falls notwendig pflegen und fördern.
- ▹ Weidezäune beachten und gegebenenfalls erneuern.
- ▹ Schnittgut teilweise in die Hecke zurücklegen oder die Sträucher teilweise knicken, um die Biotopfunktionen auch nach der Pflege weitmöglichst zu erhalten.
- ▹ Häckselgut nicht flächig in die Hecke einbringen, um Nährstoffanreicherung zu verhindern und neuen Stockausschlag nicht zu behindern.

Heckenneupflanzung in der Feldflur

Durch Flurbereinigung und schleichenden Verfall verschwanden in den vergangenen Jahrzehnten zahlreiche Hecken aus der Landschaft (siehe auch ab Seite 19). Erst spät – häufig zu spät – erkannte man ihren ökologischen Nutzen. So mangelt es heute nicht an Bemühungen von privaten Naturschutzverbänden, aber auch von Behörden, neue Hecken in der Feldflur anzulegen. Beispielsweise setzen Planer als »Ausgleich« oder »Ersatz« für Eingriffe in Natur und Landschaft durch Bauvorhaben häufig die Pflanzung von Hecken in der Landschaft fest – meist ohne den regelmäßigen, kostenintensiven Pflegeschnitt in den nachfolgenden Jahren und Jahrzehnten sicherzustellen. An die Stelle bewirtschafteter Nutzhecken treten ökologisch motivierte »Naturschutzhecken«. Doch wie sinnvoll sind solche Aktionen tatsächlich? Ein paar Hundert Sträucher sind schnell gepflanzt, aber sind funktionierende Heckenökosysteme überhaupt planbar und machbar, und mit welchen Zeithorizonten ist dabei zu rechnen?

Historisch alte Hecken hatten Jahrhunderte lang Zeit, ökologisch zu »reifen«. Ein Vergleich zeigt, dass Neupflanzungen, selbst wenn sie bereits nach acht bis zehn Jahren optisch durchaus gut entwickelt sind, auch nach Jahrzehnten noch deutlich weniger Arten aufweisen als alte Hecken. Das gilt gleichermaßen für die Pflanzenwelt und die Tierwelt. So brauchen selbst relativ artenarme »Durchschnittshecken« wahrscheinlich mindestens 50 bis 150 Jahre, um ihr Artenoptimum zu erreichen. Verschiedene Untersuchungen deuten darauf hin, dass Hecken auf alten Lesesteinriegeln sogar 250 bis 1000 Jahre für die Ausbildung ihrer vollständigen Lebensgemeinschaft benötigen. Selbst nach 40 Jahren weisen Neupflanzungen nur etwa ein Zehntel bis maximal ein Fünftel des pflanzlichen Artenspektrums eines alten, spontan aufgewachsenen Gebüschriegels einschließlich der krautigen Begleitflora auf vergleichbarem Standort auf. Auffallend ist vor allem, dass Pflanzen des Waldes und magerer Böden weitgehend fehlen.

Gründe dafür sind zum einen ein häufig isolierter Standort in einer intensiv genutzten, lebensfeindlichen Agrarlandschaft und zum anderen die lang andauernde Konkurrenz starkwüchsiger Nährstoffzeiger wie Brennnesseln und Klettenlabkraut, die sich in Neuanlagen auf gut gedüngten, ehemaligen Ackerflächen breitmachen.

Auch andere als die gepflanzten Gehölze können in eine (meist viel zu dicht) gepflanzte Hecke selbst über längere Zeiträume kaum spontan einwandern. Bei der Tierwelt sieht es ähnlich aus: So ist das Artenspektrum pflanzenfressender und räuberischer Insekten in neu angelegten, isolierten Hecken noch nach Jahren sehr eingeschränkt und häufig individuenschwach, Spezialisten fehlen weitgehend. Insgesamt ist die Struktur der Lebensgemeinschaften lange sehr unausgewogen. Entsprechendes gilt im Übrigen auch für verpflanzte Althecken – komplexe Lebensgemeinschaften lassen sich – technokratischem Machbarkeitswahn zum Trotz – eben nicht einfach mit der Baggerschaufel an beliebiger Stelle neu installieren. Vögel besiedeln neu gepflanzte Gehölzstreifen zwar oft erstaunlich schnell, doch weisen alte Hecken deutlich mehr Vogelindividuen auf als junge, sind also ebenfalls nicht kurzfristig in ihrer Bedeutung für die Vogelwelt ersetzbar.

Fazit: Selbst bei optimaler Planung und Umsetzung von Neupflanzungen sind die Vielfalt der Standortbedingungen, die biologische Vielfalt (Biodiversität) und die Bandbreite der individuellen Ausprägungen alter Heckenbestände nicht innerhalb überschaubarer Zeiträume zu ersetzen. Wo solche Althecken noch in Restbeständen existieren, sollte ihrer Regeneration durch geeignete Pflegemaßnahmen deshalb unbedingt der Vorzug vor Neuanlagen gegeben werden. Letztere sind vor allem im Kontakt mit artenreichen Althecken sinnvoll, etwa zur Ergänzung und Vernetzung.

Entgegen der auch und gerade in Naturschutzkreisen weitverbreiteten Meinung sind stabile, artenreiche Heckenökosysteme – wie zum Beispiel auch Wälder – eben nicht beliebig »machbar« – wir müssen uns wohl oder übel damit abfinden, dass schon allein aus finanziellen Gründen die Wiederherstellung und dauerhafte(!) Pflege der heckenreichen

Hecken sind nicht beliebig »machbar« – trotzdem können wir eine Menge tun.

Kulturlandschaft früherer Jahrzehnte nicht möglich sein wird. Andererseits sollten wir angesichts dieser Erkenntnis nicht verzagen, sondern für die Heckenbewohner und für ein lebendiges Umfeld tun, was wir tun können – und das ist in der Landschaft wie im Siedlungsraum durchaus eine ganze Menge, wie Sie auch ab Seite 141 lesen können.

In jedem Fall können wir mit einer gut durchdachten Heckenanlage den Strukturreichtum und das Nahrungsangebot in Feldflur und Garten sehr schnell und wirkungsvoll fördern, Brutplätze für Vögel und Deckung für Kleintiere und Niederwild schaffen.

Die notwendige Voraussetzung für den dauerhaften Erhalt neu angelegter Hecken, insbesondere der Feldhecken, ist allerdings deren langfristige, oft aufwendige Pflege. Nur wenn diese sichergestellt ist, werden auch nachfolgende Generationen Hecken noch beziehungsweise wieder als Lebensadern und ökologisches Rückgrat der Landschaft erleben können.

Diese grundsätzlichen Überlegungen vorausgeschickt, sind weitere detaillierte Fragen zu klären, um Misserfolge oder gar ungewollte Beeinträchtigungen bei einer Heckenneupflanzung zu vermeiden und ein möglichst landschaftstypisches Heckenökosystem entwickeln und langfristig erhalten zu können:

- Passt die Hecke in die Landschaft?
- Ist der vorgesehene Heckenstandort sinnvoll und geeignet, und steht die Fläche dauerhaft zur Verfügung?
- Sind die regelmäßige Pflege oder Nutzung und deren Finanzierung sichergestellt?
- Ist das Einvernehmen mit Eigentümer, Pächter und Anliegern hergestellt?

Jede Landschaft in Mitteleuropa hat aufgrund natürlicher Bedingungen (Klima, Boden) sowie soziokultureller und nutzungsgeschichtlicher Einflüsse ihren ganz speziellen Charakter. Wie eingangs geschildert, gibt (oder gab) es typische Knicklandschaften wie in Ostholstein oder im Münsterland, Lesesteinhecken wie im fränkischen Jura und viele andere Ausprägungen, aber auch von jeher heckenfreie Gegenden wie die fruchtbaren Bördelandschaften Mitteldeutschlands. Bei der Planung einer Neupflanzung sollte deshalb der landschaftliche Kontext so weit wie möglich berücksichtigt werden, um die Identität und den speziellen Charakter der Landschaft nicht zu verfälschen. Verlaufen beispielsweise in einer Mittelgebirgsgegend die Hecken traditionell quer zum Hang, ist eine hangparallele Anlage abzulehnen. Genauso wäre ein typischer Knick, also eine Wallhecke, in Süddeutschland fehl am Platze, weil nicht landschaftstypisch. Und wo nie Hecken standen, gab es gute Gründe für ihr Fehlen (siehe auch ab Seite 13). Natürlich könnte man sich auf den Standpunkt stellen: »egal wie und wo – Hauptsache Hecke«. Eine solche Einstellung trägt jedoch zum Verschwinden landschaftstypischer, regionaler und historischer Besonderheiten bei und führt häufig zu Akzeptanzproblemen bei der ländlichen Bevölkerung vor Ort.

Darüber hinaus gibt es grundsätzlich Tabuflächen für Heckenneupflanzungen: Wertvolle Offenlandbiotope wie Trocken- und Magerrasen, Feuchtwiesen und Moore gilt es zu erhalten und vor Beeinträchtigungen zu schützen, sie dürfen nicht zerschnitten werden, auch nicht für Zwecke eines Biotopverbundes. Hecken und Feldgehölze wirken negativ auf Vogelarten, die auf eine weite, gehölzfreie Landschaft angewiesen sind. Dazu zählen Wiesenbrüter wie Kiebitz und Uferschnepfe, die ursprünglich in baumlosen Mooren zuhause waren, Steppenvögel wie die in Mitteleuropa äußerst rar gewordene Großtrappe oder auch Wildgänse, deren Rast- und Äsungsgebiete ebenfalls weithin überschaubar sein müssen, damit sich kein Fuchs unbemerkt anschleichen kann.

Bei ungünstigem Umfeld, zum Beispiel in intensiv genutzten Agrarlandschaften mit Mais- und Rapsmonokulturen, ist generell zu überlegen, ob eine Heckenpflanzung sinnvoll und zu verantworten ist (siehe auch Seite 86). Hecken sollten grundsätzlich dort wachsen dürfen, wo ihr ökologisches Potenzial am besten zum Tragen kommt, und nicht auf Flächen verbannt werden, wo sie gerade am wenigsten stören.

Bei der Standortfrage ist auch der Platzbedarf einer frei wachsenden Hecke zu berücksichtigen: Als Richtwert ist eine Mindestbreite von sechs bis acht Metern, einschließlich der Säume, anzusetzen. Im Zweifelsfall sollte auf eine Anlage besser verzichtet werden, ebenso wenn der dauerhafte Erhalt und eine regelmäßige, langfristige Pflege nicht gewährleistet sind. Und schlussendlich steht und fällt der Erfolg mit der Zustimmung der Landeigentümer und Bewirtschafter, die daher intensiv in die Planungsphase einbezogen werden müssen. Gesetzlich vorgeschriebene Grenzabstände sind darüber hinaus stets zu beachten, entsprechende Auskünfte erteilen beispielsweise Naturschutzbehörden und Landschaftspflegeverbände. Diese geben auch Hinweise zu möglichen finanziellen Förderprogrammen.

Die richtige Gehölzwahl

Bei der Zusammenstellung der Gehölze für eine Heckenpflanzung in der freien Landschaft ist es geboten, sich an örtlichen Standortbedingungen und am Artenspektrum wild wachsender einheimischer Sträucher und Bäume der Umgebung zu orientieren, siehe dazu auch ab Seite 33.

Das Ergebnis sollte also nicht ein möglichst artenreiches Sammelsurium aus dem Baumschulkatalog sein (wie vor wenigen Jahrzehnten noch üblich), sondern eine für die jeweilige Region typische, naturnahe Pflanzung mit den richtigen Arten im richtigen Mengenverhältnis – wenn irgend möglich, ist darüber hinaus Pflanzgut aus dem jeweiligen Naturraum zu verwenden: Idealerweise sollten die gewählten Gehölze also standortgerecht, einheimisch und gebietseigen sein.

Dazu sind einige Definitionen notwendig, die bei Botanikern, Gärtnern, Naturschützern und Umweltrechtlern teilweise unterschiedlich gehandhabt werden.

»**Standortgerecht**« ist eher ein gärtnerischer Fachbegriff, der die Eignung eines Standortes für eine Pflanze beschreibt oder aus umgekehrtem Blickwinkel die Eignung einer Pflanze für einen konkreten Standort. Das Zusammenwirken der ökologischen Standortbedingungen (Mikro-)Klima (Sonneneinstrahlung, Temperatur, Luftfeuchte, Windeinfluss), Boden (Körnung, Mineralzusammensetzung, Humusanteil, Bodenfeuchte, Säure-/Basen-Gehalt, Relief) und belebte Welt (Begleitflora, Symbionten, Parasiten, Bodenorganismen) bedingt die Eigenschaften eines Standortes und schafft somit unterschiedliche Bedingungen für verschiedene Pflanzen. »Standortgerecht« sind also alle Pflanzen, die unter natürlichen Bedingungen an einem konkreten Standort mit bestimmten Umweltbedingungen dauerhaft wachsen können. Das können einheimische und im Prinzip auch fremdländische Arten sein, denn Standortbedingungen ähnlich wie in Mitteleuropa können zum Beispiel auch in den gemäßigten Bereichen Nordamerikas oder Asiens herrschen, sodass manche von dort stammenden Baum- und Straucharten auch bei uns gut gedeihen.

Beim Begriff **»einheimisch«** streiten sich die Gelehrten: In Wissenschaft und Naturschutz werden solche Arten als »einheimisch« betrachtet, die von Natur aus in Deutschland (beziehungsweise in einem anderen großräumigen Bezugsraum) vorkommen oder ohne Einwirkung des Menschen eingewandert oder auf natürliche Weise aus einheimischen Arten entstanden sind (indigene Arten). Den indigenen stehen die gebietsfremden Sippen gegenüber, die durch den direkten (zum Beispiel Anpflanzung, Verschleppung) oder indirekten Einfluss (zum Beispiel Beseitigung von Verbreitungsbarrieren) des Menschen in ein Gebiet gelangt sind, das sie natürlicherweise nicht erreicht hätten, und dort verwilderten.

Nach dem Zeitpunkt ihres ersten Auftretens in Europa vor beziehungsweise nach dem Jahr 1492, in dem Christoph Kolumbus Amerika erreichte, werden die pflanzlichen Neubürger als »Archäophyten« (Alteinwanderer) beziehungsweise »Neophyten« (Neueinwanderer) klassifiziert. Dieser Zeitpunkt wurde willkürlich festgelegt, da mit der »Entdeckung« der Neuen Welt ein schwunghafter Seehandel einsetzte, durch den viele fremde Pflanzen nach Europa gelangten. Häufig werden neben den indigenen Arten auch die Archäophyten zu den einheimischen Arten gerechnet. Nach dem Naturschutzgesetz zählen sogar etablierte Neophyten zur einheimischen Flora, eine nicht nur aus wissenschaftlicher Sicht sehr umstrittene Sichtweise: Denn solche Neubürger können gravierende Probleme bereiten, wenn sie sich unkontrolliert und massenhaft ausbreiten und dabei ursprünglich einheimische Arten verdrängen. Das gilt etwa für die Spätblühende Traubenkirsche, die einst aus Nordamerika eingeführt wurde und mittlerweile überall in Wäldern und Hecken zu finden ist.

Nach den Naturschutzgesetzen des Bundes und der Länder ist das Ausbringen gebietsfremder Pflanzen in der freien Natur genehmigungspflichtig, wenn dadurch Schäden an der heimischen Vegetation zu befürchten sind (Vorsorgeprinzip!) – ausgenommen sind Anbaupflanzen in der Land- und Forstwirtschaft.

Dass bei Pflanzungen in der freien Landschaft ausschließlich einheimische, standortgerechte Gehölze verwendet werden, gehört inzwischen zum Standard.

Viele der in Deutschland einheimischen Arten wachsen allerdings von Natur aus nur in bestimmten Regionen, außerhalb sind sie als gebietsfremd einzustufen. So zählen beispielsweise Sträucher wie die Berberitze, der Wollige Schneeball oder einige Wildrosenarten, die im Süden häufig und zum Teil weitverbreitet sind, in Norddeutschland nicht zur natürlichen Gehölzflora – wenngleich sie angepflanzt dort mehr oder weniger gut gedeihen. Um eine Florenverfälschung zu vermeiden, dürfen Arten mit enger regionaler Verbreitung außerhalb ihres jeweiligen natürlichen Wuchsvorkommens nicht in der freien Landschaft gepflanzt werden.

Doch auch bei Pflanzen mit flächendeckender Verbreitung spielt die regionale Herkunft eine große Rolle: Viele in Deutschland einheimische Gehölzarten haben ein riesiges Verbreitungsgebiet: So wächst etwa der Schwarze Holunder von Südschweden bis nach Marokko, von der Atlantikküste bis ans Schwarze Meer. Es liegt auf der Hand, dass die Anpassung an eine Vielfalt unterschiedlichster Klima- und Standortverhältnisse zu einer ebenso großen genetischen Vielfalt, zur Ausbildung speziell angepasster Standorttypen geführt hat. Das gilt ganz besonders auch für die genetisch besonders variablen Rosengewächse, zu denen neben den Wildrosen unter anderem auch Weißdorne, Schlehen und Brombeeren zählen. So ist selbst innerhalb Deutschlands in eng benachbarten Regionen häufig eine Fülle von regionaltypischen Varianten einer Art entstanden, die äußerlich meist nicht zu unterscheiden sind. Sie werden als »gebietseigen« oder »autochthon« bezeichnet. Da der Begriff »autochthon« (im Gebiet entstanden) allerdings unterschiedlich gebraucht wird und zu Missverständnissen führen kann, sollte in diesem Zusammenhang stattdessen ausschließlich der Begriff **»gebietseigen«** (synonym »gebietsheimisch«) verwendet werden.

Diese Erkenntnisse stehen im Widerspruch zur gängigen Praxis: Im Landschaftsbau häufig verwendete Arten werden in großer Zahl nach standardisierten Verfahren produziert – ein internationales, lukratives Geschäft. Die Früchte als Ausgangsmaterial werden aus Kostengründen meistens in Billiglohnländern wie in Marokko oder der Türkei gesammelt und verarbeitet, die Samen dann an Großbaumschulen geliefert, die die Aufzucht der Sämlinge übernehmen. In den vergangenen Jahrzehnten und vielfach bis heute wurden und werden also viele Millionen genetisch »genormter« Jungpflanzen in gleichbleibender Qualität aus nicht gebietsheimischer Herkunft produziert und ausgebracht – eine systematische, wenngleich unbeabsichtigte Florenverfälschung. Die Bewahrung der viel zitierten Biodiversität, zu der sich die internationale Staatengemeinschaft 1992 auf dem »Erdgipfel« in Rio verpflichtet hat, schließt neben der Rettung der Artenvielfalt auch den Erhalt der genetischen Variabilität innerhalb von Arten und Populationen ein.

Dabei ist der Verlust gebietstypischer Genotypen etwa durch Einkreuzung (Hybridisierung) und Verdrängung nicht nur von akademischem Interesse: Die genetische Vielfalt sichert die Anpassungsfähigkeit der Pflanzen gegenüber sich verändernden Umweltbedingungen – eine Überlebensnotwendigkeit gerade auch in Zeiten des Klimawandels. Zudem sind viele Insekten sehr eng an bestimmte Wirtspflanzen angepasst, andere Formen dieser Pflanzen mit anderen Genen als die jeweils standortheimischen könnten andere Inhaltsstoffe produzieren, eine dickere Blatthaut besitzen oder eine abweichende Blütezeit haben. Solche Unterschiede können sich wiederum darauf auswirken, wie sich die Pflanzen als Nahrung für Tiere eignen. So trieben Weißdornbüsche aus gebietsfremden Herkünften in einem Versuch bis zu fünf Wochen früher aus als solche aus gebietseigener Herkunft. Bestimmte Schmetterlingsraupen, die in Anpassung an die lokale Weißdorn-Variante erst viel später schlüpfen, müssen unter solchen Umständen verhungern, weil die Jungraupen auf die beim Austrieb noch ganz weichen Blätter als Nahrung angewiesen sind und ausgehärtetes Laub nicht bewältigen können.

Auch aus ökonomischer Sicht ist die Überlegenheit gebietsheimischer Formen durch entsprechende Untersuchungen gut belegt: Diese wuchsen durchweg besser an und zeigten beispielsweise eine höhere Frostresistenz und eine deutlich geringere Anfälligkeit gegenüber Pilzerkrankungen.

Nach dem Bundesnaturschutzgesetz dürfen nach einer Übergangsfrist ab 2020 in der freien Landschaft ausschließlich Pflanzen aus gebietsheimischer Herkunft ausgebracht werden. Land- und forstwirtschaftliche Kulturen sind davon ebenso ausgenommen wie Pflanzungen in Parks und Gärten. Heckenanlagen in der Feldflur oder Begrünungen von Straßenböschungen fallen aber sehr wohl unter diese Regelung, gegen die vor allem große überregional vermarktende Baumschulbetriebe und deren Dachorganisationen juristischen Widerstand leisten. In der Tat sind noch viele praktische Fragen ungeklärt, etwa die einer einheitlichen Zertifizierung und Überwachung.

Leider kann man regionaltypische, gebietsheimische Gehölze bisher fast nirgendwo in der Gärtnerei oder Baumschule »um die Ecke« kaufen, das Sammeln der Früchte aus geeigneten Mutterbeständen, die Fruchtbehandlung zur Gewinnung keimfähiger Samen und die Anzucht sind zeitaufwendig und entsprechend teuer. Die Mehrkosten für die Produktion gebietseigener Pflanzen könnten jedoch durch bessere Anwuchserfolge und geringere Ausfälle in der Folgezeit teilweise oder sogar vollständig kompensiert werden. Erst in wenigen Bundesländern wird ein entsprechendes Angebot aufgebaut, etwa in Brandenburg und Baden-Württemberg. In Bayern produziert die »Erzeugergemeinschaft für autochthone Baumschulerzeugnisse« bereits seit 1997 entsprechendes Pflanzenmaterial. Auch im Norden ziehen einige kommunale Anzuchtbetriebe, etwa in Hannover, gebietsheimische Jungpflanzen für den eigenen, nicht jedoch für den privaten Bedarf.

Standortgerecht, einheimisch und gebietseigen – mit achtsamer Gehölzwahl entsteht ein wertvoller Lebensraum im Garten.

In Privatgärten ist die Verwendung von gebietsheimischen Arten zwar nicht vorgeschrieben, aber dennoch sehr wünschenswert. Hierfür bieten verschiedene Mitgliedsbetriebe des »Naturgarten e. V. – Verein für naturnahe Garten- und Landschaftsgestaltung« gebietseigene Gehölze und gebietseigenes Saatgut, bislang vor allem aus dem süddeutschen Raum, etwa für Saumpflanzungen oder Wiesenflächen an. Doch noch ist viel Eigeninitiative erforderlich. In Niederösterreich etwa hat der Verein »Regionale Gehölzvermehrung« ein Netzwerk von Sammlern und Spezialisten für die Samengewinnung aufgebaut, die mit Partnerbaumschulen zusammenarbeiten. Es gibt einige weitere Möglichkeiten, an gebietseigenes Gehölzmaterial zu kommen: Zum einen bieten sogenannte Entkusselungsmaßnahmen zur Freihaltung wertvoller Magerrasen und anderer Offenflächen, wie sie von betreuenden Naturschutzverbänden regelmäßig durchgeführt werden, die Chance, Jungpflanzen von Weißdornen, Schlehen und anderen Gehölzen zu bekommen. Das Ausgraben ist jedoch mühsam und zeitaufwendig, gerade wenn größere Stückzahlen benötigt werden. Ein »wildes« Ausgraben in großem Stil sollte auf jeden Fall unterbleiben, um die noch verbliebenen Bestände nicht zu dezimieren und zu schädigen. In ausgewiesenen Naturschutzgebieten ist die Entnahme von Pflanzen ohne behördliche Genehmigung grundsätzlich verboten. Ansonsten ist die Stecklingsvermehrung eine probate Methode, sofern man die Geduld aufbringt, zu warten, bis die Stecklinge zu kräftigen, pflanzreifen Büschen herangewachsen sind. Oder aber man schafft die Voraussetzungen für eine natürliche Selbstansiedlung (Sukzessionshecke).

Best practice – die modifizierte Benjeshecke

In den 1980er-Jahren entwickelten die Brüder Hermann und Heinrich Benjes eine auf den ersten Blick bestechende Idee: In der Landschaft aufgeschichtete Gestrüppwälle sollten Vögel anlocken, die mit ihrem Kot Samen heimischer Sträucher aus der Umgebung eintragen. Die Hoffnung war, dass diese im Gestrüpp vor Wildverbiss geschützt keimen und aufwachsen würden. Die Vögel kamen zwar, doch der erhoffte Strauchaufwuchs blieb, von ein paar Holunderbüschen abgesehen, weitgehend aus. Denn gerade die als Pioniere auftretenden Wildrosen, Weißdorne und Schlehen finden unter den feuchtkühlen, schattigen Verhältnissen des Strauchschnitts denkbar schlechte Keimbedingungen, und der sich üppig entwickelnde Krautaufwuchs überwuchert die wenigen aufgelaufenen Sämlinge. Deshalb wurde diese Methode inzwischen erweitert und hat sich als sogenannte »modifizierte Benjeshecke« (oder Schichtholzhecke) vielfach in der Praxis bewährt. Sie verbindet die Vorteile natürlicher Selbstansiedlung gebietsheimischer Gehölze mit denen der gezielten Pflanzung gewünschter Arten.

Dazu werden zwei Gestrüppwälle parallel angelegt und der freie Mittelstreifen mit jungen Sträuchern bepflanzt. Dic Enden werden anschließend ebenfalls mit Buschwerk verschlossen, sodass die Gehölze ringsum vor Wildverbiss geschützt werden – eine kostenlose und natürliche Alternative zum sonst unbedingt notwendigen Wildschutzzaun bei Neupflanzungen. Im Gegensatz zu jungen Pflanzhecken bieten die Gestrüppwälle sofort Deckung und Nistmöglichkeiten für Vögel und Kleinsäuger Der Innenraum zwischen den Reisigbarrieren gewährt zudem hervorragende Anwachsbedingungen: Geschützt vor Wind und zu hoher Sonneneinstrahlung herrscht dort eine gegenüber der freien Umgebung höhere Luftfeuchtigkeit, wodurch die Pflanzen bedeutend schneller wachsen als bei herkömmlicher Pflanzung. Selbst anderswo ausgegrabene Gehölze, die im Vergleich zu Baumschulware ein deutlich schwächer ausgebildetes Wurzelwerk aufweisen, wachsen unter diesen Verhältnissen in der Regel problemlos an. Im Versuch galt das sogar für gerodete Pflanzen, die aus einem Osterfeuerhaufen »gerettet« worden waren.

Die modifizierte Benjeshecke benötigt weniger Folgepflege als eine herkömmlich gepflanzte Hecke, die im ersten Jahr regelmäßig gewässert und gegen Krautaufwuchs gemulcht und gegebenenfalls zwischen den Sträuchern mit einem Freischneider gemäht werden muss. Eine ebenfalls bewährte Variante besteht darin, die frisch gepflanzten Sträucher komplett mit Buschwerk locker zu umhüllen, um die Konkurrenz der Krautvegetation gering zu halten.

Die Vorteile der modifizierten Benjeshecke auf einen Blick:

- Schnittgut aus der örtlichen Gehölzpflege findet eine sinnvolle Verwendung.
- Reisigwälle bieten sofort wertvolle Biotopstrukturen, Deckung und Nistplätze.
- Gebietsheimische Gehölze können sich spontan ansiedeln.
- Zusätzlich gepflanzte Gehölze sind vor Wildverbiss geschützt und genießen hervorragende Anwachsbedingungen durch verbessertes Kleinklima.
- Die Anlage ist vergleichsweise kostengünstig, da im Gegensatz zu Pflanzhecken nur wenige Gehölze gesetzt werden und Wildschutzzäune entbehrlich sind.

Anlage der Gestrüppwälle

Als Material zur Anlage der Gestrüppwälle eignet sich besonders gut das harte, sperrige und dornige Schnittholz von Weißdorn, auch Obstbaumschnitt ist gut verwendbar. Wichtig ist, dass das Material nicht zu fein ist und nicht zu schnell verrottet, grundsätzlich wird aber fast alles verwendet, was beispielsweise der kommunale Bauhof oder Unternehmen des Garten- und Landschaftsbaus zu bieten haben. Schnittgut aus der Baum- und Landschaftspflege findet so eine sinnvolle Verwendung. Weidenruten, etwa vom Kopfweidenschnitt, treiben bei Bodenkontakt oft wieder aus und können die Benjeshecke durchaus bereichern, falls die Weidenbüsche nicht zu dominant werden. Vorsicht ist bei Nadelhölzern geboten, allenfalls ganze Bäume können in geringem Umfang verwendet werden. Abgeschnittene Äste bilden viel zu dichte Lagen. Im großen Stil sollten Nadelhölzer generell nicht verwendet werden, weil die Nadeln den Boden versauern und Nadelbäume für den vorgesehenen Zweck nicht natürlich genug wirken, da sie in Feldhecken üblicherweise nicht vorkommen.

Als Erstes wird in dem Bereich, in dem gepflanzt werden soll, mit einem Pflug die oft dicht verfilzte Vegetation aufgerissen, wobei darauf zu achten ist, den mineralischen Untergrund nicht zu tief aufzupflügen, um das Wasserhaltevermögen des Bodens nicht zu beeinträchtigen.

Der Pflanzstreifen und somit die spätere Hecke sollte nicht schnurgerade verlaufen, sondern geschwungen. Das erhöht den Grenzlinieneffekt, schafft durch Ein- und Ausbuchtungen zusätzlich vielfältige Standortbedingungen und sieht natürlicher aus. In der Breite reicht ein Freiraum von etwa 60 Zentimetern für eine einreihige Pflanzung.

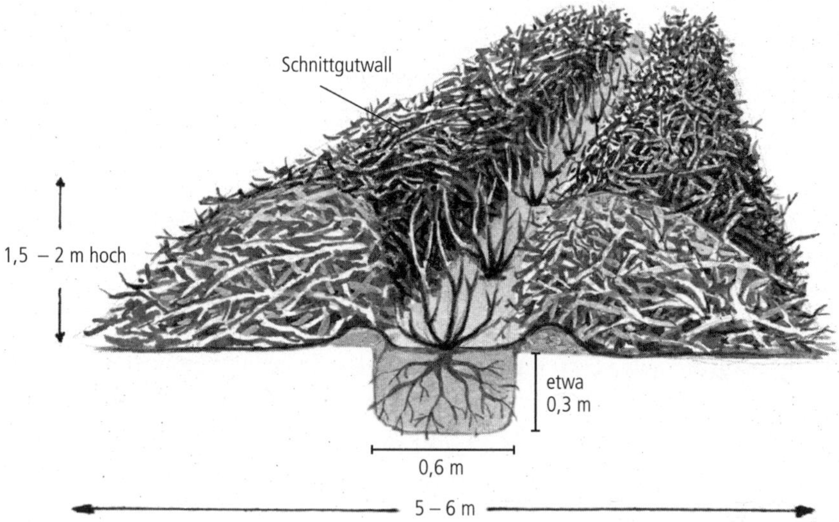

Modifizierte Benjeshecke: Strauchgehölze werden im Schutz eines doppelten Gestrüppwalls gepflanzt. Diese Wälle sollten auch optisch ansprechend aufgeschichtet werden, damit die Heckenpflanzung nicht zum Abladen von Gartenabfällen und Sperrmüll verleitet.

(Reine Pflanzhecken werden dagegen meist dreireihig angelegt.) Das Buschwerk wird von Hand in einer Breite von etwa 2 bis 2,5 Metern und einer Höhe von mindestens 1,5 Metern weder zu locker noch zu fest aufgeschichtet, und zwar fischgrätartig in schrägen Lagen übereinander, wobei die dicken Enden der Äste stets zum Boden, gegen die Hauptwindrichtung und leicht versetzt nach innen zeigen sollten. Anderenfalls besteht die Gefahr, dass vorbeifahrende Landmaschinen an herausstehenden dicken Ästen hängen bleiben und die Gestrüppwälle auseinanderreißen oder dass ein Sturm diese durcheinanderwirbelt.

Auch der optische Eindruck spielt eine große Rolle: Unsachgemäß aufgeschichtete Gestrüppwälle wirken »unordentlich« und verleiten zur wilden Ablagerung von Gartenabfällen und Sperrmüll. Tatsächlich hat dieses Problem schon so manches Benjeshecken-Projekt scheitern lassen, sodass von einer Anlage an häufig frequentierten Feldwegen abzuraten ist. Richtig angelegt, machen die Reisigwälle dagegen einen erstaunlich natürlichen Eindruck. Es empfiehlt sich, erst den einen Wall aufzuschichten, dann die Pflanzung vorzunehmen (siehe ab Seite 167) und die Benjeshecke anschließend zu komplettieren, wobei darauf zu achten ist, die frisch gesetzten Jungsträucher nicht zu beschädigen.

Pflanzung

Als »Erstbewuchs« werden vorrangig Pionierarten der Hecke gepflanzt: Wildrosen, Schlehen und Weißdorne aus gebietseigener Herkunft werden entweder bei notwendigen Entkusselungsmaßnahmen in der Umgebung ausgegraben, als Stecklinge vorgezogen oder über eine spezialisierte Baumschule bezogen. Die Sträucher sollten nicht zu klein sein, um sich möglichst auch ohne aufwendige Folgepflege gegen krautige Pflanzen behaupten zu können, die sich unter den wachstumsfördernden Bedingungen innerhalb der Reisigwälle ebenfalls prächtig entwickeln. Empfehlenswert ist eine Höhe von 100 bis 120 Zentimetern.

Eine modifizierten Benjeshecke sollte am besten im Spätherbst angelegt und gepflanzt werden, damit die gesetzten Sträucher vor der nächsten Vegetationsperiode gut einwurzeln können. Der fällige

Pflanzschnitt kann in diesem Fall auch spärlicher ausfallen: Statt alle Triebe wie sonst üblich um etwa ein Drittel einzukürzen, werden wenige starke Triebe in voller Länge belassen, der Rest wird ganz ausgeschnitten. So ist gewährleistet, dass die langen Triebe einen möglichst großen Wachstumsvorsprung gegenüber der Krautvegetation erhalten. Ein solcher Pflanzschnitt ist notwendig, weil das noch schwach entwickelte Feinwurzelwerk einen zu üppigen Blattbesatz nicht ausreichend mit Wasser versorgen kann.

Es ist darauf zu achten, die Sträucher möglichst erst unmittelbar vor dem Pflanzen zur Hecken»baustelle« zu bringen. Vorher werden sie am besten an einem schattigen Ort »eingeschlagen«, das heißt, die Pflanzen werden in einen provisorischen Pflanzgraben gestellt und das Wurzelwerk mit Erde bedeckt. Ist eine mehrstündige Lagerung am Pflanzort nicht zu vermeiden, sollten die Gehölze zumindest bei sonnigem Wetter im Schatten (sofern vorhanden) liegen oder wenigstens die Wurzeln mit einem Tuch abgedeckt werden, damit sie nicht austrocknen.

Die Pflanzabstände bei Weißdorn und Wildrosen sollten etwa 2 Meter betragen, so ist eine arttypische Gestaltausprägung möglich und man benötigt auch nicht so viele Gehölze. Schlehen können dichter, in einem Abstand von etwa 1,5 Metern und in größerer Zahl gesetzt werden, weil bei dieser Art erfahrungsgemäß mit einer hohen Ausfallquote von bis zu 50 Prozent zu rechnen ist, bei ausgegrabenen Exemplaren ebenso wie bei Baumschulware. Die einzelnen Arten sollten am besten in artreinen Gruppen gesetzt werden, damit sie sich gegenseitig nicht behindern und eine spätere Pflege erleichtert wird.

Brombeeren bräuchten eigentlich nicht gepflanzt zu werden, weil sie sich zuverlässig von selbst einstellen. Dennoch ist es ratsam, Brombeerstecklinge oder ganze Pflanzen aus benachbarten(!) Beständen zu gewinnen und in die Benjeshecke einzubringen. Sie bilden rasch einen Vormantel und bieten Schutz und Struktur, wenn der Strauchschnitt binnen weniger Jahre zusammensackt und sich zersetzt.

Selbstverständlich können auch einzelne Exemplare anderer Arten eingebracht werden, sofern sie in der Region natürlicherweise vorkommen und zum Standort passen. Wegen ihres hohen Wertes für Tiere kommen etwa Wildapfel, Wildbirne, Eberesche oder Salweide infrage.

Dabei ist zu beachten, dass man nicht Gehölze unterschiedlicher Reifestadien einer Hecke »wild durcheinander« pflanzt, etwa konkurrenzstarke Gehölze der Vorwaldgesellschaften wie Hasel, Feldahorn oder Hainbuche neben Pioniergehölzen wie Schlehen und Rosen. Die Pioniere werden sonst bald von den konkurrenzstarken Gehölzen unterdrückt und verdrängt. Letztere sollten, wenn überhaupt, also nur punktuell und mit großem Abstand zu konkurrenzschwächeren Gehölzen eingebracht werden. (Auch in den Schlehen-Hasel-Knicks Ostholsteins repräsentieren die beiden Namen gebenden Arten unterschiedliche Entwicklungsstadien der Hecke auf demselben Standort!) Das Prinzip der modifizierten Benjeshecke beruht ja gerade darauf, eine »Initialzündung« für die Entwicklung einer naturgemäßen Hecke zu starten und die Selbstansiedlung weiterer standortgerechter und gebietsheimischer Straucharten und Baumarten im Schutze der bedornten und bestachelten Ammengehölze abzuwarten. Ein »Sammelsurium« von Arten mit unterschiedlicher Wüchsigkeit und unterschiedlichem Ausschlagverhalten (siehe ab Seite 112) erschwert die spätere Pflege ungemein.

Reine Dornstrauchhecken sind dagegen verhältnismäßig pflegeleicht, ein radikaler Stockhieb entfällt dort völlig, allenfalls müssen ausufernde Schlehen- und Brombeerbestände zurückgedrängt und die Schlehen ab und zu verjüngt werden. Frei wachsende Weißdornhecken bleiben ohne Beschattung durch Bäume auch ohne größere Schnittmaßnahmen meist jahrzehntelang dicht und stabil. Solche Hecken sind für die Vogelwelt und auch für viele Insekten optimal.

Kleinstrukturen wie Baumstubben und Steinhaufen erweitern die Biotopvielfalt zusätzlich, sollten aber so angelegt werden, dass sie nicht zur Vermüllung animieren. Wo der Platz, die Nährstoffverhältnisse des Bodens und die Intensität der angrenzenden landwirtschaftlichen Nutzung es zulassen, sollten sich unbedingt auch Saumgesellschaften aus krautigen Pflanzen entwickeln können. Das Mittel der Wahl ist hierbei die Einsaat. Verschiedene Saatgutproduzenten bieten für unterschiedliche Standortbedingungen passende Samenmischungen an, zunehmend auch aus gebietseigener Produktion. In der Regel kann sich eine solche Saumgesellschaft allerdings nur dann stabil entwickeln, wenn der Boden nicht zu sehr überdüngt ist und von Herbizideinflüssen verschont bleibt.

Zumindest aus Sicht der Vogelwelt ist es besser, statt einer langen Hecke mehrere kleine Gehölzzeilen anzulegen (bis etwa 25 Meter lang), und dazwischen eventuell mehrere »Mini-Feldholzinseln« nach derselben Methode wie eine modifizierte Benjeshecke zu pflanzen.

Auch hierfür noch ein Tipp, zu dem allerdings keine eigenen Erfahrungen vorliegen: Innerhalb eines ringförmigen Gestrüppwalls von nicht mehr als etwa fünf Meter Durchmesser werden außen Schlehen und Brombeeren gepflanzt, innen dagegen Roter Hartriegel. Der Hartriegel bildet durch Ausläufer bald ein Dickicht, das auf Vögel sehr anziehend wirkt. Durch seine Wuchskraft drängt er Schlehen und Brombeeren immer weiter nach außen. So entsteht ein Schutzring für aufwachsende Gehölze, die sich etablieren können, wenn der kurzlebige Rote Hartriegel (wichtig: ohne verjüngenden Rückschnitt!) nach etwa 30 Jahren im Zentrum an Vitalität verliert und verlichtet. Mehrere solcher Keimzellen auf einer größeren Fläche wachsen langsam ineinander und mit den linienförmigen Benjeshecken zusammen. Das erfordert neben Geduld natürlich auch entsprechend viel Platz, den man in der Praxis eher selten in ausreichendem Maße zur Verfügung hat. Mit den bewirtschafteten Nutzhecken unserer Vorfahren haben die »modernen« Naturschutzhecken natürlich kaum mehr etwas gemein.

Hecken im Garten

Die Hecke im Garten ist ein Paradies für Gartenschläfer – und Gartenträumer.

Die bisherigen Ausführungen haben zweierlei deutlich gemacht: Gut erhaltene Hecken sind, in ihrer Gesamtheit betrachtet, sehr artenreiche Lebensräume, geradezu Lebensadern der Landschaft. Insofern wäre es aus Gründen des Naturschutzes sehr erstrebenswert, in der Feldflur ein dichtes Heckennetz wiederherzustellen – selbst dort, wo Hecken bisher fehlten. Andererseits ist die notwendige regelmäßige und fachgerechte Pflege der noch verbliebenen Bestände häufig weder personell noch finanziell zu leisten, wenn die Hecken nicht mehr genutzt werden. Neuanlagen können den herausragenden ökologischen Wert der vom Menschen vernichteten Heckenlandschaften, der gerade durch die regionalen Ausprägungen und die Vielfalt der individuellen Nutzung bedingt war, nicht oder nur in großen Zeiträumen ersetzen, zumal wenn ihre dauerhafte Pflege nicht gesichert ist.

Hecken in der Feldflur sind wie Kopfweiden, Streuobstwiesen oder extensiv beweidete Trockenrasen Relikte einer vergangenen kleinbäuerlichen Nutzung – wenn man so will »Museumshecken«, die am Pflegetropf von Naturschutz- und Landschaftspflegeverbänden oder engagierter Kommunen und Einzelpersonen hängen. Bei allem lobenswerten Einsatz – unter den gegebenen Bedingungen einer immer intensiveren landwirtschaftlichen Nutzung wäre es naiv zu glauben, dass der dramatische Artenschwund in der Agrarlandschaft durch Heckenneupflanzungen entscheidend gebremst, geschweige denn die Entwicklung zum Positiven gewendet werden könnte. Ebenso wenig ist damit zu rechnen, dass die Gesellschaft zukünftig bereit und in der Lage sein wird, entsprechende Finanzmittel für Neuanlage und Pflege von Landschaftshecken bereitzustellen. Allenfalls die steigende Nachfrage nach Holzhackschnitzeln für die regenerative Energieerzeugung mag neue Nutzungsmöglichkeiten eröffnen, aber die Vereinbarkeit mit Naturschutzbelangen erscheint zumindest fraglich.

Wir müssen uns damit abfinden, dass eine flächendeckende Landschaftszerstörung, wie es die Vernichtung sehr vieler Hecken im Rahmen der Flurbereinigung darstellt, nicht mehr rückgängig gemacht werden kann – auch weil sich die Bedingungen grundlegend gewandelt haben, die einst zur Anlage und zur wirtschaftlichen Nutzung der Flurgehölze geführt hatten und mit ihnen die Landschaft als Spiegel der jeweiligen wirtschaftlichen und soziokulturellen Gegebenheiten und Entwicklungen.

Es müssen also neue Konzepte her, die sich an den ursprünglichen Lebensräumen der Heckengehölze und ihrer Bewohner orientieren. Wie ab Seite 29 dargestellt, sind deren ursprüngliche Heimat aufgelockerte Wälder und halboffene Weidelandschaften. Einst sorgten wild lebende große Pflanzenfresser für diese Strukturen, später das Weidevieh der Menschen.

Seit einigen Jahren werden im Naturschutz verstärkt entsprechende großflächige Beweidungskonzepte praktiziert, die die ursprüngliche Dynamik der Landschaftsentwicklung wiederherstellen sollen. Vorreiter waren hier die Niederlande, doch auch in Deutschland gibt es mehr und mehr solcher Projekte. Robuste Rinder- und Pferderassen, teilweise in Kombination mit Rotwild (in den Niederlanden), weiden das ganze Jahr über in relativ geringer Dichte auf großen Flächen (extensive Beweidung) und schaffen so ein dynamisches Mosaik unterschiedlichster Stadien der Gehölzentwicklung in enger Verzahnung – von kurzrasigen Flächen über blütenreiche Säume und Pioniergehölze bis zu waldartigen Beständen. Nur ein solches Mosaik mit ausgeprägten Übergangszonen kann die häufig sehr komplexen Lebensraumansprüche der Hecken- und Saumbewohner auf Dauer erfüllen. Zudem werden auf diesen Flächen weder Pestizide noch Mineraldünger ausgebracht. Hinzu kommt, dass Rinder und Pferde dort unter artgerechten Bedingungen in naturgemäßer Umgebung und in natürlichen Sozial-

Hecken sind lebendige Gartenzäune.

verbänden leben. Solche Landschaften bieten für Naturschutz und Landwirtschaft gleichermaßen neue Perspektiven und haben zudem ein hohes Erlebnispotenzial für Naturtouristen und Erholung suchende Menschen aus der Umgebung.

Es gibt aber noch einen weiteren Landnutzungstyp, der durch das kleinräumige Nebeneinander unterschiedlichster Vegetationsformen und Nutzungen charakterisiert ist. Er kann in gewisser Hinsicht geradezu als das verkleinerte Abbild der in Naturschutzkreisen häufig als idealtypisch angesehenen kleinbäuerlichen Kulturlandschaft gelten, ein Lebensraum mit vielen Hecken und Gebüschen – es ist der menschliche Siedlungsraum mit seinen Gärten, Parks und Grünanlagen.

Chance für den Naturschutz?

In den letzten Jahrzehnten haben immer mehr Tiere und Pflanzen, die durch intensive land- und forstwirtschaftliche Nutzung zunehmend aus der Kulturlandschaft verdrängt werden, neue Lebensräume in Dörfern und Städten gefunden. Allein in der Großstadt Hamburg leben derzeit mehr als 160 Brutvogelarten und fast 50 Säugetierarten, und mit mehr als 1300 wild wachsenden Arten von Blütenpflanzen gehört die norddeutsche Hansestadt sogar zu den acht bedeutendsten Hotspots der floristischen Artenvielfalt in Deutschland.

Ausgesprochenen Spezialisten wie Bewohnern von Mooren oder ausgedehnten alten Wäldern wird man dort zwar nicht begegnen, aber gerade Grenzlinienbewohnern und Arten mit komplexen Biotopansprüchen kommt die kleinräumige Mischung aus Gehölzbeständen, Rasen, Wiesen und Gewässern sehr entgegen. Stimmen die Lebensraumbedingungen, spielt das städtische Umfeld oftmals keine entscheidende Rolle mehr. Das dürfte insbesondere für Insekten und andere Kleintiere gelten, doch wie sieht es beispielsweise mit der diesbezüglich besonders gut untersuchten Vogelwelt aus? Können Hecken im Siedlungsbereich im Vergleich zu Hecken in der Agrarlandschaft für Vögel gleichwertige oder vielleicht sogar bessere Lebensräume sein?

Die Vogelwelt der Hecken und Gebüsche in Parks und Gärten unterscheidet sich in mancherlei Hinsicht von derjenigen der Feldhecken und Knicks. Die Bewohner halboffener Landschaften fehlen in den Grünanlagen dicht bebauter Städte und Ortschaften völlig, weil der menschliche Siedlungsraum nicht ihrem genetisch verankerten Lebensraumschema entspricht. Allenfalls Goldammer und Hänfling brüten mitunter in den Randlagen kleinbäuerlich geprägter Dörfer.

Hingegen besiedeln viele ursprüngliche Bewohner aufgelockerter Wälder im Zuge eines noch immer anhaltenden Verstädterungsprozesses Gärten, Parks und Grünanlagen in teilweise hoher Dichte. Das gilt nicht nur für Höhlenbrüter wie Meisen, die von einem guten Angebot an Nistkästen profitieren, sondern auch für Freibrüter wie Rotkehlchen, Heckenbraunelle, Zaunkönig oder Mönchsgrasmücke. Die Amsel zählt ohnehin seit Jahrzehnten zum Standardinventar jedes Gartens. Manche

Können Hecken im Siedlungsbereich für Vögel gleichwertige oder vielleicht bessere Lebensräume sein als Feldhecken?

Vertreter erreichen aufgrund von teilweise enormen Bestandszuwächsen im durchgrünten Siedlungsraum sogar deutlich höhere Siedlungsdichten als in ihren ursprünglichen Bruthabitaten. Das spricht dafür, dass der Bruterfolg vieler Arten trotz zahlreicher Bedrohungen – durch Katzen, Elstern, Verkehr, Scheibenanflug, Störungen – dort zumindest höher liegt als in Feldhecken.

Tatsächlich kommt die sogenannte Gartenstadt, die Gesamtheit unterschiedlich genutzter Gärten in Kombination mit Parks, Grünanlagen und gehölzreichen Friedhöfen, dem Bild der durch zahlreiche Hecken, Feldgehölze und Kleinstrukturen reich gegliederten Feldflur vergangener Tage recht nahe – wenn auch in kleinerem Maßstab. In der Gartenstadt bieten Einzelbäume, Hecken und Gebüsche, Gartenteiche, Rasenflächen, Stauden- und Gemüsebeete, gepflasterte Terrassen und Steinmauern, Sand- und Kieswege, Komposthaufen, Holzschuppen und begrünte Pergolen ein engmaschig vernetztes und vielfältig ineinander verzahntes Lebensraummosaik. Das bietet viele Brutmöglichkeiten, Singwarten und klare Grenzen zwischen den einzelnen Vogelrevieren. Anders als in den linear aufgebauten Feldhecken und Knicks können Vögel ihre Nester dort stärker in der Fläche verteilen, was Nesträubern die Suche erschwert. Vor allem immergrüne Gehölze – dichtwüchsige Nadelbäume, Thujahecken, Liguster – gewähren schon im zeitigen Frühjahr guten Sichtschutz für die Nester. Sie bieten zudem Brutmöglichkeiten für Arten wie Schwanzmeise, Gimpel und Goldhähnchen, die im Siedlungsraum sonst nicht oder sehr viel seltener vorkämen.

Schnitthecken in Kombination mit höher wachsenden heimischen Gehölzen und Buschgruppen sind von der Struktur her ideal: Die Schnitthecken entsprechen der für viele Vögel so wichtigen geschlossenen Strauchschicht in Bodennähe, die vielen durchgewachsenen Feldhecken inzwischen fehlt. Höhere Sträucher und Bäume erfüllen weitere notwendige strukturelle Lebensraumansprüche und liefern Nahrung in Form von Insekten und Beerenkost. Insofern muss Platzmangel in kleinen Gärten, der die Entfaltung frei wachsender, wuchtiger Hecken nicht erlaubt, kein Nachteil sein (siehe auch ab Seite 152).

Entscheidend für die Bewertung der Gartenstadt als Vogellebensraum, speziell für Freibrüter, ist wie bei den Feldhecken der Bruterfolg. Über anekdotische Befunde hinausgehende systematische Untersuchungen zum Einfluss von Nesträubern und anderen Ursachen von Brutverlusten im Siedlungsbereich scheinen zumindest für den deutschsprachigen Raum nicht vorzuliegen. Der Vogelkundler Andreas Barkow beobachtete in seinem Garten, dass Amseln zwischen März und August bis zu acht Bruten hatten, von denen letztlich nur zwei mit zusammen sieben ausgeflogenen Jungvögeln erfolgreich waren. Das reicht aus, um die hohen Brutverluste und die Wintersterblichkeit auszugleichen. Einen Hinweis auf die insgesamt hinreichend gute Lebensraumqualität der Garten- und Parklandschaft mag die im Vergleich zu den meisten forstwirtschaftlich genutzten Wäldern durchweg positive Bestandsentwicklung vieler Vogelarten im durchgrünten Siedlungsraum liefern. Weil das so ist und weil viele der bei uns häufigen Arten europaweit oder sogar weltweit betrachtet ihren Verbreitungsschwerpunkt in Deutschland haben, kommt der durchgrünten Gartenstadt eine erhebliche Bedeutung für den Erhalt der globalen Artenvielfalt zu.

Klar ist, dass ein einzelner Garten, sei er noch so naturnah angelegt und gepflegt, nur ein Mosaiksteinchen im Gesamtlebensraum einer

Vogelpopulation darstellen kann. Einige Zahlen machen dennoch das gewaltige Potenzial für den Naturschutz deutlich: In Deutschland gibt es derzeit etwa 17 Millionen Privat- und Kleingärten mit einer Gesamtfläche von etwa 930 000 Hektar – das entspricht fast der Gesamtfläche aller 14 deutschen Nationalparks! Hinzu kommen noch die Grünanlagen, Parks und Waldfriedhöfe, die mit den Gärten eng vernetzt sind. Auch Schulhöfe, Spielplätze und sogar Industrieflächen lassen sich durch naturnahe Gestaltung und ein entsprechendes Heckenverbundsystem einbeziehen. Durch stärkere Berücksichtigung heimischer Stauden und Gehölze sowie eine auf die Belange des Naturschutzes abgestimmte Pflege von Hecken und Säumen lässt sich der ökologische Wert des Siedlungsraumes insgesamt noch deutlich steigern.

Exotische Sträucher und Zuchtformen im Garten

In vielen Gärten und Parks wachsen Gehölze aus fremden Ländern wie Rhododendren, Forsythie, Lorbeerkirsche, Feuerdorn oder Chinesischer Wacholder, während heimische Sträucher meist deutlich unterrepräsentiert sind. Aus gestalterischen Gesichtspunkten können Exoten und Zuchtformen im Siedlungsbereich durchaus Bereicherungen sein, allerdings können sie die ökologische Funktion heimischer Vertreter meist nicht annähernd erfüllen.

Tiere und Pflanzen haben sich im Laufe einer langen gemeinsamen Entwicklung (Coevolution) aufeinander eingestellt: So benötigen zum Beispiel die Larvenstadien vieler Insekten ganz bestimmte Futterpflanzen. Die meisten Exoten sind in dieser Hinsicht für heimische Pflanzenfresser nutzlos, auch wenn manche von ihnen – wie der Schmetterlingsstrauch – Nektarquellen für Bienen und Schmetterlinge sind. Auch Vögel bevorzugen eindeutig die Früchte heimischer Sträucher. Im Durchschnitt ernährt ein heimisches Gehölz 21 Vogelarten, ein fremdländisches dagegen nur vier. Besonders schlecht schneiden in dieser Beziehung Exoten ohne heimische Verwandtschaft ab.

Heimische und exotische Gehölze als Futterpflanzen für Vögel im Vergleich

So viele Vogelarten fressen die Früchte folgender Arten (bei den exotischen Gehölzen handelt es sich ausnahmslos um häufig in Gärten und Parks gepflanzte Arten):

Gehölze	Vogelarten		Gehölze
heimisches Gehölz			**exotisches Gehölz mit heimischer Verwandtschaft**
Eberesche, Vogelbeere	63	4	Bastardmehlbeere
Vogelkirsche	48	3	Kaukasus-Kirschlorbeer
Gemeiner Wacholder	43	1	Chinesischer Wacholder
Roter Hartriegel	24	8	Weißer Hartriegel
		2	Gelbholziger Hartriegel
Eingriffeliger Weißdorn	32	3	Lavalls Weißdorn
		2	Scharlachdorn
Gemeine Berberitze	19	7	Thunbergs Berberitze
Wildapfel	19	4	Beerenapfel
Schwarze Heckenkirsche	14	7	Tatarische Heckenkirsche
			exotisches Gehölz ohne heimische Verwandtschaft
		4	Feuerdorn
		2	Essigbaum
		0	Forsythie, Rhododendren, Azaleen

Kohlmeise

Vorsicht ist auch bei Zuchtformen geboten. So gibt es etwa vom heimischen Schneeball *(Viburnum opulus)* eine Sorte mit gefüllten Blüten *(Viburnum opulus 'sterile')*. Wie der Sortenname *'sterile'* bereits ausdrückt, sind ihre gefüllten Blüten unfruchtbar, weil die Staubgefäße zu zusätzlichen Blütenblättern umgewandelt sind. Weder liefert die Pflanze zur Blütezeit Nektar und Pollen noch setzt sie später Beeren an. In diesem Fall wurde ein wertvoller Wildstrauch zur reinen Dekoration verzüchtet.

Ein anderes Beispiel: Die Weibchen des Nierenfleck-Zipfelfalters legen ihre Eier an Prunus-Arten wie Schlehe und Pflaume und deren Verwandten, so auch an die (nichtheimische) Kirschpflaume. Von diesem Gehölz gibt es auch eine rotlaubige Zuchtform (»Blutpflaume«), die in Gärten und Parks verbreitet ist. Offensichtlich wirkt ihr Duft auf die Falterweibchen anziehender als der der grünlaubigen Wildformen, sodass sie ihre Eier bevorzugt auf der Blutpflaume ablegen. Doch während die grün gefärbten Raupen im grünen Laub perfekt getarnt sind, fallen sie auf den tiefroten Blättern der Zuchtform stark auf und werden daher ein leichtes Opfer der Vögel.

Und noch etwas spricht für die Verwendung heimischer Gewächse: Sie sind nicht nur ökologisch wertvoller als die Exoten, sondern in der Regel auch viel robuster und nicht zuletzt auch deutlich kostengünstiger. Allerdings wäre es sicherlich übertrieben, grundsätzlich jede nichtheimische Art aus dem Garten zu verbannen, zumal einige wie Flieder oder Bauernjasmin auf eine lange gärtnerische Tradition zurückblicken. Heimische Sträucher sollten jedoch mindestens zwei Drittel des Gehölzbestandes im Siedlungsraum ausmachen, im Zweifel sollte die Entscheidung daher für

Fliederblüten verströmen einen betörenden Duft.

den Wildstrauch fallen, also etwa Kornelkirsche statt Forsythie, Weißdorn und Holunder statt Rhododendron und Ranunkelstrauch. Eine Auswahl exotischer Ziersträucher, die sich für naturnahe Hecken und Strauchpflanzungen im Garten eignen, finden Sie ab Seite 187.

Einige Ziersträucher mit Wildcharakter oder naturnahe Zuchtformen, zum Beispiel von Wildrosen, lassen sich jedoch auch gut mit heimischen Wildgehölzen kombinieren und können mit Blüten oder Früchten zusätzliche Akzente in der Hecke setzen. Grundsätzlich besteht jedoch bei einigen Arten, zum Beispiel Kartoffelrose, Schneebeere, gebietsweise auch Schmetterlingsstrauch, Flieder und Spiersträuchern, die Gefahr der Verwilderung, sodass besonders in Gärten, die an die freie Landschaft grenzen, Vorsicht geboten ist. Keinesfalls dürfen solche Pflanzen mit Gartenabfällen in die Umgebung entsorgt werden (was ohnehin unbedingt unterbleiben sollte, um unerwünschte Nährstoffanreicherungen und eine Gefährdung einheimischer Pflanzen zu vermeiden!).

Heimische Exoten

In diesem Zusammenhang sei auch auf die »heimischen Exoten« hingewiesen: Auch grundsätzlich in Deutschland heimische Arten können außerhalb ihres häufig regional begrenzten Gebietes, in dem sie vorkommen, »Exoten« sein, siehe auch ab Seite 33: So ist etwa die in Süddeutschland beheimatete Berberitze *(Berberis vulgaris)* im Norden ebenso wenig heimisch wie die aus Ostasien stammende Berberitze *Berberis thunbergii.* Ob es in diesem Fall besser wäre, die mitteleuropäische statt der exotischen Art zu pflanzen, muss an dieser Stelle offen bleiben. Im Siedlungsraum spielen diese Erwägungen keine so entscheidende Rolle wie in der freien Landschaft. Obwohl auch im Garten die Berücksichtigung gebietsheimischer Herkünfte grundsätzlich wünschenswert ist, mögen dort die gärtnerische Freiheit und der persönliche Geschmack den Ausschlag geben.

Giftpflanzen im Garten

Nur wenige heimische Wildsträucher sind tatsächlich stark giftig. Dazu zählt die Eibe, bei der mit Ausnahme des leuchtend roten, fleischigen Samenmantels alle Teile, also auch die Nadeln, ein für den Menschen wirksames Gift enthalten. Der Verzehr der attraktiven Früchte bleibt daher ohne Folgen für die Gesundheit, solange die kleinen Samen selbst nicht zerkaut werden. Eine wirkliche Gefahr geht dagegen von den roten Beeren des Seidelbasts *(Daphne mezereum)* aus: Bereits der Verzehr von einigen wenigen Früchten reicht aus, um ein Kleinkind zu töten. Wo kleine Kinder im Haushalt leben, sollte man daher auf diesen früh blühenden Kleinstrauch im Garten verzichten oder aber die attraktive Sorte *'rubra select'* (Roter Seidelbast) wählen, die keine Früchte trägt.

Die Beeren anderer Straucharten sind ungenießbar bis leicht giftig, zum Beispiel von Liguster, Heckenkirsche, Schneeball oder Kreuzdorn. Häufig treten gesundheitliche Beeinträchtigungen aber erst nach dem Verzehr größerer Mengen auf, was durch den bitteren oder unangenehmen Geschmack dieser Früchte jedoch selten vorkommt. Selbst die im gekochten Zustand so gesunden und vielfältig in der Küche verwendbaren Beeren des Schwarzen Holunders sind roh genossen unbekömmlich bis leicht giftig. Über eine mögliche Giftigkeit oder Unbekömmlichkeit der Früchte einzelner Wildstraucharten finden Sie entsprechende Angaben in den jeweiligen Pflanzenporträts ab Seite 173.

Auf jeden Fall besteht kein Anlass, solche Arten generell aus dem Siedlungsraum zu verbannen. Aufklärung und gute Artenkenntnis helfen viel besser, Zwischenfälle zu vermeiden, als diese Gehölze gar nicht erst zu pflanzen und den Kindern so die Möglichkeit zu nehmen, möglicherweise unbekömmliche oder giftige Früchte von genießbaren unterscheiden zu lernen. Im Übrigen müsste man dann konsequenterweise auch zum Beispiel Bohnen und Kartoffeln aus dem Garten verbannen, die roh genossen ebenfalls giftig sind, desgleichen viele weitverbreitete Zimmerpflanzen. Die Gefahren durch den Straßenverkehr, durch irrtümlich als Bonbons verschluckte Medikamente, Haushaltsreiniger und Ähnliches sind jedenfalls (von den oben genannten Ausnahmen abgesehen) um ein Vielfaches größer als das Risiko, sich ernsthaft an heimischen Wildsträuchern zu vergiften.

Planung, Pflanzung und Pflegeschnitt von Strauchgehölzen im Garten

Jeder Garten ist individuell und erfordert entsprechend eine individuelle Planung. Musterpflanzpläne, wie sie in manchen Ratgeberbüchern dargestellt sind, werden den konkreten Verhältnissen vor Ort in den seltensten Fällen gerecht und sind daher nicht ohne weiteres umsetzbar. Allenfalls können sie der Orientierung dienen, welche Gehölze miteinander kombiniert werden können. Entsprechende Artenkombinationen finden sich weiter unten in diesem Kapitel. Wohl aber ist es möglich, Prinzipien der Planung und Gestaltung zu vermitteln.

Mit Gehölzen und Stauden entsteht ein lauschiger Sitzplatz im Garten.

Planung

Ob Neuanlage einer Hecke oder Umgestaltung einer bestehenden Pflanzung – wichtig ist in jedem Fall eine sorgfältige Planung, denn die langlebigen Sträucher und Bäume prägen den Garten wie kaum ein anderes Gestaltungselement. Sind sie erst einmal einige Jahre gewachsen, sind Fehler im Nachhinein nur schwer und mit großem Aufwand zu korrigieren.

Bei der Planung sind verschiedene Punkte zu beachten:

- Bestandsaufnahme der vorhandenen Bepflanzung,
- Gliederung des Gartens und Bezug zu anderen Gartenelementen,
- Berücksichtigung von benachbarten Bauten und Pflanzungen,
- Beachtung nachbarschaftsrechtlicher Bestimmungen,
- Analyse der Standortbedingungen (Beschattung, Boden),
- Artenauswahl nach unterschiedlichen Kriterien,
- Planung von Heckensäumen und Kleinstrukturen,
- Pflanzplan.

Vor allem bei älteren, bereits eingewachsenen Grundstücken, die man vielleicht erworben oder geerbt hat oder vor Jahren unter anderen Gesichtspunkten bepflanzt hat, sind oft Kompromisse nötig, will man nicht einen radikalen Kahlschlag veranstalten. Oft lässt sich durch behutsame Umgestaltung, durch den Ersatz einzelner Gehölze oder eine ergänzende Pflanzung, schon eine Menge erreichen. Grundlage hierfür ist eine gründliche **Bestandsaufnahme.**

Alte Laubbäume sollte man auf jeden Fall schonen, die viel zu groß und licht gewordene Fichtenreihe an der Grundstücksgrenze kann und sollte aber zum Beispiel entfernt und durch eine Strauchhecke ersetzt werden. In diesem Fall müssen natürlich auch die Stubben und Wurzeln der Fichten entfernt oder zumindest mit einer Stubbenfräse bearbeitet werden und der durch die Nadeln versauerte Boden aufgekalkt werden, bevor eine Neupflanzung vorgenommen wird. Ist bereits eine frei wachsende Hecke oder Gehölzgruppe mit Ziersträuchern vorhanden, sollte man entscheiden, welche Ziersträucher man davon stehen lassen möchte und welche nach und nach durch heimische Gehölze ersetzt werden sollen.

Schnitthecken lassen sich leider nicht ohne weiteres in frei wachsende Hecken umwandeln, etwa indem man sie nicht mehr schneidet. Bei einer Schnitthecke stehen die einzelnen Pflanzen sehr dicht und würden sich bei fehlender Pflege gegenseitig Licht und Raum streitig machen, hoch aufwachsen und unten verkahlen. Sofern der Platz ausreicht, kann man die Schnitthecke entweder durch eine frei wachsende Hecke ersetzen oder sie ansonsten mit Gebüschinseln ergänzen, etwa in einer Grundstücksecke. Hierbei müssen Sie darauf achten, dass die Schnitthecke dadurch nicht zu sehr beschattet wird, damit sie nicht verkahlt. Das gilt vor allem für lichthungrige Vertreter wie Weißdorn und Liguster. Deutlich toleranter gegenüber Beschattung sind zum Beispiel Hainbuche und Feldahorn. Idealerweise sollten größere frei wachsende Gehölze auf der Nordseite oder der Westseite einer Schnitthecke stehen. Es empfiehlt sich außerdem, einen ausreichenden Abstand zwischen frei wachsenden Büschen und Schnitthecke zu lassen, damit man sie bequem schneiden kann.

Leichter hat man es natürlich bei einem noch unbepflanzten Grundstück. Häufig findet man Hecken entlang von Grundstücksgrenzen, aber gerade kleine und lang gestreckte Gärten gewinnen an räumlicher Tiefe und Spannung, wenn sie durch (niedrige) Hecken oder Gebüschinseln so gegliedert werden, dass sie nicht mit einem Blick überschaubar sind (siehe auch Seite 157).

Andererseits ist es gerade bei kleinen Grundstücken wichtig, sich trotz der räumlichen Gliederung nicht gänzlich den Blick zu verstellen. Dort sollten daher kleiner bleibende Gehölze gepflanzt werden, von denen es eine ausreichende Anzahl gibt.

Diese **Gliederung des Gartens** sollte man zunächst skizzieren und dann versuchen, es sich konkret vorzustellen. Dabei können Stöcke helfen, die man an Ort und Stelle in den Boden steckt und sich anhand dieser Anordnung dann dort eine Hecke oder Strauchgruppe denkt. Mit ein bisschen Übung gelingt das ganz gut.

Berücksichtigt werden muss auch die **Beziehung zu anderen** vorhandenen oder geplanten **Gartenelementen** wie Rasen, Teich oder Gemüsebeet. Hier spielt nicht nur die direkte Raumkonkurrenz eine Rolle, sondern auch Auswirkungen wie Wurzelkonkurrenz oder

Niedrige Sträucher für den Garten

Auswahl kleinwüchsiger Sorten sonst größer werdender heimischer Wildsträucher	
Niedrige Heckenkirsche *(Lonicera xylosteum 'compactum')*	bis 100 cm hoch
Zwergschneeball *(Viburnum opulus 'compactum')*	bis 100 cm hoch
Zwerg-Feldahorn *(Acer campestre 'nanum')*	40 – 120 cm hoch
Zwergweißdorn *(Crataegus monogyna 'compactum')*	30 – 50 cm hoch
Auswahl kleinwüchsiger heimischer Wildsträucher	
Bibernellrose *(Rosa pimpinellifolia)*	20 – 100 cm hoch
Essigrose *(Rosa gallica)*	50 – 100 cm hoch
Zimtrose *(Rosa majalis)*	100 – 150 cm hoch
Apfelrose *(Rosa villosa)*	50 – 200 cm hoch
Filzrose *(Rosa tomentosa)*	50 – 200 cm hoch
Lederrose *(Rosa caesia)*	100 – 150 cm hoch
Himbeere *(Rubus idaeus)*	100 – 150 cm hoch
Rote Johannisbeere *(Ribes rubrum* – auch in Sorten)	100 – 150 cm hoch
Schw. Johannisbeere *(Ribes nigrum* – auch in Sorten)	100 – 150 cm hoch
Stachelbeere *(Ribes uva-crispa* – auch in Sorten)	100 – 150 cm hoch
Besenginster *(Cytisus scoparius)*	150 – 200 cm hoch
Roter Geißklee *(Cytisus purpureus)*	40 – 70 cm hoch
Schwarzer Geißklee *(Cytisus nigricans)*	50 – 130 cm hoch
Mannsblut *(Hypericum androsaemum)*	60 – 100 cm hoch
Schwarze Heckenkirsche *(Lonicera nigra)*	100 – 200 cm hoch
Auswahl kleinwüchsiger exotischer Ziersträucher	
Zierquitte *(Chaenomeles japonica)*	100 – 150 cm hoch
Thunbergs Berberitze *(Berberis thunbergii)*	100 – 200 cm hoch
Kartoffelrose *(Rosa rugosa)*	100 – 150 cm hoch
Weidenspierstrauch *(Spiraea salicifolia)*	100 – 200 cm hoch
Sommerspiere *(Spiraea bumalda* – in Sorten)	50 – 150 cm hoch
Edelginster *(Cytisus praecox* – in Sorten)	100 – 150 cm hoch
Pfeifenstrauch (Philadelphus-Hybriden – kleinw. Sorten)	100 – 150 cm hoch

Beschattung. Andererseits können niedrige Hecken oder Einzelbüsche, geschickt angeordnet, die einzelnen Elemente optisch miteinander verbinden und Blickbezüge herstellen.

Schließlich ist es ratsam oder im Einzelfall sogar notwendig, auch die **Gegebenheiten außerhalb** der eigenen **Grundstücksgrenzen** in die Planung mit einzubeziehen: Wirft zum Beispiel das doppelstöckige Nachbarhaus auf der Südseite viel Schatten? Lässt sich eine attraktive Strauchgruppe auf dem Nebengrundstück oder das Feldgehölz in der angrenzenden Feldflur optisch in die eigene Planung einbeziehen? Was tun, wenn dort, wo man selbst eine Hecke mit heimischen Sträuchern anlegen möchte, die immergrüne Thujahecke des Nachbarn das Grundstück begrenzt?

In jedem Fall sind die **Grenzabstände** einzuhalten, die das Nachbarschaftsrecht vorschreibt. Diese Bestimmungen, die in den einzelnen Bundesländern in Deutschland, Österreich und der Schweiz etwas variieren können, legen fest, wie hoch ein an die Grundstücksgrenze gepflanztes Gehölz maximal werden darf beziehungsweise welche Grenzabstände für höher wachsende Sträucher und Bäume einzuhalten sind. Auskünfte über die jeweils geltenden Regelungen erteilen die Stadt- und Gemeindeverwaltungen. Im Idealfall einigt man sich mit dem Nachbarn auf eine gemeinsam gepflanzte und gepflegte Hecke, die dann auch entsprechend höher und breiter werden kann.

Für die Auswahl geeigneter Gehölze und Begleitstauden sind auch die **Standortverhältnisse** von Bedeutung. Hier ist vor allem die Verteilung von Licht und Schatten wichtig: Viele lichtbedürftige Pflanzen gedeihen im Schatten nicht recht und blühen weniger. Die Bodenverhältnisse sind hingegen anders als in der freien Landschaft meist nicht so entscheidend, denn die meisten Sträucher gedeihen gut im durchschnittlichen Gartenboden. Extreme Bedingungen wie Staunässe oder sehr trockene, saure Sandböden erfordern allerdings eine entsprechend angepasste Artenauswahl.

Grundsätzlich wäre natürlich in diesem Fall eine Bodenverbesserung, zum Beispiel durch das Aufbringen von Mutterboden, denkbar, doch sollte man gerade auch denjenigen Pflanzen eine Chance geben, die auf solch spezielle Standorte angewiesen und in der freien

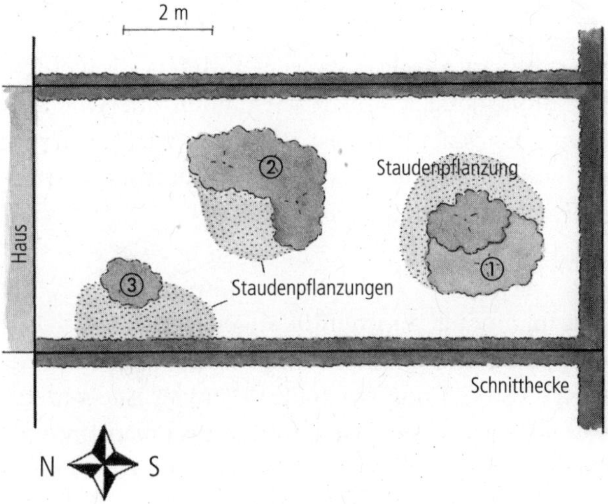

Gestaltungsbeispiel eines Reihenhausgartens: Das von Schnitthecken umgebene Grundstück wird optisch gegliedert durch niedrige Gehölzpflanzungen und Wildstaudenbeete. 1: mittelgroßer Einzelstrauch oder Buschgruppe 2: niedrige Strauchgruppe 3: kleiner Einzelstrauch

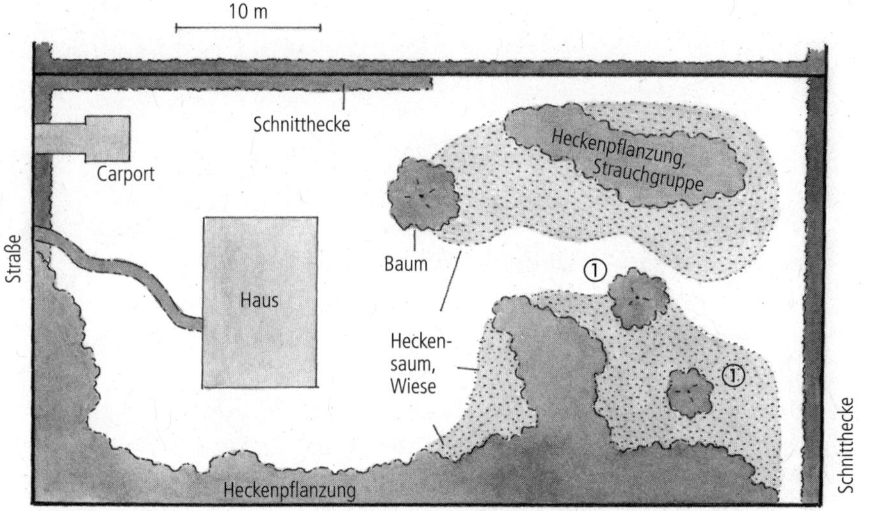

Gestaltungsbeispiel eines großen Grundstücks mit Hecken, Strauchgruppen, Einzelgehölzen und Wildstauden: Anordnung und abwechslungsreiche Linienführung schaffen vielfältige Lebensräume und optische Spannung. Falls der Nachbar in diesem Beispiel nicht mit einer gemeinsamen frei wachsenden Hecke im Grenzbereich einverstanden ist, sollte man größer werdende Sträucher mit entsprechendem Abstand zur Grenze setzen, auf zulässiger Höhe halten oder gleich kleiner bleibende Arten wählen. Im Bereich der Schnitthecke sollte man die Wiese eine Rasenmäherbreite kurz mähen zum besseren Schneiden der Hecke.
1: Großstrauch (Solitär) oder kleinkroniger Baum, zum Beispiel ein Obstbaum

Landschaft deshalb oft selten geworden sind. Viele Stauden und Kräuter etwa gedeihen besonders gut auf mageren Böden, anderenfalls werden sie leicht von Gräsern, Brennnesseln und Hochstauden überwuchert. Dies bei der Planung zu berücksichtigen, ist nicht nur wichtig, wenn man eine Blumenwiese anlegen möchte, sondern auch, wenn man sich einen bunt blühenden Heckensaum wünscht.

Auswahl der Arten

Trotz mancher standortbedingter Einschränkungen fällt angesichts der Fülle heimischer Wildsträucher und exotischer Ziersträucher die Auswahl der Arten oft schwer. Grundsätzlich gilt: Weniger ist oft mehr. Statt eines bunten, wahllos zusammengestellten Baumschulsortiments sollte man die Gehölze nach bestimmten Gesichtspunkten zusammenstellen, die man natürlich auch kombinieren kann.

Auswahl heimischer Wildrosen für Hecken in Garten und Landschaft

Großwüchsig: Hundsrose *(Rosa canina)*, Weinrose *(R. rubiginosa)*, Buschrose *(R. corymbifera)*
Mittelgroßwüchsig: Feldrose *(R. agrestis)*, Apfelrose *(R. villosa)*, Filzrose *(R. tomentosa)*, Kratzrose *(R. scabriuscula)*, Rotblättrige Rose *(R. glauca)*
Kleinwüchsig: Zimtrose *(R. majalis)*, Bibernellrose *(R. pimpinellifolia)*, Kriechrose *(R. arvensis)*, Essigrose *(R. gallica)*, Kartoffelrose *(R. rugosa* – eingebürgerte Art aus Ostasien, nicht für Landschaftshecken verwenden!)

Themenhecken

Im Folgenden drei Beispiele, wie sich Heckensträucher nach bestimmten Schwerpunkten zusammenstellen lassen.

Naschhecke aus Sträuchern mit essbaren Früchten:
Rote Johannisbeere, Schwarze Johannisbeere, Stachelbeere, Himbeere, Brombeeren*, Wildrosen, Schlehe*, Kirschpflaume, Berberitze, Scheinquitte, Mispel, Kornelkirsche, Felsenbirne, Eberesche (Vogelbeere), Schwarzer Holunder, Traubenkirsche, Hasel, dazu verschiedene Obstbäume.

Vogelschutzhecke mit bedornten oder bestachelten Sträuchern:
Weißdorn, Schlehe*, Kreuzdorn, Brombeeren*, Stachelbeere, Wildrosen, Berberitze, Feuerdorn (immergrün!).

Futterhecke für Tiere mit Straucharten, die bei Säugern, Vögeln und Insekten besonders beliebt sind: Weißdorn *(Insekten, Vögel, Säuger),* Schlehe* *(Insekten, Vögel, Säuger),* Wildrosen *(Insekten, Vögel, Säuger),* Brombeeren* *(Insekten, Vögel, Säuger),* Kreuzdorn *(Insekten, Vögel, Säuger),* Faulbaum *(Insekten, Vögel, Säuger),* Rote Heckenkirsche *(Insekten, Säuger),* Wildapfel oder Kulturapfel *(Vögel, Säuger),* Himbeere *(Vögel, Säuger),* Hasel *(Insekten, Säuger),* Feldahorn *(Insekten, Vögel),* Eberesche, Vogelbeere *(Insekten, Vögel),* Wildkirsche oder Kulturkirsche *(Vögel),* Wildbirne oder Kulturbirne *(Säuger),* Kornelkirsche *(Säuger),* Schwarzer Holunder *(Vögel),* Salweide *(Insekten).*

Weitere bei den einzelnen Tiergruppen beliebte Futtersträucher sind den jeweiligen »Hitlisten« auf den Seiten 72, 92 und 97 zu entnehmen.

*__Schlehen__ und **Brombeeren** sind im Garten nicht unproblematisch, weil sie stark wuchern können. In kleinen Gärten sollte man darauf besser verzichten oder für die »Naschhecke« Kulturbrombeeren wählen. Aus demselben Grund blieb an dieser Stelle auch der Sanddorn *(Hippophae rhamnoides)* unberücksichtigt, der außerdem keine typische Heckenpflanze ist. Für kleinere Kinder können stark bedornte Sträucher ein Gefahrenrisiko darstellen.

Bei der Anlage einer **Blütenhecke** sollte die Auswahl der Gehölze so erfolgen, dass vom zeitigen Frühjahr bis in den Sommer hinein nacheinander immer etwas blüht, ehe dann dekorative Früchte weitere farbige Akzente bis in den Winter hinein setzen. Durch geschickte Auswahl von Stauden im Heckensaum lassen sich zusätzliche Blüheffekte erzielen.

Die nachfolgende Tabelle zeigt eine Auswahl heimischer Gehölze und robuster Ziersträucher für eine Blütenhecke. Mit Angaben zu Blütezeiten, beginnendem Fruchtansatz sowie Blüten- und Fruchtfarben können individuelle Kombinationen zusammengestellt werden. Zu beachten ist, dass es sich bei den Zeitangaben um Mittelwerte handelt, da Blühbeginn und Fruchtansatz wetterabhängig sind und auch regional unterschiedlich sein können. So beginnt die Blüte vor allem der Frühjahrsblüher in klimabegünstigten Lagen Süddeutschlands naturgemäß einige Tage oder sogar Wochen früher als im Norden oder in höheren Lagen. Die Blühabfolge bleibt jedoch in der Regel konstant.

Blütenhecke aus heimischen Gehölzen und robusten Ziersträuchern

Auswahl für überwiegend sonnige Standorte

Deutscher Name	Blütenfarbe	Fruchtfarbe	Feb.	März	April	Mai	Juni	Juli	Aug.	Sept.	Okt.
Kornelkirsche	gelb	rot	❀	✿					○	●	
Forsythie	gelb	- kF -		✿	✿						
Zierquitte	ziegelrot	grün-gelb		✿	✿			○	●		
Schlehe	weiß	blau			✿					○	●
Kupfer-Felsenbirne	weiß	blau-schwarz			✿				●	●	

✿ = Blütezeit ● = Fruchtreife kF = keine zierenden Früchte

❀, ○ = Blütezeit bzw. Zeit der Fruchtreife beginnt teilweise bereits.

** Verschiedene Sorten blühen häufig zeitlich unterschiedlich, durch Kombination früh und spät blühender Sorten von Ziersträuchern lässt sich vor allem die sommerliche Blütezeit verlängern.*

Deutscher Name	Blütenfarbe	Fruchtfarbe	Feb.	März	April	Mai	Juni	Juli	Aug.	Sept.	Okt.
Traubenkirsche	weiß	rot-schwarz			(✿)	✿		(🍎)	🍎		
Weißdorn	weiß	rot				✿				(🍎)	🍎
Berberitze	gelb	rot				✿				🍎	
Flieder	purpur, lila, weiß	- kF -				✿					
Wolliger Schneeball	cremeweiß	rot bis schwarz				✿			🍎		
Rote Heckenkirsche	weiß bis hellgelb	glasig rot				✿	✿		🍎		
Eberesche, Vogelbeere	weiß	orange-rot				✿	✿	(🍎)	🍎		
Gemeiner Schneeball	weiß	rot				✿	✿			(🍎)	🍎
Kolkwitzie	rosa	- kF -				✿	✿				
Zierapfel*	weiß, rosa, rot	gelb, rötlich				✿	✿			🍎	🍎
Wildrosen	rosa, (weiß)	rot				(✿)	✿	✿	🍎	🍎	🍎
Weigelie*	rosa, rot	- kF -				✿	✿	✿	✿		
Schwarzer Holunder	cremeweiß	schwarz					✿			🍎	
Sommerspiere*	karminrot, rosa	- kF -					✿	✿	✿	✿	
Schmetterlingsstrauch*	rosa, lila, purpur, weiß	- kF -						✿	✿	✿	

✿ *= Blütezeit* 🍎 *= Fruchtreife kF = keine zierenden Früchte*

(✿), (🍎) *= Blütezeit bzw. Zeit der Fruchtreife beginnt teilweise bereits.*

* *Verschiedene Sorten blühen häufig zeitlich unterschiedlich, durch Kombination früh und spät blühender Sorten von Ziersträuchern lässt sich vor allem die sommerliche Blütezeit verlängern.*

Nicht vergessen sollte man bei der Planung Staudensäume und Kleinbiotope, welche die Hecke gerade im Garten ökologisch enorm aufwerten, siehe auch ab Seite 42.

Pflanzplan

Alle Vorüberlegungen fließen schließlich in einen detaillierten Pflanzplan ein. Hierbei wird konkret festgelegt, welche Gehölze in welcher Kombination wohin gepflanzt werden. Nachbarschaft und Pflanzabstände richten sich dabei nach der zu erwartenden Größe und Wüchsigkeit der ausgewählten Arten.

Starkwüchsige und ausbreitungskräftige Arten wie Hasel, Holunder oder Roten Hartriegel sollte man nicht unmittelbar neben weniger schnell wachsende Vertreter wie Weißdorn oder Kornelkirsche pflanzen oder entsprechend große Pflanzabstände lassen.

Ein häufiger Fehler ist eine viel zu dichte Pflanzung bei frei wachsenden Hecken. Die Pflanzabstände sollten bei mittelgroßen Sträuchern je nach Art 2 bis 2,5 Meter betragen, bei ausladenden Großsträuchern wie der Hasel auch mehr, damit sich die jeweils arttypische Wuchsform entwickeln kann und sich die Gehölze keine übermäßige Konkurrenz machen. Anderenfalls wachsen sie im Kampf ums Licht hoch und sperrig auf, verkahlen von unten und zwingen so zu ständigen Schnittmaßnahmen. Kleinere Arten benötigen geringere Pflanzabstände, man pflanzt sie am besten zu mehreren zusammen, was viel natürlicher wirkt als eine bunt zusammengewürfelte Mischung verschiedener Arten. Man kann auch mehrere benachbarte Gehölzgruppen zusammenstellen und die Abstände zwischen ihnen mit robusten Decksträuchern wie Heckenkirsche oder Schneebeere füllen.

In den Pflanzplan werden zunächst die großen Leitgehölze und gegebenenfalls Kleinbiotope eingezeichnet, dann die übrigen Arten und zum Schluss kleine Blütengehölze zur Vorpflanzung sowie Begleitstauden. Lichtbedürftige Pflanzen kommen auf die Sonnenseite der Hecke, schattentolerante auf die Nordseite oder Westseite.

Bei der Gestaltung ist grundsätzlich zu beachten, dass gerade Linien immer unnatürlich wirken. Wenn der Platz es also zulässt, sollte man eine frei wachsende Hecke nicht schnurgerade anlegen, sondern in geschwungenen Linien, mit Ein- und Ausbuchtungen und wechselnder Breite. Steht die Hecke an der Grundstücksgrenze, kann sie wenigstens zur Gartenseite hin unregelmäßig geformt sein. Eine Schnitthecke dagegen legt man besser in einer gerade Linie an, weil die Pflege anderenfalls deutlich aufwendiger ist und durch gegenseitige Beschattung auch die gewünschte dichte Heckenstruktur leidet. Anstelle einer längeren Hecke kann man auch kürzere Abschnitte mit größeren oder kleineren Strauchinseln oder Solitärgehölzen kombinieren. Der Fantasie sind hierbei keine Grenzen gesetzt, wohl aber in der Regel dem zur Verfügung stehenden Platz.

Neben ohnehin klein bleibenden Wild- und Ziersträuchern gibt es mittlerweile auch von diversen heimischen Großsträuchern kleinwüchsige Varianten im Baumschulangebot, sodass man auch bei beschränkten Platzverhältnissen nicht darauf verzichten muss (siehe auch Seite 155). Ansonsten sind Schnitthecken bei Platzmangel das Mittel der Wahl. Sie erreichen zwar nicht den vollen ökologischen Wert einer frei wachenden Gehölzpflanzung, lassen sich aber wie bereits erwähnt mit frei wachsenden Strauchgruppen kombinieren. Und wer nur Platz für einen Solitär hat, sollte sich für einen Weißdorn entscheiden: Er blüht und fruchtet prächtig, bietet brütenden Vögeln Schutz und zahlreichen Tieren Nahrung. Außerdem wächst er recht langsam und lässt sich bei Bedarf willig zurückschneiden. Der Weißdorn ist wahrlich »ein Strauch für alle Fälle«. Und vielleicht ist ja auch noch Platz für ein oder zwei mittelgroße Wildrosen und einen Holunder an seiner Seite – eine ökologisch wertvolle, zudem üppig blühende und fruchtende Kombination!

Den fertigen Pflanzplan gleicht man abschließend vor Ort noch einmal ab und nimmt eventuelle letzte Korrekturen vor, bevor es an die praktische Umsetzung geht.

Ein Beispiel

Zur Illustration ist nachfolgend ein solcher von mir erstellter Plan für eine Heckenpflanzung auf einem Teil eines knapp 2600 Quadratmeter großen Privatgrundstücks in Westmecklenburg (Techiner Heckenlandschaft) dargestellt.

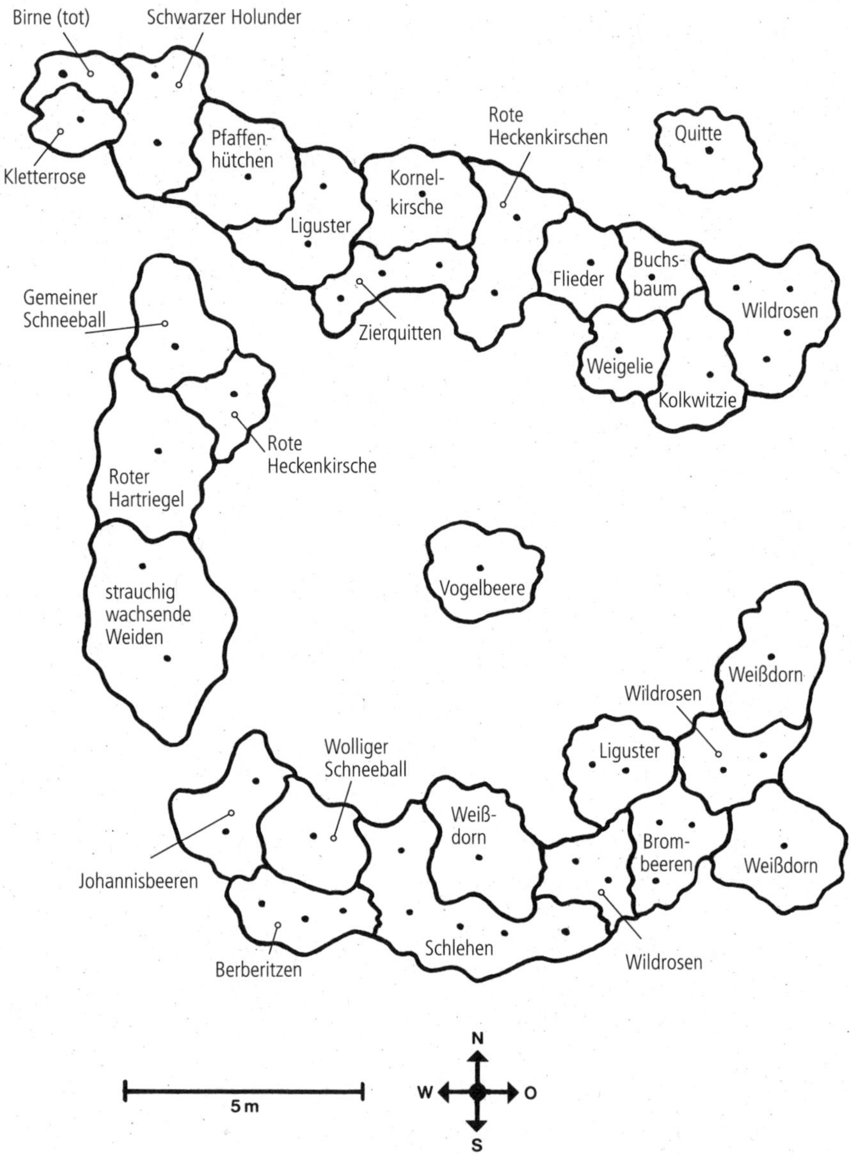

Beispiel einer Heckenpflanzung auf einem Teil eines knapp 2600 Quadratmeter großen Privatgrundstücks in der Techiner Heckenlandschaft in Westmecklenburg

Eine Grundstruktur der Hecke war bereits vorhanden, einige Gegebenheiten wie ein abgestorbener Birnbaum und spontan aufgewachsenes Holundergebüsch wurden in die Planung integriert, desgleichen einige andere an passender Stelle vorhandene Gehölze wie ein größerer Buchsbaum, eine Hundsrose und zwei Johannisbeersträucher. Die meisten der ursprünglich zahlreich vorhandenen Weidenbüsche sowie eine Forsythiengruppe wurden entfernt.

Überwiegend an den Grundstücksgrenzen wachsen außerdem diverse Obstbäume (Äpfel, Birnen, Pflaumen, Kirschen, Quitte, Walnuss) sowie verschiedene heimische Bäume und Großsträucher wie Haseln, Hainbuchen, Eschen, Ulmen und Linden. Die Hecke konnte daher nicht direkt an die Grenze gesetzt werden, zum einen, um die Obstgehölze an der Südseite entlang der Straße ungehindert pflegen und beernten zu können, zum anderen wegen des Schatten- und Wurzeldrucks der vornehmlich auf der Ostseite auf einem Steinriegel stehenden Bäume. Im Norden sollte der freie Blick auf die angrenzende offene Wiesenlandschaft erhalten bleiben. Um das Wohnhaus im Westen und vor allem ein Ferienhäuschen auf der Nordseite des Grundstücks nicht zu sehr zu beschatten, soll die Heckenpflanzung von einzelnen Büschen abgesehen nicht allzu sehr in der Höhe und Breite ausufern, die Pflanzabstände konnten daher teilweise etwas enger gewählt werden als bei einer frei wachsenden Hecke.

Pflanzung

Spätestens jetzt stellt sich die Frage nach der Beschaffung der gewünschten Sträucher. Der Gang ins nächste Gartencenter ist hierbei wenig hilfreich, denn dort findet man meist nur ein Standardsortiment an massenhaft produzierten Thujapflanzen, Forsythien und Ähnlichem, aber kaum Wildsträucher, und schon gar nicht aus gebietseigener Herkunft. Diese ist im Gartenbereich zwar nicht zwingend, aber durchaus wünschenswert. Gut sortierte Baumschulen haben in der Regel gängige Wildsträucher – idealerweise, aber bislang noch viel zu selten, aus gebietseigener Herkunft – vorrätig, seltenere Arten muss man vorbestellen. Sie können sich die gewünschten

Gehölze auch von spezialisierten und möglichst zertifizierten Betrieben zuschicken lassen, einen Hinweis zu Bezugsquellen finden Sie im Anhang auf Seite 195.

Ob Bestellung oder Direktkauf – man tut gut daran, sich vorher neben den deutschen die wissenschaftlichen Namen auf die Einkaufsliste zu schreiben, damit man auch bekommt, was man haben möchte. In der Regel tragen die Pflanzen ein entsprechendes Etikett, sodass man vergleichen kann. Sonst kann es leicht passieren, dass man beispielsweise statt des heimischen Roten Hartriegels *(Cornus sanguinea)* einen Bluthartriegel bekommt, eine gezüchtete Sorte des Sibirischen Hartriegels *(Cornus alba 'sibirica')*. Man achte auch auf Zusätze hinter dem Artnamen, die auf eine Sorte hinweisen. So bezeichnen zum Beispiel beim heimischen Schneeball Zusätze wie *'sterile'* oder *'roseum'* hinter dem Artnamen *Viburnum opulus* Zuchtformen mit gefüllten Blüten. Und wer einfach einen »Weißdorn« verlangt, greift in eine Wundertüte. Da Sorten und Ziersträucher in der Regel teurer sind als heimische Wildarten, werden sie meist auch lieber verkauft.

Die Preise sind von Art zu Art verschieden und richten sich nach der Größe der Gehölze und nach ihrer Vorbehandlung, ihrer »Qualität«. In der Baumschule werden die Pflanzen regelmäßig »verschult«, das bedeutet, der Wurzelballen wird abgestochen, um das Wurzelwachstum anzuregen, und die Pflanze umgesetzt. Die Häufigkeit dieser Prozedur bis zum Verkauf und die »Verpackung« der Wurzeln bestimmen den Preis. Im Baumschulkatalog steht dann beispielsweise hinter dem Artnamen: »Strauch 2xv., 5 Triebe, 100 – 150« oder »Solitär, 3xv. m.B. 150 – 200«. 2xv. beziehungsweise 3xv. bedeutet zweimal beziehungsweise dreimal verschult, und die Zahlen geben die Größe in Zentimetern an. Ein Solitär ist in extra weitem Stand gewachsen und weist infolgedessen eine besonders üppige Verzweigung auf. Bei Bäumen und Großsträuchern sind auch die Qualitätsbezeichnungen »Heister« und »Hochstamm« gebräuchlich. Insbesondere größere Gehölze werden mit Ballen (m.B.) angeboten, das heißt, die Wurzeln sind samt umgebender Erde mit einem Ballentuch oder auch mit Draht (Drahtballierung) umgeben. »Containerware« ist getopft, und »Wurzelware« steckt mit nackten Wurzeln in der Erde.

Für die meisten heimischen Heckensträucher ist für Pflanzungen im Garten eine Qualität von zweimal verschulter Wurzelware in einer Größe von 60 bis 80 Zentimetern (für langsam wachsende Arten) beziehungsweise 100 bis 150 Zentimetern (für schnell wachsende Arten) – je nach Art – ausreichend und hinreichend preisgünstig. Containerware hat allerdings den Vorteil, dass eine Pflanzung aufgrund des gut entwickelten Wurzelballens im Prinzip ganzjährig erfolgen kann.

Ansonsten ist die Pflanzzeit auf die vegetationslose Zeit zwischen Herbst und Frühjahr (Oktober bis März) beschränkt. Eine Pflanzung im Herbst hat den Vorteil, dass die Gehölze dann schon anwurzeln und im Frühjahr bereits genügend Feinwurzeln gebildet haben, um kräftig austreiben zu können. Bei Frühjahrspflanzungen muss man die Pflanzen bei Wurzelware stark zurückschneiden (etwa ein Drittel) und damit die Blattmasse begrenzen (Pflanzschnitt). Ansonsten besteht die Gefahr des Vertrocknens, wenn die austreibenden Blätter mehr Wasser verdunsten, als das noch nicht ausreichend entwickelte Wurzelwerk nachliefern kann. Bei Containerware kann wegen des bereits besser entwickelten Wurzelballens der Rückschnitt der oberirdischen Triebe weniger stark ausfallen. Doch sollten auch hier zu lange oder beschädigte Triebe eingekürzt werden. Der Schnitt erfolgt am besten direkt über einem Knospen- oder Blattansatz. Auf diese Weise vermeidet man unschöne, kahle Triebspitzen.

Vor der Pflanzung – am besten bei bedecktem Himmel oder Regenwetter – werden die gekauften Sträucher zunächst gemäß Pflanzplan an den jeweils vorgesehenen Stellen ausgelegt. Das ermöglicht eventuelle notwendige Korrekturen. Dann kann es an das Einpflanzen gehen. Das Pflanzloch wird so breit und tief ausgehoben, dass die Wurzeln bequem darin Platz haben, sich gut ausbreiten können und nirgends gequetscht oder behindert werden. Der Boden am Grunde und an den Seiten des Pflanzloches wird mit dem Spaten aufgelockert, um die Durchwurzelung zu erleichtern. Zu lange oder beschädigte Wurzeln kappt man mit einer scharfen Gartenschere oder im Fall von Feinwurzeln mit einem scharfen Messer. Containerware wird vorher natürlich ausgetopft. Hier empfiehlt es sich, die Wurzeln außen mit einem Messer anzuritzen, um das Feinwurzelwachstum anzuregen und Drehwuchs zu vermeiden.

Ballenware wird mitsamt Ballentuch ins Pflanzloch gestellt und das Tuch erst dann aufgeknotet oder aufgeschnitten. Das Tuch wird normalerweise im Pflanzloch belassen, es wird durchwurzelt und verrottet mit der Zeit.

Bei der Pflanzung von Wurzelware sollte das Gehölz zunächst tiefer im Pflanzloch stehen, als es nachher der Fall sein wird. Nun wird vorsichtig Erde ins Loch geschaufelt und gegebenenfalls mit Wasser eingeschlämmt und das Gehölz vorsichtig ein Stückchen hochgerüttelt, damit sich die Wurzeln entfalten können. Die Wurzeln müssen ganz bedeckt sein und die Triebe frei stehen. Anschließend wird die Erde leicht(!) angetreten und dann gut gewässert. Wenn man zu fest antritt, besteht die Gefahr, dass die Wurzeln beschädigt oder gar abgerissen werden. Im ersten Jahr ist bei trockenem Wetter eine regelmäßige Wässerung anzuraten und gegebenenfalls konkurrierender Krautaufwuchs zu entfernen.

Pflegeschnitt

Von Zeit zu Zeit muss man zu groß gewordene Gehölze stutzen oder auslichten. Für den Pflegerückschnitt gilt das ab Seite 106 Gesagte. Beim Auslichtungsschnitt werden alte Triebe nicht eingekürzt, sondern komplett herausgeschnitten. Das ist vor allem bei einigen Ziersträuchern nötig, um die Blühwilligkeit zu erhalten und vorzeitiger Vergreisung vorzubeugen. Eine sehr häufig in Gärten und Grünanlagen zu beobachtende barbarische Unsitte ist der gleichmäßige, jährliche Rundschnitt (wahlweise auch Kastenschnitt) von Gehölzen mit der elektrischen Heckenschere.

Diese aus der Pflege von Schnitthecken abgeleitete Verstümmelung verhindert die Ausbildung eines arttypischen Wuchses und lässt alle Sträucher gleich aussehen. Derart malträtierte Gehölze in beziehungslosem Nebeneinander bieten nicht nur einen traurigen Anblick, sondern sind auch aus ökologischer Sicht nur wenig wertvoller als grün angemalte Betonpoller. Eine richtig geplante, gepflanzte und gepflegte Hecke im Garten ist hingegen eine Augenweide und bietet Lebensraum für zahllose Tiere. Hecken im Siedlungsbereich sind Paradiese vor unserer Haustür.

Wir hecken was aus!

Im Folgenden einige nachahmenswerte Initiativen und Aktionen für ein lebendiges Heckennetzwerk in Garten und Landschaft.

In der ostfriesischen Stadt Leer und Umgebung kümmert sich die »Schutzgemeinschaft Wallheckenlandschaft Leer e. V.« mit vielfältigen Aktionen um Schutz, Pflege und Regeneration der für die Region so typischen Wallhecken. Der Verein ging aus einer Bürgerinitiative hervor, die sich im Jahr 2000 gegen die großflächige Bebauung einer intakten Heckenlandschaft formiert hatte. Die öffentlich ausgetragenen Auseinandersetzungen hatten doppelten Erfolg: Die Bebauung konnte verhindert werden, und Bürger, Behörden und Politiker besannen sich auf den kulturhistorischen und ökologischen Wert der teilweise über 1000 Jahre alten Wallhecken. Letztlich ging es auch um den Erhalt der

Die Hecke lädt ein – zum Schauen und Spielen, zum Staunen und Lernen. Lassen wir uns darauf ein!

vertrauten Heimat. Mittlerweile gibt es dort sogar ein Wallhecken-Umweltzentrum (WUZ). Von dort aus werden die zahlreichen Aktivitäten koordiniert. So gibt es Veranstaltungen für Schulklassen, bei denen die Kinder im Rahmen von Projektwochen auch selbst bei Pflegemaßnahmen helfen können. Es werden Vorträge und öffentliche Führungen angeboten, die neben den Hecken auch weitere regionaltypische Besonderheiten vorstellen. Besonderes Augenmerk wird auf die Vernetzung mit anderen gesellschaftlichen Akteuren wie Landwirtschaft und Tourismus gelegt. So gibt es zum Beispiel für Radfahrer spezielle Wallhecken-Erlebnistouren durch den Landkreis Leer, und einige landwirtschaftliche Betriebe bieten Urlaub auf dem Wallhecken-Bauernhof an. Ein Wallhecken-Lehrpfad bringt Einheimischen und Touristen gleichermaßen die Besonderheiten und den Wert dieser die Landschaft prägenden Strukturen nahe. Der Verein bemüht sich außerdem in enger Zusammenarbeit mit den örtlichen Landwirten, zusätzliche Einkommensquellen zu erschließen, um einerseits Betriebsaufgaben möglichst zu vermeiden und andererseits eine schonende Bewirtschaftung der durch die Wallhecken kleinparzellig gegliederten Landschaft zu gewährleisten. Das Spektrum reicht von der thermischen Verwertung von Knickholz bis zur Vermarktung von Wildfruchtprodukten. Nur im engen Zusammenspiel von Landwirtschaft, Naturschutz und Tourismus lässt sich eine wirtschaftliche Grundlage für den Erhalt der einzigartigen Knicklandschaft Ostfrieslands schaffen und erhalten.

In Niederösterreich veranstaltet der Verein »Regionale Gehölzvermehrung« (siehe auch Seite 194) jährlich im Spätherbst einen »Heckentag«. An diesem Tag können Interessenten schriftlich oder über einen Online-Heckenshop vorbestellte gebietsheimische Sträucher für den eigenen Garten an verschiedenen Orten abholen. Wer nicht weiß, was er möchte, kann unter verschiedenen Sträucherpaketen wählen. Eine Bildergalerie auf der Internetseite des Vereins bietet die Möglichkeit, den eigenen Garten mit den darin gepflanzten Gehölzen zu präsentieren und damit Anregungen zur Nachahmung zu geben.

Ich selbst habe für den Hamburger Landesverband des Naturschutzbundes Deutschland (NABU) diverse, äußerst gut besuchte Sträuchermärkte organisiert. Das Angebot reichte von zahlreichen – auch seltenen – heimischen Wildsträuchern aus dem Sortiment einer ökologisch ausgerichteten örtlichen Baumschule bis zu Samen verschiedenster heimischer Stauden, die ehrenamtliche NABU-Mitglieder im NABU-Naturgarten und in ihren eigenen Gärten geerntet hatten. Zusätzlich gab es eine Fachberatung zu Gartenfragen aller Art sowie eine Verköstigung von Marmeladen und Gelees aus Wildstrauchfrüchten. Eine Ausstellung informierte über den Lebensraum Hecke, und bei einem Wildsträucherquiz konnten die Teilnehmer ihr Wissen testen. Wer alle Fragen richtig beantwortet hatte, durfte sich über einen kleinen Weißdorn für den eigenen Garten freuen. Mit diesem lebendigen Botschafter wurde die Idee der naturnahen Gartengestaltung mit der Verwendung einheimischer Heckengehölze in viele Hamburger Gärten gepflanzt. Zahlreiche weitere Aktionen schlossen sich an, etwa Heckenpflanzungen an Schulen und in Kindertagesstätten. Dabei können Kinder, Eltern und Erzieher oder Lehrer unter fachlicher Anleitung gleichermaßen anpacken und für ein lebendiges Spiel- und Lernumfeld sorgen. Und die Hecke bietet jederzeit eine Menge zum Schauen und Spielen, zum Staunen und Lernen. Auch für Firmenbelegschaften bieten sich Gemeinschaftsaktionen zum Pflanzen und zur Pflege von Hecken auf dem Firmengelände an. Das schafft nicht nur ein Gemeinschaftsgefühl, sondern auch ein lebendiges Arbeitsumfeld und nutzt der Umwelt. Und wenn dann auch noch in Parks und Grünanlagen in stärkerem Maße als bisher naturnahe Hecken aus heimischen Sträuchern angelegt und fachgerecht gepflegt werden, dann kann durch viele kleine, im Einzelnen vielleicht unbedeutend erscheinende Maßnahmen mit der Zeit ein lebendiges Heckennetzwerk entstehen. Wer glaubt, er sei nur ein Rädchen, dem sei gesagt, dass aus kleinen Rädern große Bewegungen entstehen können. Hecken wir gemeinsam etwas aus!

Anhang

Heckengehölze im Porträt

Grundsätzlich eignet sich eine Vielzahl von einheimischen und fremdländischen Sträuchern und Bäumen für die Anlage von Hecken in Garten und Landschaft. Welche davon die Bauern früher verwendeten, richtete sich nach dem natürlicherweise vorhandenen Artenspektrum, abhängig von den jeweiligen Standortverhältnissen, dem jeweiligen Nutzungszweck der Hecke – die Hecke als lebender Zaun, zur Gewinnung von Brennholz und Werkholz, zur Fruchternte und Ähnliches – und regionalen Besonderheiten.

Wohl gab es auch sogenannte »bunte Knicks«, bei denen die Menschen alle Straucharten pflanzten, die in der Umgebung wuchsen, doch in der Regel trafen sie für jede Hecke eine Auswahl aus nur einer Art oder zwei Arten, gegebenenfalls ergänzt durch lichtkronige Bäume. Mischhecken oder Gebüsche aus vielen verschiedenen Arten, wie sie heute oft von Naturschutzvertretern propagiert werden, bedürfen wegen des unterschiedlichen Wuchsverhaltens und der unterschiedlicher Reaktion der Arten auf Schnittmaßnahmen einer differenzierten, wohlüberlegten Pflege. Sie sind daher eher für größere Gärten, Grünanlagen und Parks geeignet als für das Freiland.

Die Verwendung fremdländischer Gehölze kam erst im 19. Jahrhundert in größerem Stil in Mode. Diese Arten dürfen allerdings unter anderem wegen der Gefahr der Florenverfälschung nicht in der freien Landschaft gepflanzt werden, siehe auch ab Seite 128.

Neben den mittelgroßen Sträuchern sind vor allem kleiner bleibende Bäume wie die Hainbuche und der Feldahorn heckentauglich. Diese Bäume gedeihen normalerweise an Waldrändern und auf Lichtungen, finden aufgrund ihrer Schattentoleranz aber auch im Unterholz der großwüchsigen Hauptbaumarten, zum Beispiel Eiche, Buche oder Bergahorn, ihr Auskommen. Das meist nur spärlich durch das Blätterdach der überschirmenden Bäume dringende Licht nutzen sie aus durch reich verzweigten Wuchs und dichte Belaubung – Eigenschaften, die sie neben einer hohen Schnitttoleranz für eine Verwendung als Heckengehölze sehr geeignet machen.

Im Folgenden werden zunächst ausschließlich heimische Sträucher und Bäume mit kurzen Angaben zu Kennzeichen, Lebensraumansprüchen und Verbreitung, Besonderheiten und Verwendung in Garten und Landschaft vorgestellt. Eine Auswahl exotischer Ziersträucher, die sich für naturnahe Gärten und Hecken eignen, finden Sie ab Seite 187.

Die angegebenen Blütezeiten und Zeiten der Fruchtreife sind abhängig von der geografischen Lage und Höhenlage des konkreten Wuchsortes sowie von der Witterung. Deshalb bewegen sie sich innerhalb gewisser Zeitspannen und können selbst an eng benachbarten Standorten aufgrund innerartlicher genetischer Unterschiede variieren. Sie sind daher als durchschnittliche Richtwerte anzusehen.

30 heimische Heckengehölze

Buchsbaum, Buchs

Buxus sempervirens (Buchsgewächse, *Buxaceae*)

mittelgroßer Strauch; langsam wachsend
Kennzeichen: Reich verästelter, kompakter Strauch, bis 5 m hoch. Immergrüne, gegenständige, eiförmig ovale **Blätter,** ledrig und matt glänzend. Im Sommer dunkelgrün, im Winter unter Sonneneinfluss sich bronzefarben oder schwärzlich verfärbend. Blütezeit März bis Mai. **Blüten** unscheinbar gelblich grün, strenger Geruch, nektarreich. **Früchte** erscheinen bereits ab Mai bis Juli als unscheinbare, harte, braune Kapseln mit je zwei schwarzbraunen Samen (giftig!).
Ansprüche und Verbreitung: Als Wildgehölz in Mitteleuropa nur in einigen südlichen Regionen in wärmebegünstigten Lagen verbreitet. Wächst an offenen Hängen oder im Unterwuchs lichter Laubwälder. Liebt kalkhaltigen Untergrund in sonnigen, trockenen bis mäßig feuchten Lagen. Verträgt auch Schatten, dann aber lockerwüchsig.
Besonderheiten: Buchsbäume werden bis zu 500 Jahre alt. Ideales Brut- und Deckungsgehölz. Schnitt ab Juni bis August; späterer Schnitt vermindert die Frosthärte.
Verwendung: Aufgrund seiner sehr guten Schnittverträglichkeit eignet sich der Buchsbaum ideal für Schnitthecken im Garten. Im Bauerngarten wird er klassischerweise als niedrige Einfassung für Wege und Beete verwendet. Für diese Zwecke wurden kleinwüchsige Sorten gezüchtet (»Heckenbuchs« oder »Einfassungsbuchs«). Wertvoll auch als frei wachsendes Einzelgehölz. In Landschaftshecken findet der Buchsbaum keine Verwendung.

Eibe

Taxus baccata (Eibengewächse, *Taxaceae)*

mittelgroßer bis großer Strauch, Baum; langsam wachsend

Kennzeichen: Kompakter, breitbuschiger Strauch, meist mehrstämmig, 3 – 10 m hoch, im Alter auch baumartig, bis 15 m hoch. Immergrün mit flachen **Nadeln. Blüte** von März bis Mai. Männliche Blüten in Gruppen zu 10 bis 25, unscheinbar, hellgelblich, kätzchenförmig schuppig, pollenreich. Weibliche Blüten einzeln, gelbgrünlich, laubknospenähnlich. Meist zweihäusig, das heißt männliche und weibliche Blüten auf getrennten Pflanzen. Weibliche Pflanzen tragen ab September bis Oktober rote **»Früchte«** mit jeweils einem Kern, die von Vögeln verbreitet werden. Botanisch korrekt handelt es sich nicht um eine Frucht, sondern um einen fleischigen Samenmantel (Arillus). Es existieren zahlreiche gezüchtete Sorten mit unterschiedlichem Wuchs, viele davon sind ausschließlich entweder männlich oder weiblich, zeigen also keinen »Frucht«besatz.

Ansprüche und Verbreitung: Als Wildgehölz in Deutschland nur regional verbreitet, vor allem im Süden als Unterwuchs in Mittelgebirgswäldern und Bergwäldern, auch an felsigen Hängen. Durch frühere Übernutzung der Bestände selten geworden. Liebt halbschattige Standorte und hohe Luftfeuchtigkeit. Wächst auf fast allen Böden.

Besonderheiten: Eiben erreichen ein Alter von 300 bis 1000 Jahren. Alle Teile mit Ausnahme des roten »Frucht«fleisches sind giftig! Der wissenschaftliche Gattungsname *Taxus* leitet sich vom griechischen Wort für »Bogen« ab und verweist auf die entsprechende Verwendung des sehr harten, zähelastischen Holzes. Vermutlich waren es die mächtigen Eibengestalten, die die germanischen Wälder den eindringenden Römern so dunkel und unheimlich erscheinen ließen.

Verwendung: Aufgrund ihrer hervorragenden Schnittverträglichkeit zählen Eiben seit Jahrhunderten zu den besten Gehölzen für Schnitthecken in Gärten und Parks. Als Sinnbild für ewiges Leben häufig auf Friedhöfen gepflanzt. Für Landschaftshecken finden sie in der Regel keine Verwendung.

Roter Hartriegel

Cornus sanguinea (Hartriegelgewächse, *Cornaceae)*

mittelgroßer bis großer Strauch; mittelschnell bis schnell wachsend

Kennzeichen: Dickichtartiger Strauch, meist 2 – 4 m hoch und ebenso breit. Triebe zunächst aufrecht strebend, später breitwüchsig. Junge Zweige rötlich bis blutrot gefärbt, besonders intensiv im Herbst und Winter und bei Sonneneinstrahlung. **Blätter** oberseits dunkelgrün, unterseits bläulich grün, im Herbst weinrot verfärbend. Typischer Verlauf der Hauptblattadern wie bei der Kornelkirsche. **Blüte** von Mai bis Juni, zahlreiche weißliche Scheibenblüten in schirmförmigen Trugdolden, strenger Geruch. Ab August bis Oktober erbsengroße, beerenartige **Steinfrüchte** mit zweisamigem, stark ölhaltigem Kern, blauschwarz an roten Stielen, ungenießbar.

Ansprüche und Verbreitung: Sehr robust und extrem anpassungsfähig. Wächst in lichten Wäldern, an Waldrändern, in Gebüschen.

Besonderheiten: Es besteht Verwechslungsgefahr mit dem in Baumschulen häufig angebotenen Blutroten Hartriegel *(Cornus alba*, Herkunft Nordasien) in verschiedenen Sorten, die sich durch ganzjährig leuchtend rote Triebe (alle, auch die älteren) auszeichnen.

Verwendung: Gutes Deckgehölz (zur Verwendung im Randbereich der Hecke, als »Lückenschließer« und Vorpflanzung für großwüchsige Arten), Wind- und Vogelschutzgehölz, beliebte Wildäsung.

Echter Hartriegel, Kornelkirsche

Cornus mas (Hartriegelgewächse, *Cornaceae*)

mittelgroßer bis großer Strauch, Baum; sehr langsam wachsend

Kennzeichen: Lockerer Strauch, 2 – 6 m hoch, mitunter baumartig wachsend, dann bis 8 m hoch. Junge Sträucher zunächst breit aufrecht, später breitbuschig mit fast waagerecht ausgebreiteten Zweigen. Junge Zweige kantig, olivgrün bis gelblich grün. **Blätter** gegenständig, glattrandig, mit für die Gattung typischer Anordnung der Hauptblattadern: 3 bis 5 Paare ziehen sich bogenförmig von der Basis bis zur Spitze. Die lebhaft grün glänzenden Blätter verfärben sich im Herbst gelb bis orange. Bereits ab Februar oder März reich blühend mit Massen kleiner goldgelber **Blütendolden. Früchte** ab August bis Oktober: oftmals paarig an Stielen hängende, kirschrote, bis 2 cm lange Steinfrüchte, die an längliche Kirschen erinnern, essbar, von säuerlich herbem Geschmack.

Ansprüche und Verbreitung: Die Wärme liebende Art kommt vor allem in Süd- und Mitteldeutschland vor. Sie fehlt als Wildstrauch weitgehend in der norddeutschen Tiefebene, angepflanzt in Gärten und Parks gedeiht sie auch dort in nicht zu kalten Lagen gut. Der recht anspruchslose und anpassungsfähige Strauch wächst in lichten Wäldern, am Waldrand, in Hecken und Gebüschen.

Besonderheiten: Die Kornelkirsche ist trotz ihres Namens nicht mit den Kirschen verwandt. Sie wird regional auch Herlitze oder Gelber Hartriegel genannt – nicht zu verwechseln mit dem Gelbrindigen Hartriegel (*Cornus stolonifera 'flaviramea'*), einem in deutschen Gärten oft gepflanzten Zierstrauch aus dem östlichen Nordamerika. Die Früchte lassen sich gut verwenden, die Kerne sind aber oft nur schwer vom Fruchtfleisch zu lösen. Aus dem harten Holz schnitzten schon die alten Griechen Lanzenschäfte. Spazierstöcke wie die berühmten »Ziegenhainer Knotenstöcke« und Zähne für Zahnradgetriebe wurden früher ebenfalls aus dem Holz der Kornelkirsche hergestellt.

Verwendung: Der gut schnittverträgliche Strauch eignet sich für reinartige Schnitthecken, ist vor allem aber auch ein prächtiges Einzelgehölz, das besonders als sehr zeitiger Frühblüher zur Geltung kommt und zusammen mit der Salweide erste Nektarnahrung für Bienen bietet. In Mischhecken wird die sehr langsamwüchsige Kornelkirsche ohne regelmäßige Freistellung meist recht schnell von anderen Sträuchern unterdrückt.

Gemeiner Liguster

Ligustrum vulgare (Ölbaumgewächse, *Oleaceae*)

mittelgroßer bis großer Strauch; langsam bis mittelschnell wachsend

Kennzeichen: Als Wildform breitbuschiger, sich flach ausbreitender Strauch, 2 – 5 m hoch. Zweige teilweise dem Boden aufliegend und bewurzelnd. **Blätter** spitzoval, ledrig, dunkelgrün mit helleren Unterseiten, teilweise wintergrün, sonst violettbraune Herbstfärbung. Weiße bis cremefarbene **Blütenrispen** im Juni bis Juli, strenger Geruch. **Früchte** ab Juni bis Juli als erbsengroße, kugelige, schwarze Beeren, leicht giftig.

Ansprüche und Verbreitung: Wildform vor allem im Süden Deutschlands in Wärme liebenden Schlehen-Liguster-Gebüschen an Waldrändern oder felsigen Hängen verbreitet. Allgemein jedoch anspruchslos auf fast allen Böden von der Ebene bis ins Gebirge.

Besonderheiten: Die im Handel meist angebotene Sorte *'atrovirens'* (Wintergrüner Liguster) ist immergrün und von aufrechterem Wuchs als die Wildform.

Verwendung: Seine nahezu unverwüstliche Ausschlagfähigkeit und sein dichter Wuchs machen den Liguster im Garten zu einer sehr beliebten Heckenpflanze, die hervorragenden Sichtschutz bietet. In frei wachsenden Hecken guter Deckstrauch für die Sonnenseite (zur Verwendung im Randbereich der Hecke, als »Lückenschließer« und Vorpflanzung für großwüchsige Arten).

Geißblatt, Jelängerjelieber

Lonicera periclymenum, Lonicera caprifolium (Geißblattgewächse, *Caprifoliaceae)*

Schlingpflanze, schnell wachsend
Kennzeichen: Beide Arten sind kräftige, starkwüchsige Schlingpflanzen (Lianen), im Alter strangulierend, 3 – 5 m, ausnahmsweise bis 8 m hoch windend. Auffällige **Röhrenblüten** in Gruppen zu 3 bis 6 zusammenstehend, mit weit hervorstehenden Staubbeuteln und Narben, Knospen rötlich überhaucht, aufblühend weiß, später cremegelb bis hellgelb, bei *Lonicera caprifolium* mehr gelblich, intensiv duftend, Blütezeit von Juni bis August. Im August bis September dunkelrote glänzende **Beeren,** giftig.
Ansprüche und Verbreitung: Geißblatt schätzt lichten Schatten bis Halbschatten, volle Sonne nur bei feuchtem Boden. *Lonicera periclymenum* hat seinen Verbreitungsschwerpunkt in Nordwestdeutschland, liebt hohe Luftfeuchtigkeit (Windschutz!) und leicht saure, sandig humose Böden, frisch bis feucht. *Lonicera caprifolium* schätzt eher neutrale bis leicht alkalische, nährstoffreiche Böden, ursprünglich nur in Süddeutschland und Ostdeutschland vorkommend, doch häufig aus Gärten verwildert.
Besonderheiten: Die Blüten duften nachts besonders intensiv, um Nachtfalter (Schwärmer) als Bestäuber anzulocken. Nur diese Insekten sind in der Lage, mit ihren sehr langen Rüsseln an den Nektar am Grund der langen Blütenröhren zu gelangen. Mitunter beißen Hummeln ein Loch in die Blütenkelche, um den Nektar ohne Gegenleistung für die Pflanze zu »stehlen«.
Verwendung: Die attraktiven Blüten der Lianen zieren jede Hecke, man setze sie aber nur an robuste, starkwüchsige Sträucher oder außerhalb der Hecke an spezielle Rankhilfen. Im Fachhandel werden zahlreiche Sorten heimischer und fremdländischer Geißblattarten angeboten.

Rote Heckenkirsche

Lonicera xylosteum (Geißblattgewächse, *Caprifoliaceae)*

mittelgroßer Strauch; mittelschnell bis schnell wachsend
Kennzeichen: Breit aufrechter, von Grund auf reich und fein verzweigter Strauch, bis 3 m hoch. Dünne Seitentriebe mit horizontaler Ausrichtung, an den Enden oft zierlich überhängend. **Blätter** weich behaart, graugrün, im Herbst fahlgelb. Sehr früher Laubaustrieb. Von Mai bis Juni gelblich weiße **Blüten** mit langen Röhren wie bei den nah verwandten Geißblattarten, färben sich beim Verblühen gelb. **Früchte** von Juni bis Juli, scharlachrot mit glasigem Glanz, paarweise dicht zusammenstehend oder am Grund verwachsen, ungenießbar bis schwach giftig.
Ansprüche und Verbreitung: Die Rote Heckenkirsche ist in lichten Gebüschen und an Waldrändern von der Ebene bis in etwa 1600 m Höhe verbreitet, im Norden seltener. Bevorzugt kalkhaltige, nicht zu kühle Standorte, Boden mäßig trocken bis feucht, sonnig bis schattig. Anspruchslos und gut wüchsig.
Besonderheiten: Weitere heimische Verwandte mit nur regionaler Verbreitung sind die Blaue Heckenkirsche *(Lonicera caerulea,* Früchte schlehenartig blau bereift), die Schwarze Heckenkirche *(Lonicera nigra,* Früchte schwarzblau) und die Alpenheckenkirsche *(Lonicera alpigena,* Früchte rot)
Verwendung: Die Rote Heckenkirsche ist ein idealer, unverwüstlicher Deckstrauch für ungeschnittene Hecken (zur Verwendung im Randbereich der Hecke, als »Lückenschließer« und Vorpflanzung für großwüchsige Arten).

Gemeiner Kreuzdorn

Rhamnus catharticus (Kreuzdorngewächse, *Rhamnaceae)*

mittelgroßer Strauch; langsam wachsend

Kennzeichen: Dorniger, sparriger Strauch, bis 3 m hoch, mitunter kurzstämmiger Kleinbaum, bis 7 m hoch. Unregelmäßig und locker aufgebaut, Zweigspitzen oft in Dornen endend, teils stark ineinander verwachsen. **Blätter** fein gezähnt, kreisrund bis lang elliptisch mit auffälligen zweibogig bis vierbogig zur Spitze laufenden Blattaderpaaren. Herbstfärbung fahlgelb bis gelbbraun. Im Mai bis Juni unscheinbare, kleine, gelbgrüne **Blüten,** zweihäusig. Im September bis November glänzend blauschwarze **Steinfrüchte,** meist in Büscheln, ungenießbar.

Ansprüche und Verbreitung: Im Norden verstreut, im Süden verbreitet, bevorzugt steinige oder locker-durchlässige, kalkhaltige Böden, trocken bis frisch, sonnige bis halbschattige Standorte.

Besonderheiten: Der volkstümliche Name »Purgierdorn« ist abgeleitet vom lateinischen Wort *purgare* (abführen) und weist auf die abführende Wirkung der Rinde hin, die erstmals im 16. Jahrhundert von Paracelsus beschrieben wurde.

Verwendung: Zusammen mit Schlehen, Weißdornen, Brombeeren und Wildrosen besonders gut für dornig-stachelige Schutzhecken geeignet.

Faulbaum

Frangula alnus = Rhamnus frangula (Kreuzdorngewächse, *Rhamnaceae)*

mittelgroßer Strauch, Baum; mittelschnell bis schnell wachsend

Kennzeichen: Schlanker, locker aufstrebender Strauch, bis 3 m hoch, selten baumartig, bis 7 m hoch. Dünne, rutenförmige Zweige, oft waagerecht abstehend und überhängend. **Blätter** mit siebenbogig oder neunbogig gekrümmten Blattadern, matt glänzend dunkelgrün, Herbstfärbung fahlgelblich. **Blüten** unscheinbare, grünlich weiße Sternchen unter den Blättern im Mai bis August. Erbsengroße, kugelige, beerenähnliche **Steinfrüchte** von Juli bis November, erst grün, dann rot, reif schwarz. Alle Reifestadien nebeneinander vorhanden, ungenießbar.

Ansprüche und Verbreitung: Liebt stickstoffarme, feuchte bis nasse Standorte und sauren Boden. Sonnig bis halbschattig, ist allgemein sehr anspruchslos und robust, wächst im Unterwuchs feuchter Wälder, in Auen oder am Rand von Mooren.

Besonderheiten: Der Name »Faulbaum« bezieht sich auf den leicht fauligen Geruch der Rinde, die medizinisch als Dickdarm reizendes Abführmittel genutzt wird. Das Holz ergibt eine hochwertige Holzkohle. Daraus wurde früher Schwarzpulver hergestellt, weshalb der Strauch auch »Pulverholz« heißt.

Verwendung: Als Heckenstrauch wird der Faulbaum wohl selten gepflanzt, stellt sich aber bei zusagenden Standortverhältnissen oft von selber ein. In Naturgärten sollte er – obwohl nicht besonders dekorativ – wegen seiner großen Bedeutung als Nahrungspflanze für viele Tiere ein Plätzchen finden.

Schwarzer Holunder

Sambucus nigra (Holundergewächse, *Adoxaceae*)

mittelgroßer bis großer Strauch; schnell wachsend

Kennzeichen: Strauch, 2 – 7 m hoch und 3 – 5 m breit werdend. Lange, aufsteigende, wenig verzweigte Einzeltriebe, dickere Stämme oft krumm verwachsen mit rissiger Rinde. Im Alter schirmförmig. Große, unpaarige **Fiederblätter** aus meist 5 Einzelblättern, diese bis 20 cm lang, unangenehm strenger Geruch. **Blüte** ab Ende Mai, Anfang Juni mit großen, fünfstrahligen Trugdolden aus sehr zahlreichen, gelblich weißen, kleinen Scheibenblüten, intensiv streng, aber aromatisch duftend, essbar. Ab August oder September bis erbsengroße, blauschwarze, rotsaftige **Früchte** in schweren Fruchtdolden (»Fliederbeeren«), roh ungenießbar bis schwach giftig, gekocht vielseitig verwendbar.

Ansprüche und Verbreitung: Weitverbreitet von der Ebene bis in mittlere Höhenlagen, liebt stickstoffhaltige, frische bis feuchte, gern kalkhaltige, lehmige Böden. Sonne bis Halbschatten.

Besonderheiten: Der Holunder galt früher wegen seiner vielseitigen Verwendbarkeit in der Volksmedizin als »Apotheke des kleinen Mannes«. Noch heute hilft heißer »Fliedergrog« wegen seines hohen Gehalts an Vitamin C und seiner schweißtreibenden Wirkung als gutes Mittel bei Erkältungen. In früheren Zeiten war der »Hollerstrauch« am Haus als Sitz guter Geister hoch geschätzt.

Verwendung: Der Schwarze Holunder sollte in keinem Garten fehlen. In Landschaftshecken braucht man ihn nicht zu pflanzen, er stellt sich zuverlässig von selbst ein. Vögel lieben seine Beeren und verbreiten die Samen mit ihrem Kot.

Gemeiner Schneeball

Viburnum opulus (Holundergewächse, *Adoxaceae*)

großer Strauch; mittelschnell bis schnell wachsend

Kennzeichen: Breitaufrechter Strauch, bis 5 m hoch. Durch Bildung von Wurzelschösslingen bei zusagenden Bedingungen oft dickichtartig. **Blätter** ahornblattähnlich drei- bis fünflappig, frischgrün, prächtige orangerote Herbstfärbung. **Blüten** erscheinen im Mai oder Juni in tellerförmigen Trugdolden mit zwei Blütentypen: Kleine weißgelbliche, fruchtbare Scheibenblüten sind umgeben von einem Kranz strahlend weißer, steriler Scheinblüten, die bestäubende Insekten anlocken sollen. Ab September bis Oktober auffällige, glänzend rote **Steinbeeren** in Dolden, ungenießbar.

Ansprüche und Verbreitung: Weitverbreitet von der Ebene bis ins Bergland bis 1300 m Höhe. An Bachufern, Gräben, in lichten Auwäldern – daher auch »Wasserschneeball« genannt. Liebt feuchte, tiefgründige, schwere Böden, gern kalkhaltig. Sonne bis Halbschatten.

Besonderheiten: Die Beeren werden wegen ihrer schleimigen Konsistenz von Vögeln zunächst verschmäht und hängen daher oft bis zum nächsten Frühjahr. Erst wenn alle anderen Beerensträucher abgeerntet sind, nehmen die hungrigen Vögel auch diese ungeliebte Nahrung an.

Verwendung: Der äußerst dekorative Strauch ist heckentauglich, aber auch als Einzelgehölz zu verwenden.

Wolliger Schneeball

Viburnum lantana (Holundergewächse, *Adoxaceae*)

großer Strauch; langsam wachsend
Kennzeichen: Aufrechter bis trichterförmiger Strauch, 2 – 5 m hoch, reich verzweigt, dicht, im Alter breit lagernd. **Blätter** fein gesägt, dick und rau, oberseits mattgrün, unterseits heller und dicht graufilzig behaart (Name!), im Austrieb wollig grau, Herbstfärbung grüngelb, rötlich braun bis zinnoberrot. **Blüten** während des Laubaustriebs Ende April bis Mai oder Juni in halbrunden Trugdolden, cremeweiß und intensiv süß duftend. Von August bis September erbsengroße, ungenießbare **Steinbeeren,** unreif grün, reifend rot, vollreif schwarz, alle Stadien in einer Dolde vereint.
Ansprüche und Verbreitung: Wächst auf trockenen, kalkhaltigen Böden, am liebsten vollsonniger Stand. Fehlt wild wachsend im Norden und äußersten Osten Deutschlands, im übrigen Deutschland kommt er vor. Besiedelt Waldränder, Gebüsche, steinige Hänge, felsige Kuppen.
Besonderheiten: Im Gegensatz zu den Früchten des Gemeinen Schneeballs sind die des Wolligen Schneeballs bei Tieren so beliebt, dass sie oft schon im unreifen Zustand gefressen werden.
Verwendung: Sehr dekorativer Einzelstrauch für den Garten, passt bei zusagenden Standortbedingungen ebenso gut auf die Sonnenseite jeder Hecke.

Pfaffenhütchen, Spindelstrauch

Euonymus europaeus (Spindelbaumgewächse, *Celastraceae)*

mittelgroßer bis großer Strauch, Baum; mittelschnell wachsend
Kennzeichen: Aufrecht wachsender, sparriger Strauch, 2 – 4 m hoch, mitunter baumförmig, bis 6 m hoch. Junge Triebe kantig, mit vier charakteristischen Korkleisten. **Blätter** mit intensiv purpurroter bis scharlachroter Herbstfärbung. **Blüten** unscheinbar gelblich grün im Mai bis Juni. Sehr auffallende, dekorative **Früchte:** Aus einer rosaroten, vierklappigen Kapsel hängen im reifen Zustand von August bis Oktober die von einem intensiv orangefarbigen, fleischigen Samenmantel umgebenen Samen heraus, giftig!
Ansprüche und Verbreitung: Weitverbreitet von der Ebene bis in Höhen von 1200 m, liebt nährstoffreiche, frische bis feuchte, stickstoffhaltige und kalkhaltige Böden. Schattentolerant.
Besonderheiten: Die Form und Farbe der Früchte erinnert an die Kopfbedeckung eines katholischen Geistlichen (Pfaffen). Die Früchte werden besonders gern von Rotkehlchen verspeist, daher heißen sie im Volksmund »Rotkehlchenbrot«.
Verwendung: Als dekorativer Einzelstrauch oder in Hecken halbschattiger Standorte.

Gemeine Waldrebe

Clematis vitalba (Hahnenfußgewächse, *Ranunculaceae)*

Schlingpflanze; schnell wachsend

Kennzeichen: Schlingpflanze (Liane), an Büschen oder Bäumen bis etwa 12 m hoch rankend, bei guten Bedingungen auch mehr, auch am Boden niederliegend. **Fiederblätter** aus 3 bis 5 Einzelblättern, diese herz-eiförmig, meist grob eingeschnitten oder gekerbt. Belaubung dicht und lückenlos. Während der **Blüte** von Juni bis August übersät mit 2 cm breiten, weißgelblichen Scheibenblüten mit 4 langen, schmalen Blütenhüllblättern in Rispen, erinnern an filigrane Strahlensterne. **Früchte** ebenso charakteristisch und dekorativ: kleine, behaarte, rotbraune Nussfrüchte mit bis 3 cm langen, weißen, fedrigen, dicht behaarten Flugvorrichtungen zu mehreren zusammen auf Köpfchen sitzend, Juli bis September.

Ansprüche und Verbreitung: In Gebüschen, an Waldrändern und in Auen verbreitet, im Norden und Nordosten spärlicher oder fehlend. Bevorzugt mäßig trockene bis frische, tiefgründige, nährstoffreiche Böden, gern kalkhaltig. Wärme liebend und lichtbedürftig (aber: Wurzelbereich bei Pflanzung beschatten).

Besonderheiten: Die Waldrebe ist ein linkswindender Blattstielranker, der Rankhilfen mit den Stielen der Hauptblätter und der einzelnen Fiederblätter umklammert.

Verwendung: Im Garten zur Begrünung von Fassaden, Lauben, Garagen und Ähnlichem geeignet, allerdings nur mit stabilen Kletterhilfen. Der Fachhandel hat zahlreiche kleiner bleibende, blütenstarke Sorten verschiedener heimischer und fremdländischer Clematis-Arten im Angebot.

Weide

Salix spec. (Weidengewächse, *Salicaceae)*

kleiner Strauch bis hoher Baum; schnell wachsend

Kennzeichen: Sehr artenreiche Gattung mit vielen Bastardierungen. Je nach Art baumartig oder strauchartig, 1 – 20 m hoch. **Blüten** erscheinen vor dem Laubaustrieb im März bis April, bei einigen Arten auch später, als typische »Kätzchen«, männliche und weibliche Blütenstände meist unterschiedlich. Meist im Juni bis Juli kleine braune **Flugsamen** mit seidig weißem »Haarschopf«, die vom Wind verbreitet werden.

Ansprüche und Verbreitung: Die meisten Arten besiedeln feuchte bis nasse Standorte. Silberweide *(Salix alba)* und Bruchweide *(Salix fragilis)* sind typische Bäume der Flussauen, strauchartige Weiden wie Öhrchenweide *(Salix aurita)* oder Korbweide *(Salix viminalis)* breiten sich gern an Gräben und Bächen aus. Die Salweide *(Salix caprea)* bevorzugt trockenere Böden. Alle Arten lieben volle Sonne.

Besonderheiten: Weidenrinde enthält ein natürliches Schmerzmittel (Salicylsäure). Aus den biegsamen Ruten fertigte man Körbe und andere Gebrauchsgegenstände. Hierfür wurden spezielle Weidenplantagen angelegt oder die gebietsweise so typischen Kopfweiden gezogen.

Verwendung: In bäuerlich genutzten Landschaftshecken wurden Strauchweiden wegen ihres ausladenden, raschen Wuchses nicht gepflanzt, bei ausbleibender Pflege siedeln sie sich aber regelmäßig an geeigneten Standorten von selbst an. Für Gärten und Parks ist vor allem die als großer Strauch oder kleiner Baum wachsende Salweide geeignet, die – wie andere Arten auch – eine wertvolle Bienenweide im Frühjahr ist.

Feldahorn

Acer campestre (Seifenbaumgewächse, *Sapindaceae)*

großer Strauch, Baum; mittelschnell wachsend
Kennzeichen: Baum, bis 15 m hoch, häufig auch nur Strauch, bis 8 m hoch. **Blätter** ahornblatttypisch fünflappig zerteilt, leuchtend gelbe Herbstfärbung. **Blüten** in Rispen mit 10 bis 20 kleinen, gelbgrünlichen Einzelblüten im Mai bis Juni. **Früchte** mit waagerecht abstehenden »Flügeln«, August bis September.
Ansprüche und Verbreitung: Allgemein sehr anspruchslos, meidet zu nasse, stark saure und tonige Böden. Bevorzugt Sonne bis Halbschatten, kann aber selbst im tiefen Schatten von Wäldern, Hecken und Gebüschen überdauern, bis er eine Lücke findet, um sich zu entfalten.
Besonderheiten: Das braun geflammte, maserige Holz wird in der Tischlerei sehr geschätzt. Es findet auch Verwendung für feinste Furnierarbeiten sowie für die Herstellung von Blasinstrumenten.
Verwendung: Der robuste Feldahorn lässt sich gut in Form schneiden und ist als dichte, hohe Schnitthecke, als Wind- und Vogelschutzgehölz geeignet.

Hainbuche

Carpinus betulus (Birkengewächse, *Betulaceae)*

mittelgroßer Baum; langsam bis mittelschnell wachsend
Kennzeichen: Baum, bis 15 (20) m hoch, häufig kleiner bleibend. Einstämmig oder mehrstämmig mit variabler Krone. Kätzchenförmige **Blüten** im Mai oder Juni, einhäusig. **Nussfrüchte** im Oktober an handlangem Fruchtstand übereinander, jede Nuss mit dreilappiger Flugvorrichtung, unreif grün, reif braun.
Ansprüche und Verbreitung: Häufig und weitverbreitet auf allen nicht zu nährstoffarmen Böden. Bildet zusammen mit der Stieleiche die Gesellschaft des Eichen-Hainbuchen-Waldes.
Besonderheiten: Das sehr harte, schwer spaltbare Holz wurde wegen dieser Eigenschaften früher auch »Eisenholz« genannt. Umgangssprachlich wird ein derber, »grobklotziger« Mensch beziehungsweise dessen Verhalten oder Absichten als »hanebüchen« bezeichnet.
Verwendung: Wegen ihrer außerordentlich guten Regenerationsfähigkeit gehört die Hainbuche zu den besten Heckenpflanzen überhaupt. Sie ist sowohl für regelmäßig in Form geschnittene als auch für frei wachsende Hecken hervorragend geeignet. Das bis zum Neuaustrieb haftende, vertrocknete Laub bietet auch im Winter Sichtschutz und Deckung für Tiere.

Hasel

Corylus avellana (Birkengewächse, *Betulaceae)*

großer Strauch; schnell wachsend
Kennzeichen: Vielstämmiger, breit aufrecht wachsender Strauch, 3 – 6 m hoch, im Alter schirmförmig und durch waagerechte Ausrichtung alter Äste stark raumgreifend. **Blätter** groß, rundlich herzförmig mit kurzen Spitzen, etwas gelappt, Ränder doppelt gesägt, jung samtig behaart. Frühe **Blüte** ab Februar. Männliche Blüten fingerlange, grünlich gelbe Kätzchen, weibliche Blüten laubknospenähnlich, einhäusig. **Früchte** im September bis Oktober, als Haselnüsse bekannt, essbar.
Ansprüche und Verbreitung: Sehr häufig und verbreitet, sehr robust und anpassungsfähig, gedeiht auf fast allen Böden in Sonne oder Halbschatten, trocken bis mäßig feucht, gerne an stickstoffhaltigen, mäßig warmen Standorten.
Besonderheiten: Haselsträucher waren nach der Eiszeit die ersten größeren Gehölze, die die tundraartige Landschaft besiedelten und den Boden bereiteten für die nachfolgende Bewaldung.
Verwendung: Die Hasel ist wegen ihrer Regenerationskraft und der vielseitigen Verwendbarkeit ihres Holzes, der biegsamen Triebe und als Nusslieferantin einer der am weitesten verbreiteten und dominierenden Heckensträucher. Vielerorts existieren reine Haselhecken. Bei fehlendem Rückschnitt verdrängt die konkurrenzstarke Hasel schwächerwüchsige Gehölze.

Gemeine Berberitze, Sauerdorn

Berberis vulgaris (Sauerdorngewächse, *Berberidaceae)*

kleiner bis mittelgroßer Strauch; mittelschnell bis schnell wachsend
Kennzeichen: Dorniger Strauch, 1 – 3 m hoch und breit. Anfangs straff aufrecht wachsend, allmählich übergeneigt, breitbuschig und undurchdringlich. Im Mai halbkugelige, gelbe **Schalenblüten** zu mehreren in fingerlangen hängenden Trauben, stark duftend. Ab August bis Oktober kleine, längliche, rote **Früchte,** essbar, von aromatisch säuerlichem Geschmack (Name!).
Ansprüche und Verbreitung: Als regionale Art nur im Süden verbreitet, vom Tal bis in 2700 m Höhe. An steilen, steinigen Hängen und auf Kuppen, an sonnigen Waldrändern. Bevorzugt kalkreiche, stickstoffarme Böden in Sonne bis Halbschatten. Verträgt Hitze und Frost gleichermaßen gut.
Besonderheiten: Die Früchte sind reich an Vitamin C und lassen sich gut für Marmeladen und Gelee verwenden, getrocknet auch wie Rosinen.
Verwendung: In der Gartengestaltung findet die Berberitze vielfältige Verwendung, sowohl in frei wachsenden Dornhecken oder Naturhecken als auch als niedrige einartige Schnitthecke. Häufig wird dafür die aus Ostasien stammende Heckenberberitze *(Berberis thunbergii)* verwendet, die für die heimische Tierwelt aber weniger wertvoll ist als die heimische Art.

Wildapfel, Holzapfel

Malus sylvestris (Rosengewächse, *Rosaceae)*

mittelgroßer bis großer Strauch, Baum; langsam wachsend
Kennzeichen: Bedornter Strauch oder kleiner Baum, 3 – 10 m hoch, meist kurzstämmig oder mehrtriebig. Abstehende Äste, weit ausladende Krone. Im Mai zahlreiche, rötlich weiße, fünfblättrige **»Apfelblüten«.** Ab September kleine gelbgrüne **Äpfelchen,** essbar, aber meist ziemlich hart, unreif herbsauer, reif herbsüßlich.
Ansprüche und Verbreitung: Verbreitungsschwerpunkt wohl im norddeutschen Tiefland, sonst selten bis fehlend. Gern auf nährstoffreichen, kalkhaltigen Böden in sonnigen Lagen, aber auch auf flachgründigem, steinigem Untergrund gedeihend.
Besonderheiten: Aus dem Holzapfel wurden zahlreiche Sorten des Kulturapfels gezüchtet.
Verwendung: Gut geeignet für dornige Landschaftshecken an sonnigen Standorten, im Garten pflanze man bevorzugt alte regionaltypische und – wenn der Platz es zulässt – hochstämmige Kultursorten.

Wildbirne, Holzbirne

Pyrus communis = Pyrus pyraster (Rosengewächse, *Rosaceae)*

großer Strauch, Baum; langsam wachsend
Kennzeichen: Baum, bis über 15 m hoch, mitunter sparriger Großstrauch mit reich verzweigten, bedornten Einzelstämmen. Bildet durch Wurzeltriebe oft dichte Gebüsche. **Blüten** bis 3 cm breite, fünfblättrige Scheibenblüten in kleinen Dolden, von April bis Juni. Lang gestielte, birnenförmige **Früchte,** essbar, hart und von herbem Geschmack, ab September.
Ansprüche und Verbreitung: Von der Ostseeküste bis in den Alpenraum – dort in Lagen bis etwa 800 m Höhe – lückig verbreitet und nirgendwo häufig. Vorkommen sind oft verwilderte Kulturformen (erkennbar an deren fehlender Bedornung). Liebt nährstoffreiche, kalkhaltige, durchlässige Böden in trockenen, warmen Lagen.
Besonderheiten: Schon die Römer zogen aus der Holzbirne über 40 Kultursorten mit größeren Früchten und weicherem Fleisch, heute kennt man über 1000 Sorten.
Verwendung: Für dornige Landschaftshecken an sonnigen Standorten geeignet, im Garten werden meist Kultursorten gepflanzt.

Schlehe, Schwarzdorn

Prunus spinosa (Rosengewächse, *Rosaceae*)

kleiner bis mittelgroßer Strauch; langsam wachsend

Kennzeichen: Stark bedornter, dickichtartig wachsender Strauch, je nach Standort mitunter auch nur dünn und sparrig, 2 – 3 m hoch. Schwarzbraune Rinde (Name!). Im April vor dem Laubaustrieb überschüttet mit kleinen, schneeweißen **Scheibenblüten. Früchte** ab September bis Oktober, rund, blauschwarz bereift, gut erbsen- bis haselnussgroß, essbar, nach Frosteinwirkung süßlich herb, vorher zusammenziehend herber Geschmack.

Ansprüche und Verbreitung: Häufig. Liebt trockene, kalkreiche, sandig steinige oder lehmige Böden in sonniger, warmer Lage, je nach Unterart oder Standortform auch an feuchten, halbschattigen Standorten.

Besonderheiten: Die Schlehe bildet hierzulande zwei Unterarten und ist eine der Stammformen der Pflaumen und Zwetschgen. Schlehenfrüchte lassen sich zum Beispiel zu vitaminreichem, köstlichem Saft oder Likör verarbeiten.

Verwendung: Durch die starke Bedornung und die Blütenfülle ein attraktives Vogelschutzgehölz und lebender Zaun, wegen zahlreicher Wurzelschösslinge aber sehr breit werdend und beständig vorrückend. Daher Vorsicht bei Verwendung im kleineren Garten! Bei regelmäßigem Schnitt gut ausschlagfähig, aber empfindlich gegen starken Rückschnitt ins alte Holz.

Vogelkirsche, Wildkirsche

Prunus avium (Rosengewächse, *Rosaceae)*

mittelgroßer Baum; mittelschnell bis schnell wachsend

Kennzeichen: Baum mit breit eiförmiger Krone, 10 – 15 (20) m hoch, 8 – 12 m breit. Im April zahlreiche, bis 3 cm breite, fünfzählige, weiße **Blüten,** zu 2 bis 3 an Kurztrieben stehend. **Früchte** ab Juni bis Juli, hellrote bis schwarzrote, bis 1 cm große Steinfrüchte, essbar.

Ansprüche und Verbreitung: Verbreitete, anspruchsvolle Art. Liebt feuchte bis trockene, lehmige, nährstoffreiche Böden in sonniger bis halbschattiger Lage.

Besonderheiten: Vögel schätzen die Früchte der Vogelkirsche, die die Stammform unserer Kulturkirschen ist.

Verwendung: Wildkirschen wurden früher wegen ihres Nutzholzes und der Früchte in bäuerlichen Nutzhecken als Überhälter gefördert. Im Garten werden heute ausschließlich Kulturformen gepflanzt.

Gemeine Traubenkirsche

Prunus padus (Rosengewächse, *Rosaceae)*

großer Strauch, Baum; anfangs schnell, später langsamer wachsend

Kennzeichen: Vieltriebiger Strauch von eiförmiger bis rundlicher Gestalt, bis 8 m hoch, oder kleiner Baum mit tief angesetzter, ausladender Krone, 10 – 15 m hoch. Aufstrebende Hauptäste, Seitenzweige waagerecht bis überhängend, dicht belaubt. Kleine, weiße **Scheibenblüten** in lockeren Trauben im April bis Juni. Erbsengroße **Früchte,** schwarzrot, essbar, bittersüßer Geschmack, Juli bis August.

Ansprüche und Verbreitung: Verbreitet in Flussniederungen, Auwäldern, an Bachläufen, Gräben und feuchten Waldrändern. Liebt nährstoffreiche, feuchte bis nasse Böden, Sonne bis Halbschatten.

Besonderheiten: Eine nahe Verwandte aus Nordamerika, die Spätblühende Traubenkirsche *(Prunus serotina)*, wurde als anspruchsloses Forstgehölz zur Bodenverbesserung auf verhagerten Standorten eingeführt und hat sich mittlerweile wegen ihrer Wüchsigkeit und Konkurrenzkraft zu einem echten Problemfall entwickelt, dem kaum mehr beizukommen ist.

Verwendung: Wächst im Garten auch auf weniger feuchten Böden, muss durch regelmäßigen Schnitt im Zaum gehalten werden.

Eingriffeliger Weißdorn

Crataegus monogyna (Rosengewächse, *Rosaceae)*

mittelgroßer Strauch, Baum; mittelschnell wachsend

Kennzeichen: Unregelmäßig aufgebauter Dornstrauch, 3 – 5 m hoch, auch baumartig, bis 8 m hoch. Dicht verzweigt mit guter innerer Struktur, bildet im Alter (vereinzelt bis 500 Jahre alt!) eine breite, oft tief heruntergezogene Krone. Rinde grauweißlich (Name!). **Blätter** mehrfach tief gelappt. Im Mai nach dem Laubaustrieb sehr zahlreiche weiße **Scheibenblüten** am mehrjährigen Holz. Von September bis Oktober rote **Früchte,** erinnern an Hagebutten, essbar.

Ansprüche und Verbreitung: Überall häufig und weitverbreitet. Ursprüngliche Häufigkeit und Verbreitung unklar, da in Nord- und Westdeutschland für die Anlage der dornigen Schutzhecken ab dem Ende des 18. Jahrhunderts speziell diese Art oft von weither geliefert wurde, weil die lokalen Bestände den großen Bedarf nicht decken konnten. Standort trocken bis frisch, möglichst sonnig, auf allen nährstoffreichen, neutralen bis kalkhaltigen Substraten, verkümmert auf nährstoffarmen Sandböden, sonst anspruchslos.

Besonderheiten: Als Nahrungspflanze für zahlreiche Vögel, Säugetiere und Insekten ist der Weißdorn einer der wertvollsten heimischen Wildsträucher. Aus getrockneten und gemahlenen Früchten wurde früher Mehl gewonnen, und Weißdornpräparate werden in der Medizin gegen Herzbeschwerden eingesetzt.

Verwendung: Der Weißdorn sollte in keiner Landschaftshecke und in keinem Garten fehlen. Die Verwendung reicht vom dekorativen Einzelstrauch über wuchtige Feldhecken bis zur regelmäßig geschnittenen Gartenhecke. Eine der dankbarsten Heckenpflanzen überhaupt.

Zweigriffeliger Weißdorn

Crataegus laevigata (Rosengewächse, *Rosaceae)*

mittelgroßer Strauch, Baum; mittelschnell wachsend

Kennzeichen: Ähnlich wie der Eingriffelige Weißdorn, aber mit weniger tief gelappten **Blättern** und zwei Griffeln in der **Blüte.** Blütezeit etwas früher und **Beeren** etwas dunkler rot und weniger leuchtend als beim Eingriffeligen Weißdorn. Als dritte Art ist der Großkelchige Weißdorn *(Crataegus curvisepala = Crataegus rhipidophylla)* zu nennen. Die genaue Artbestimmung kann schwierig sein, da sich alle drei heimischen Weißdornarten untereinander kreuzen.

Ansprüche und Verbreitung: Häufig an feuchteren Standorten als der Eingriffelige Weißdorn, verträgt mehr Schatten als dieser. Sonst ähnlich anpassungsfähig.

Besonderheiten: Im Volksglauben spielten Weißdornsträucher eine bedeutende Rolle: Ein Amulett aus Weißdornholz sollte vor Unglück und bösem Zauber schützen, und auf ihren Blättern tanzten Feen und Elfen.

Verwendung: Eine Zuchtform des Zweigriffeligen Weißdorns mit gefüllten (daher sterilen), roten Blüten ist der Rotdorn, der häufig als kleines Bäumchen mit schlankem Stamm als dekoratives Einzelgehölz für Gärten und Parks gezogen wird. Die sonstige Verwendung entspricht derjenigen des Eingriffeligen Weißdorns.

Eberesche, Vogelbeere

Sorbus aucuparia (Rosengewächse, *Rosaceae)*

kleiner bis mittelgroßer Baum; anfangs schnell, später langsamer wachsend

Kennzeichen: Baum, einstämmig bis mehrstämmig, 5 – 10 (15) m hoch. **Blätter** eschenartig gefiedert (Name!) mit 11 bis 15 Einzelblättchen. Handtellergroße, cremeweiße **Blütenstände** (Doldentrauben) mit unangenehmem Geruch, Mai bis Juni. Ab August korallenrote, erbsengroße **Beeren** in hängenden Dolden, roh ungenießbar, gekocht vielseitig in der Küche verwendbar.

Ansprüche und Verbreitung: Weitverbreitet, sehr anpassungsfähig und anspruchslos, gern auf sauren bis neutralen Böden, etwas empfindlich gegen zu viel Kalk und lang andauernde Trockenheit.

Besonderheiten: Entgegen hartnäckiger Gerüchte sind die Früchte nicht giftig, aber roh genossen sehr bitter. Sie verlieren ihren bitteren Geschmack durch Einlegen in Essigwasser. Die Sorte *Sorbus aucuparia 'edulis'* (›Mährische Eberesche‹) besitzt keine Bitterstoffe. Die Beeren sind bei Vögeln äußerst beliebt, daher der Name »Vogelbeere«.

Verwendung: Als dekoratives Einzelgehölz oder in Kombination mit anderen Heckengehölzen zu verwenden.

Brombeeren

Rubus fruticosus agg. (Rosengewächse, *Rosaceae)*

kleine »Scheinsträucher«, teilweise rankend; meist schnell wachsend

Kennzeichen: Brombeeren bilden zusammen mit den Haselblatt-Brombeeren *(Rubus corylifolius agg.)* eine kaum überschaubare Artengruppe von knapp 400 heimischen Arten. Wuchsform entsprechend vielgestaltig von kriechend bis bogig überhängend, oft dickichtartig oder in andere Sträucher einrankend, bis 2 m hoch. Je nach Art Bestachelung stark ausgeprägt bis fast fehlend. In ihren oberirdischen Teilen zweijährige »Scheinsträucher«: Weiße bis rosafarbige **Scheibenblüten** erscheinen im Juni bis August in lockeren Trauben an kurzen Seitentrieben vorjähriger Sprosse, daneben diesjährige beblätterte Sprosse ohne Blüten. Von Juli bis November **Sammelfrüchte** aus zahlreichen Einzelfrüchtchen, unreif rot, reif schwarz, essbar.

Ansprüche und Verbreitung: Die Gruppe der Brombeeren besiedelt nahezu alle erdenklichen, nicht zu nassen Standorte, die einzelnen Arten sind oftmals nur sehr kleinräumig oder isoliert verbreitet. Im Allgemeinen gern auf stickstoffreichen Böden in sonnigen bis halbschattigen Lagen.

Besonderheiten: Der Grund für die extreme Artenvielfalt der Brombeeren liegt in ihrer Fähigkeit, Samen auch ohne Befruchtung der Eizelle bilden zu können (fakultative Apomixis), und an ihrer Ausstattung mit mehrfach (statt doppelt) vorhandenen Chromosomensätzen (Polyploidie). Morphologische und ökophysiologische Eigenschaften können in Form von natürlichen Klonen an die Nachkommen weitergegeben werden. Unter dem Selektionsdruck örtlicher Klima- und Standortfaktoren können daraus neue Kleinarten entstehen. Auch Kreuzungen zwischen einzelnen Brombeerarten und mit der verwandten Kratzbeere *(Rubus caesius)* tragen zur hohen genetischen Variabilität bei.

Verwendung: Brombeeren müssen und sollten in Landschaftshecken nicht gepflanzt werden. Jede Region weist ihre spezifische Brombeerflora auf, die sich unter Umständen schon zwischen benachbarten Hecken unterscheiden kann. Vögel sorgen für die Verbreitung. Für den Garten schneidet man sich am besten Triebstecklinge aus Naturvorkommen in der Umgebung. Nur für größere Gärten geeignet, da vielfach sehr wüchsig und ausbreitungsstark. Kultursorten werden meist am Spalier gezogen.

Himbeere

Rubus idaeus (Rosengewächse, *Rosacea*e)

kleiner »Scheinstrauch«; mittelschnell wachsend
Kennzeichen: »Scheinstrauch« (siehe unter Brombeeren) mit rutenförmigen Schösslingen, 1 – 2 m hoch, zweijährig, mit kleinen, zarten Stacheln. Von Mai bis August grünweiße **Blüten** zu mehreren doldenförmig zusammenstehend. Von Juli bis September rosarote **Sammelfrüchte,** essbar.
Ansprüche und Verbreitung: Weitverbreitet in lichten Wäldern, auf Lichtungen, an Waldrändern, in Hecken und Gebüschen. Liebt stickstoffreiche, nicht zu trockene, sonnig warme Standorte.
Besonderheiten: Wie bei den Brombeeren dienen Blüten, Früchte und Blätter zahlreichen Säugetieren, Vögeln und Insekten als Nahrung.
Verwendung: Stellt sich an geeigneten Standorten durch Vogelverbreitung von selbst ein. Für die Verwendung im Garten eignen sich neben der Wildform diverse Kultursorten mit reicherem Fruchtertrag.

Wildrosen

Rosa spec. (Rosengewächse, *Rosaceae*)

kleine bis mittelgroße Sträucher, teilweise kletternd; je nach Art mittelschnell bis schnell wachsend
Kennzeichen: Je nach Art mit langen, überhängenden, bestachelten Trieben, kriechend bis kletternd oder mit straff aufrechten Trieben. Durch intensive Ausläuferbildung oft dickichtartig. Große Arten bis 3 m hoch und breit, kleinere Arten etwa halb so groß. Im Mai bis Juni (Juli) rosafarbene bis weiße, große **Scheibenblüten** entlang der Triebenden, wohlriechend. **Früchte** erscheinen je nach Art von August bis November als rundliche bis längliche Hagebutten, meist rot (Bibernellrose: schwarz), essbar.
Ansprüche und Verbreitung: Von den gut 30 heimischen Wildrosenarten, die sich teilweise untereinander kreuzen, weisen die meisten eine eng begrenzte regionale (überwiegend süddeutsche) Verbreitung auf und sind selten bis sehr selten. Fast alle Arten lieben steinige, lehmige, kalkreiche Böden in sonniger, warmer Lage.
Besonderheiten: Entgegen dem allgemeinen Sprachgebrauch haben Rosen keine Dornen, sondern Stacheln. Stacheln sind leicht abzubrechende Auswüchse der Blatthaut (Epidermis), die nicht nur vor Verbiss schützen, sondern auch als Rankhilfen dienen. Bei den Dornen unterscheiden Fachleute Sprossdornen als Verzweigungen des Holzkörpers (zum Beispiel bei Weißdorn oder Schlehe) von den aus umgewandelten Blättern hervorgegangenen Blattdornen (zum Beispiel bei Berberitze).
Verwendung: Bei der Pflanzung von Landschaftshecken sollte das regional vorhandene Artenspektrum verwendet werden, nicht nur die überall häufige Hundsrose *(Rosa canina).* In größeren Gärten lassen sich durch Kombination verschiedener Wildrosenarten (auf heimische Herkunft achten!) zauberhafte, blütenreiche »Dornröschenhecken« anlegen. In kleineren Gärten sollte man auf großwüchsige Arten besser verzichten, da die überhängenden Triebe viel Raum beanspruchen. Neben zahllosen gezüchteten Sorten von Beet-, Edel- und Kletterrosen gibt es auch eine Reihe von veredelten Wildrosen (naturnahe Gartenrosen), die teils attraktiver als die Wildformen sind, aber viel robuster als die meisten Züchtungen.

15 exotische Ziergehölze für den Garten

Bauernjasmin, Pfeifenstrauch, Falscher Jasmin *Philadelphus coronarius*

kleiner bis mittelgroßer Strauch; schnell wachsend

Herkunft Südeuropa, viele Sorten im Handel. Wuchsform straff aufrecht, im Alter Zweige bogenförmig überhängend. Wildform 3 – 4 m hoch, 2 – 3 m breit, Sorten zum Teil deutlich kleiner bleibend. Ab Mitte Mai bis Juni zahlreiche, süß duftende, rahmweiße Blüten. Sorten teilweise mit gefüllten Blüten und schwach bis nicht duftend. Nach der Blüte gegebenenfalls Auslichtungsschnitt vornehmen, dabei ältere Triebe ganz herausschneiden, Neutriebe niemals einkürzen. Regelmäßiges Auslichten erhöht die Blühwilligkeit.

Blüten-Felsenmispel *Cotoneaster multiflorus*

kleiner bis mittelgroßer Strauch; mittelschnell bis schnell wachsend

Heimat China. Locker breitwüchsiger Strauch, 2 – 3 m hoch und breit. Zweige bogenförmig überhängend. Im Mai weiße Blütenrispen mit strengem Geruch. Ab August üppiger Fruchtbehang mit großen, roten Beeren. Im Handel sind weitere ähnliche, für frei wachsende Gartenhecken geeignete Arten erhältlich wie die Graue Felsenmispel *(Cotoneaster dielsianus)* und die Lockere Felsenmispel *(Cotoneaster divaricatus)*.

Feuerdorn *Pyracantha coccinea*

kleiner bis mittelgroßer Strauch; mittelschnell bis schnell wachsend

Heimat Südosteuropa bis Ostasien. Aufrecht wachsender, sparriger, stark bedornter immergrüner Strauch, 2 – 4 m hoch und ebenso breit, schwächerwüchsige Sorten im Handel. Weiße Doldenrispen Ende Mai bis Juni, strenger Geruch. Erbsengroße Früchte, je nach Sorte rot, orange oder gelb, nicht für den Verzehr geeignet. Liebt Sonne und trockene, leichte Böden. Gut schnittverträglich, auch für Schnitthecken zu verwenden.

Flieder *Syringa vulgaris*

großer Strauch; mittelschnell bis schnell wachsend

Herkunft Südosteuropa, viele Sorten im Handel. Vielstämmiger, aufrechter Strauch, 4 – 6 m hoch, durch Ausläufer bei guten Bedingungen dickichtartig wachsend. Sorten meist weniger ausbreitungsstark. Anfang Mai stark duftende lila Blütenrispen, Sorten in unterschiedlichen Blütenfarben, gut schnittverträglich, ab Juli grüne Samenkapseln. Weitere Flieder-Arten wie Bogen-Flieder *(Syringa reflexa,* Herkunft China) im Baumschulangebot.

Forsythie, Goldglöckchen *Forsythia spec.*

kleiner bis mittelgroßer Strauch; mittelschnell bis schnell wachsend

Heimat Ostasien. Im Handel nur Züchtungen erhältlich, keine Wildformen. Breit ausladender Strauch, je nach Sorte 1,5 – 4 m hoch und oft ebenso breit werdend. Bekannter Frühjahrsblüher mit gelben Glöckchenblüten Ende März bis April. Zur Förderung des Blütenreichtums ältere Triebe nach der Blüte komplett ausschneiden. In Gärten weit verbreitet, aber für heimische Tiere wertlos.

Kirschpflaume, Myrobalane

Prunus cerasifera

großer Strauch, Baum; mittelschnell wachsend

Ursprüngliche Heimat im Mittleren Osten, teilweise eingebürgert. Neben der Schlehe eine der Stammformen unserer Kulturpflaumen. Großstrauch oder kleiner Baum, 5 – 8 m hoch, 4 – 6 m breit. Unregelmäßig verzweigt, dichtbuschig bis sparrig wachsend. Ende März, Anfang April zahlreiche weiße »Kirschblüten« vor dem Laubaustrieb. Rote Früchte, 2 – 3 cm groß, erinnern im Aussehen an eine Mischung aus Kirsche und Pflaume, saftig, wohlschmeckend süßsäuerlich. Braucht wie alle Obstbäume Sonne und Platz, daher Einzelstellung oder kleinwüchsige Arten als Heckennachbarn. Zuchtform *'nigra'* (Blutpflaume) mit rosa Blüten und dunkelrotem Laub.

Kolkwitzie

Kolkwitzia amabilis

kleiner bis mittelgroßer Strauch; mittelschnell bis schnell wachsend

Heimat Westchina. 2 – 3 m hoher und breiter Strauch, Zweige zunächst straff aufrecht wachsend, später trichterförmig ausgebreitet mit elegant bogenförmig überhängenden Seitentrieben. Ab Mitte Mai bis Juni zahlreiche, glöckchenförmige rosa Blüten, bei Regen duftend. Verlangt gelegentliches Ausschneiden alter Triebe nach der Blüte, um vorzeitiges Vergreisen zu verhindern.

Kupfer-Felsenbirne

Amelanchier lamarckii

großer Strauch, Baum; mittelschnell wachsend

Ursprüngliche Heimat Nordamerika, teilweise eingebürgert. Großstrauch oder kleiner Baum, 5 – 8 m hoch, 3 – 5 m breit. Zunächst aufrecht, später breitwüchsig bis trichterförmig wachsend. Mitte bis Ende April cremeweiße Blütentrauben. Blauschwarze, essbare Früchte von süßlichem Geschmack. Laub im Austrieb rötlich, dann mittelgrün. Prächtige gelbe bis kupferrote Herbstfärbung. Ähnlich, aber etwas zierlicher ist die Kahle Felsenbirne *(Amelanchier laevis*, Herkunft Nordamerika). Beide Arten sind bezüglich des Standorts anpassungsfähiger als die heimische Felsenbirne *(Amelanchier ovalis)*, die an sonnigen, steinigen Hängen Süddeutschlands vorkommt.

Ranunkelstrauch, Kerrie

Kerria japonica

kleiner Strauch; schnell wachsend

Heimat Ostasien. Vieltriebiger, wenig verzweigter Strauch, Triebe aufrecht wachsend und allmählich übergeneigt, bis 2 m hoch, durch zahlreiche Ausläufer dickichtartig wachsend. Ab Ende April gelbe Schalenblüten, die bei der Sorte *'pleniflora'* gefüllt sind. Kann sich auf gut gedüngten Böden stark ausbreiten, dann oft nur mäßig blühend.

Schmetterlingsstrauch, Sommerflieder

Buddleja davidii

kleiner bis mittelgroßer Strauch; schnell wachsend

Herkunft China, zahlreiche Sorten mit unterschiedlichsten Blütenfarben im Handel. In westdeutschen Städten auf Brachen und Bahnanlagen teilweise verwildert. Straff aufrecht wachsend mit übergeneigten Seitenzweigen und Blütenrispen, 2 – 3 m hoch. Blütezeit von Juli bis September, Schmetterlingsmagnet. Braucht volle Sonne und nicht zu nasse Böden. Jährlicher starker Rückschnitt Ende März nötig, um Neuaustrieb und Blütenbildung anzuregen. Die verwandte Art *Buddleja alternifolia* sollte dagegen möglichst wenig geschnitten werden, weil dies den Blütenansatz mindert.

Schneebeere

Symphoricarpos albus

kleiner Strauch; schnell wachsend

Ursprüngliche Heimat Nordamerika, hierzulande an vielen Stellen verwildert. Dichtbuschiger Strauch mit dünnen Trieben, 1,5 – 2 m hoch, durch intensive Ausläuferbildung sehr breit werdend. Unscheinbare, weißrosafarbige, glöckchenartige Blüten ab Juni, wenig zierend. Die auffälligen weißen, ungenießbaren Beeren zerplatzen, wenn man darauf tritt, mit deutlichem Knacken, daher heißen sie besonders bei Kindern auch »Knackbeeren« oder »Knallerbsen«. Schneebeeren sind unverwüstliche, anspruchslose Kleingehölze, die sich hervorragend für schattige Standorte und als Decksträucher zur Unter- und Zwischenpflanzung von größeren Heckensträuchern eignen.

Spierstrauch, Spiere

Spiraea spec.

kleiner bis mittelgroßer Strauch; langsam wachsend

Zahlreiche Arten und Sorten unterschiedlicher Herkunft im Handel. Größe variiert zwischen 0,3 m und 2,5 (3) m. Blütenfarbe Weiß, Rosa oder Rot. Frühjahrsblüher sind zum Beispiel Schneespiere *(Spiraea arguta)* oder Prachtspiere *(Spiraea vanhouttei)*, Sommerblüher zum Beispiel die Sommerspieren *(Spiraea bumalda* in Sorten). Alle Arten sind dankbare, robuste Blütensträucher. Die kleineren Arten und Sorten eignen sich vor allem als Vorpflanzung vor größeren Heckensträuchern auf der Sonnenseite oder für kleinere Blütenhecken gut.

Weigelie

Weigela florida

kleiner bis mittelgroßer Strauch; schnell wachsend

Heimat Japan. Zahlreiche Sorten im Handel. Rundlicher, vieltriebiger, wenig verzweigter Strauch, Zweige aufstrebend bis bogig überhängend, 2 – 3 m hoch und breit. Im Sommer zahlreiche trichterförmig glockige Blüten, je nach Sorte hellrosa bis tiefrot, von Ende Mai bis Juli, spät blühende Sorten bis Anfang August. Regelmäßig Auslichtungsschnitt durchführen, am besten unmittelbar nach der Blüte.

Zierapfel

Malus-Hybriden

mittelgroßer Strauch, Baum; meist langsam wachsend

Heimat vermutlich überwiegend Ostasien. Die Vielfalt der Zieräpfel ist unüberschaubar, die Anzahl der Sorten wird auf 700 bis 800 geschätzt. Dementsprechend unterschiedlich ist die Wuchsform, von breitwüchsigen, niedrigen Sträuchern bis zu schlank aufrecht wachsenden Kleinbäumen, je nach Sorte 2 – 9 m, in der Regel 3 – 6 m hoch. Im Mai überreich blühend, Blüten weiß, rosa oder rot. Blütenknospen auch bei weißblütigen Sorten hellrosa bis karminrosa. Ab September kleine Äpfelchen, je nach Sorte kirschgroß bis pflaumengroß, häufig prächtig rot, intensiv gelb oder orange gefärbt, essbar, Ernte lohnt jedoch nur bei den großfrüchtigen Sorten. Neben den Hybriden gibt es im Handel verschiedene, meist aus Japan stammende Apfelarten wie den Blütenapfel *(Malus floribunda)* oder den Bergapfel *(Malus toringo)*. Zieräpfel lieben nicht zu trockene, durchlässige Böden in sonniger bis leicht schattiger Lage.

Zierquitte, Niedrige Scheinquitte

Chaenomeles japonica

kleiner Strauch; langsam wachsend

Heimat Japan. Zahlreiche Sorten im Handel. Breitwüchsiger, bedornter Strauch, nur selten über 1 m hoch werdend. Ab März ziegelrote oder scharlachrote große Schalenblüten. Früchte quittenartig, grüngelb, mit aromatischem Duft, essbar. Die nah verwandte Chinesische Zierquitte *(Chaenomeles speciosa = Chaenomeles lagenaria)* ist ähnlich, wird aber 2 – 3 m hoch und mindestens ebenso breit. Zierquitten lieben windgeschützte, vollsonnige Standorte.

30 heimische Heckengehölze

Deutscher Name *(Botanischer Name)*	Jan.	Feb.	März	April	Mai	Juni	Juli	Aug.	Sept.	Okt.	Nov.	Dez.
Berberitze *(Berberis vulgaris)*					✿	✿		🍎	🍎	🍎		
Höhe: 1 – 3 m, Licht: ☼, Boden: ♦-♦♦, Blüte: gelb, Frucht: rot D												
Brombeeren[1] *(Rubus fruticosus agg.)*						✿	✿🍎	✿🍎	🍎	🍎	🍎	
Höhe: 0,5 – 3 m, Licht: ☼-◐, Boden: ♦-♦♦, Blüte: weiß od. rosaweiß, Frucht: schwarz, e 🐦 🐝 D												
Buchsbaum *(Buxus sempervirens)*			✿	✿	✿🍎	🍎	🍎					
Höhe: bis 5 m, Licht: ☼-◐, Boden: ♦-♦♦, Blüte: gelbgrün, Frucht: braun, g!												
Eibe *(Taxus baccata)*			✿	✿	✿				🍎	🍎		
Höhe: 3 – 10 m, Licht: ◐-●, Boden: ♦-♦♦, Blüte: ♂ gelblich, ♀ gelbgrün, Frucht: rot G!												
Faulbaum *(Frangula alnus)*					✿	✿	✿🍎	🍎	🍎	🍎	🍎	
Höhe: 2 – 3 m, Licht: ☼-◐, Boden: ♦♦♦, Blüte: grünlich weiß, Frucht: schwarz 🐦												
Feldahorn *(Acer campestre)*					✿	✿		🍎	🍎			
Höhe: bis 15[2] m, Licht: ☼-●, Boden: ♦♦, Blüte: gelbgrün, Frucht: rötlich grün												
Geißblatt *(Lonicera spec.)*						✿	✿	✿🍎	🍎			
Höhe: 3 – 5 (8) m, Licht: ◐-●, Boden: ♦♦-♦♦♦, Blüte: gelblich, Frucht: dunkelrot, g! Li												
Hainbuche *(Carpinus betulus)*					✿	✿				🍎		
Höhe: 15 – 20[2] m, Licht: ☼-●, Boden: ♦♦, Blüte: ♂ grünlich, ♀ rötlich, Frucht: braun												
Hartriegel, Roter *(Cornus sanguinea)*					✿	✿		🍎	🍎	🍎		
Höhe: 2 – 4 m, Licht: ☼-◐, Boden: ♦♦, Blüte: weißlich, Frucht: schwarz												
Hasel *(Corylus avellana)*		✿	✿						🍎	🍎		
Höhe: 3 – 6 m, Licht: ☼-◐, Boden: ♦♦, Blüte: ♂ gelb, ♀ rot, Frucht: braun, e 🐇 🐝												
Heckenkirsche, Rote *(Lonicera xylosteum)*					✿	✿🍎	🍎					
Höhe: 2 – 3 m, Licht: ☼-●, Boden: ♦♦, Blüte: gelblich, Frucht: rot, g!												
Himbeere *(Rubus idaeus)*					✿	✿	✿🍎	✿🍎	🍎			
Höhe: 1 – 2 m, Licht: ☼, Boden: ♦♦, Blüte: weiß, Frucht: rosarot, e 🐦 🐇												
Holunder, Schwarzer *(Sambucus nigra)*					✿	✿		🍎	🍎			
Höhe: 2 – 7 m, Licht: ☼-◐, Boden: ♦♦-♦♦♦, Blüte: cremeweiß, Frucht: schwarz, (e) 🐦												
Holzapfel *(Malus sylvestris)*					✿				🍎			
Höhe: 3 – 5 (10) m, Licht: ☼, Boden: ♦-♦♦, Blüte: weiß, Frucht: gelbgrün, e 🐇												
Holzbirne *(Pyrus communis)*				✿	✿	✿			🍎			
Höhe: bis 15 m, Licht: ☼, Boden: ♦-♦♦, Blüte: weiß, Frucht: grüngelb 🐇												
Kornelkirsche *(Cornus mas)*		✿	✿					🍎	🍎	🍎		
Höhe: 2 – 6 m, Licht: ☼-◐, Boden: ♦-♦♦, Blüte: gelb, Frucht: rot, e												

Deutscher Name *(Botanischer Name)*	Jan.	Feb.	März	April	Mai	Juni	Juli	Aug.	Sept.	Okt.	Nov.	Dez.
Kreuzdorn *(Rhamnus cathartica)*					✿	✿			🍎	🍎	🍎	
Höhe: 3 – 7 m, Licht: ☼-●, Boden: 💧-💧💧, Blüte: gelbgrün, Frucht: schwarz												🐝 D
Liguster *(Ligustrum vulgare)*						✿	✿🍎	🍎	🍎			
Höhe: 2 – 3 (5) m, Licht: ☼, Boden: 💧-💧💧, Blüte: weiß, Frucht: schwarz, g!												
Pfaffenhütchen *(Euonymus europaeus)*					✿	✿		🍎	🍎	🍎		
Höhe: 2 – 4 (6) m, Licht: ☼-●, Boden: 💧💧-💧💧💧, Blüte: grünlich, Frucht: rotorange, g!												
Schlehe *(Prunus spinosa)*				✿					🍎	🍎		
Höhe: 2 – 3 m, Licht: ☼, Boden: 💧-💧💧, Blüte: weiß, Frucht: blau, e												🐇 🐝 D
Schneeball, Gemeiner *(Viburnum opulus)*					✿	✿			🍎	🍎		
Höhe: 3 – 5 m, Licht: ☼-◐, Boden: 💧💧💧, Blüte: weiß, Frucht: rot												
Schneeball, Wolliger *(Viburnum lantana)*					✿	✿		🍎	🍎			
Höhe: 2 – 5 m, Licht: ☼, Boden: 💧, Blüte: cremeweiß, Frucht: schwarz												
Traubenkirsche *(Prunus padus)*				✿	✿	✿	🍎	🍎				
Höhe: 8 – 15 m, Licht: ☼-◐, Boden: 💧💧💧, Blüte: weiß, Frucht: schwarzrot, e												🐦
Vogelbeere *(Sorbus aucuparia)*					✿	✿		🍎	🍎			
Höhe: 5 – 10 m, Licht: ☼-◐, Boden: 💧-💧💧, Blüte: weiß, Frucht: orangerot, (e)												🐦 🐇
Vogelkirsche *(Prunus avium)*				✿			🍎	🍎				
Höhe: 10 – 15 m, Licht: ☼-◐, Boden: 💧💧-💧💧💧, Blüte: weiß, Frucht: rot, e												🐦
Waldrebe *(Clematis vitalba)*						✿	✿🍎	✿🍎	🍎			
Höhe: bis 12 m, Licht: ☼, Boden: 💧💧, Blüte: gelbweiß, Frucht: rotbraun												Li
Weide *(Salix spec.)*			✿	✿		🍎	🍎					
Höhe: 1 – 20 m, Licht: ☼, Boden: 💧💧-💧💧💧, Blüte: ♂ gelb, ♀ grünlich, Frucht: braun												🐝
Weißdorn, Eingriffeliger *(Crataegus monogyna)*					✿				🍎	🍎		
Höhe: 3 – 5 m, Licht: ☼, Boden: 💧-💧💧, Blüte: weiß, Frucht: rot												🐦 🐇 🐝 D
Weißdorn, Zweigriffeliger *(Crataegus laevigata)*					✿				🍎	🍎		
Höhe: 3 – 5 m, Licht: ☼-◐, Boden: 💧💧-💧💧💧, Blüte: weiß, Frucht: rot												🐦 🐇 🐝 D
Wildrosen[1] *(Rosa spec.)*					✿	✿	✿	🍎	🍎	🍎		
Höhe: 1 – 3 m, Licht: ☼, Boden: 💧-💧💧, Blüte: rosa, weiß, Frucht: rot, (schwarz)												🐝 D

✿ = *Blütezeit* 🍎 = *Fruchtreife (die Früchte hängen teilweise länger!)* ✿🍎 = *Frucht-/Blütezeit*
Licht: ☼ / ◐ / ● = *sonnig / halbschattig / schattig* **Boden:** 💧 / 💧💧 / 💧💧💧 = *trocken / mittel / feucht*
Frucht: *e = essbar; (e) = gekocht oder anderweitig behandelt essbar; g! = giftig; fehlende Bemerkung = Früchte ungenießbar*
Besonderheiten: *D = Strauch mit Dornen oder Stacheln, gutes Vogelschutzgehölz*
Li: Kletterpflanze (Liane), G! = ganze Pflanze (mit Ausnahme des Fruchtfleisches) giftig!
Als **Nahrungspflanze** *von herausragendem Wert für Vögel* 🐦*, Säuger* 🐇 *oder Insekten* 🐝.

[1] *Es gibt zahlreiche – zum Teil nur regional verbreitete – Arten.*
[2] *Durch regelmäßigen Rückschnitt auch im Garten problemlos auf Heckenformat zu halten (gilt genauso für die übrigen aufgeführten Straucharten).*

15 exotische Ziergehölze für den Garten

Deutscher Name *(Botanischer Name)*	Jan.	Feb.	März	April	Mai	Juni	Juli	Aug.	Sept.	Okt.	Nov.	Dez.
Bauernjasmin *(Philadelphus coronarius)*					✿	✿						
Höhe: 1 – 4[1] m, Licht: ☼-◐, normaler Gartenboden, Blüte: weiß, in Mitteleuropa keine Frucht												
Blüten-Felsenmispel *(Cotoneaster multiflorus)*					✿			🍎				
Höhe: 2 – 3 m, Licht: ☼-◐, normaler Gartenboden, Blüte: weiß, Frucht: rot												
Feuerdorn *(Pyracantha coccinea)*					✿	✿		🍎	🍎			
Höhe: 1,5 – 4[1] m, Licht: ☼, normaler Gartenboden, Blüte: weiß, Frucht: rot, gelb, orange[1]												
Flieder *(Syringa vulgaris)*					✿		🍎					
Höhe: 4 – 6 m, Licht: ☼, normaler Gartenboden, Blüte: weiß, lila, rot, purpur[1], Frucht: grün (Kapseln)												
Forsythie *(Forsythia spec.)*			✿	✿								
Höhe: 1,5 – 4[1] m, Licht: ☼, normaler Gartenboden, Blüte: gelb, in Mitteleuropa keine Frucht												
Kirschpflaume *(Prunus cerasifera)*			✿	✿			🍎	🍎	🍎			
Höhe: 5 – 8 m, Licht: ☼, normaler Gartenboden, Blüte: weiß, Frucht: dunkelrot, e												
Kolkwitzie *(Kolkwitzia amabilis)*					✿	✿						
Höhe: 2 – 3 m, Licht: ☼, normaler Gartenboden, Blüte: rosa, in Mitteleuropa keine Frucht												
Kupfer-Felsenbirne *(Amelanchier lamarckii)*				✿				🍎				
Höhe: 5 – 8 m, Licht: ☼-◐, normaler Gartenboden, Blüte: cremeweiß, Frucht: schwarz, e												
Ranunkelstrauch *(Kerria japonica)*				✿	✿							
Höhe: bis 2 m, Licht: ☼, normaler Gartenboden, Blüte: gelb, in Mitteleuropa keine Frucht												
Schmetterlingsstrauch *(Buddleja davidii)*						✿	✿🍎	✿🍎	✿🍎	🍎	1	
Höhe: 2 – 3 m, Licht: ☼, normaler Gartenboden, Blüte: weiß, lila, rot, purpur[1], Frucht: braun (Kapseln)												
Schneebeere *(Symphoricarpos albus)*						✿	✿🍎	✿🍎	🍎	🍎		
Höhe: 1,5 – 2 m, Licht: ☼-●, normaler Gartenboden, Blüte: weißrosa, Frucht: weiß												
Spierstrauch *(Spiraea spec.)*					✿	✿	✿	✿	1			
Höhe: 0,3 – 2,5[1] m, Licht: ☼, normaler Gartenboden, Blüte: rosa, rot, in Mitteleuropa keine Frucht												
Weigelie *(Weigela florida)*					✿	✿	✿	✿	1			
Höhe: 2 – 3 m, Licht: ☼, normaler Gartenboden, Blüte: rosa, rot, in Mitteleuropa keine Frucht												
Zierapfel *(Malus-*Hybriden)					✿				🍎			
Höhe: 2 – 9[1] m, Licht: ☼-◐, norm. Gartenboden, Blüte: weiß, rosa, rot[1], Frucht: rot, orange, gelb[1], e												
Zierquitte *(Chaenomeles japonica)*			✿	✿			🍎	🍎				
Höhe: bis 1,5 m, Licht: ☼, normaler Gartenboden, Blüte: ziegelrot, Frucht: grüngelb, e												

✿ = *Blütezeit* 🍎 = *Fruchtreife* ✿🍎 = *Frucht-/Blütezeit*
Licht: ☼ / ◐ / ● = *sonnig/halbschattig/schattig* **Frucht:** *e = essbar*
[1] *je nach Sorte*

Zum Weiterlesen

Barkow, A.: *Die ökologische Bedeutung von Hecken für Vögel.* Dissertation an der Georg-August-Universität Göttingen 2001

Benjes, H.: *Die Vernetzung von Lebensräumen mit Benjeshecken.* Natur & Umwelt Verlag

Berger, H.-J.: *Die Anlage einer modifizierten Benjes-Hecke:* LÖBF-Mitteilungen 3/1995: 18 – 25

Blab, J.: *Grundlagen des Biotopschutzes für Tiere.* Ein Leitfaden zum praktischen Schutz der Lebensräume unserer Tiere. Kilda-Verlag

David, W.: *Lebensraum Totholz.* pala-verlag

Deutscher Verband für Landschaftspflege (DVL) e. V.: *Landschaftselemente in der Agrarstruktur – Entstehung, Neuanlage und Erhalt.* DVL-Schriftenreihe »Landschaft als Lebensraum«, Heft 9/2006

Kamps, S.: *Biologische Grundlagen des Gehölzwachstums und deren Bedeutung für die Heckenpflege.* LÖBF-Mitteilungen 3/1995: 25 – 27

Klingenstein, F.: *Neophyten und Naturgärten?* Globalisierung im Pflanzenreich: Ökologie, Ausbreitung und Gefahren durch Neophyten. Natur & Garten 2/2009: 35 – 38

Kolb, W. & T. Schwarz: *Hecken für jeden Garten. Schnitt-, Wild-, Frucht- und Blütenhecken.* BLV

Kowarik, I. & B. Seitz: *Perspektiven für die Verwendung gebietseigener Gehölze.* In: Seitz, B. & I. Kowarik (Hrsg.): Perspektiven für die Verwendung gebietseigener Gehölze. Neobiota Bd. 2: 3 – 26

Kurz, P., Machatschek, M. & B. Iglhauser: *Hecken – Geschichte und Ökologie, Anlage, Erhaltung und Nutzung.* Leopold Stocker Verlag

Lüder, R.: *Grundkurs Gehölzbestimmung – eine Praxisanleitung für Anfänger und Fortgeschrittene.* Quelle & Meyer Verlag

Ortner, D.: *Zur naturschutzrechtlichen Verpflichtung der Verwendung autochthonen Saat- und Pflanzguts bei der Straßenbegleitbegrünung.* UFZ-Diskussionspapiere 10/2004. Umweltforschungszentrum Leipzig-Halle GmbH

Puchstein, K.: *Zur Vogelwelt der schleswig-holsteinischen Knicklandschaft mit einer ornitho-ökologischen Bewertung der Knickstrukturen.* Corax 8 (2) / 1980: 62 – 106

Reif, A. & E. Richert: *Naturnahe Hecken durch Verwendung autochthoner Gehölze.* Materialien zur Ländlichen Entwicklung 33/1995 des Bayerischen Staatsministeriums für Ernährung, Landwirtschaft und Forsten (Hrsg.)

Ringler, A., Roßmann, D. & I. Steidl: *Hecken und Feldgehölze – Landschaftspflegekonzept Bayern,* Bd. II.12, Hrsg.: Bayerisches Staatsministerium für Landesentwicklung und Umweltfragen (StMLU) und Bayerische Akademie für Naturschutz und Landschaftspflege (ANL)

Rotter, M. & G. Kneitz: *Die Fauna der Hecken und ihre Beziehung zur umgebenden Agrarlandschaft.* Waldhygiene Bd. 12, Heft 1 – 3 / 1977: 1 – 82

Schulze, E.-D., Reif, A. & M. Küppers:
Die pflanzenökologische Bedeutung und Bewertung von Hecken. Beiheft 3 / 1984, Teil 1 zu den Berichten der Bayerischen Akademie für Naturschutz und Landschaftspflege (ANL)

Seitz, B., Jürgens, A. & I. Kowarik: *Erhaltung genetischer Vielfalt: Kriterien für die Zertifizierung regionalen Saat- und Pflanzguts* – Literaturstudie. BfN-Skripten 208

Strauß, M: *Köstliches von Hecken und Sträuchern. Bestimmen, sammeln und zubereiten.* Hädecke Verlag

Streeter, D., Richardson, R. & W. Dreyer: *Hecken – Lebensadern der Landschaft.* Gerstenberg Verlag

Tischler, W.: *Biozönotische Untersuchungen an Wallhecken.* Zoologische Jahrbücher 77 / 1948: 283 – 400

Tischler, W.: *Über die Bedeutung der Schädlingsfauna in den Wallhecken Schleswig-Holsteins.* Beitr. z. Agrarwiss. 2 / 1948: 40 – 55

Tischler, W.: *Biologie der Kulturlandschaft.* G. Fischer Verlag

Weber, H. E.: *Gebüsche, Hecken, Krautsäume.* Reihe: Ökosysteme Mitteleuropas aus geobotanischer Sicht, Ulmer Verlag

Westphal, U.: *Naturnahe Gärten in der Stadt – ein Beitrag zum Vogelschutz?* Natur & Garten 2/2011: 53 – 55

Westphal, U. & G. Helm: *Wilde Hamburger – Natur in der Großstadt.* Murmann Verlag

Witt, R: *Der Naturgarten.* BLV

Witt, R.: *Wildrosen und Wildsträucher für den Garten.* Kosmos Verlag

Witt, R.: *Wildsträucher und Wildrosen – bestimmen und anpflanzen.* Kosmos Naturführer

Wittig, R.: Hecken: *Ökosystemservices, Ökosystemfunktionen und Biodiversität.* Ber. d. Reinh.-Tüxen-Ges. 21 / 2009: 73 – 89

Zwölfer, H., Bauer, G., Heusinger, G. & D. Stechmann: *Die tierökologische Bedeutung und Bewertung von Hecken.* Beiheft 3 / 1984, Teil 2 zu den Berichten der Bayerischen Akademie für Naturschutz und Landschaftspflege (ANL)

Adressen

Verein Regionale Gehölzvermehrung RGV
Zeile 85
2020 Aspersdorf
Niederösterreich
www.regionale-gehoelze.at
unter anderem Veranstalter des Niederösterreichischen Heckentages

Schutzgemeinschaft Wallheckenlandschaft Leer e. V.
Wallhecken-Umwelt-Zentrum Ostfriesland
Regionales Umweltbildungszentrum
Feldstraße 34
26789 Leer
www.wallhecken.de

www.floraweb.de
Bundesamt für Naturschutz;
Daten und Informationen zu Wildpflanzen und zur Vegetation Deutschlands

www.autochthon.de
Erzeugergemeinschaft für autochthone Baumschulerzeugnisse in Süddeutschland;
Zusammenschluss verschiedener Baumschulen, die Pflanzgut gebietsheimischer Herkunft für Pflanzmaßnahmen in Bayern, Baden-Württemberg und angrenzenden gleichartigen Wuchsgebieten bereitstellen.

Naturgarten e. V.
Verein für naturnahe Garten- und Landschaftsgestaltung
Reuterstraße 157
53113 Bonn
www.naturgarten.org
Informationen zum Naturgarten, Bezugsquellen für Wildstauden, Wildgehölze

Fachbetriebe für naturnahes Grün – empfohlen von Bioland
Reuterstraße 157
53113 Bonn
www.naturgarten-fachbetriebe.org
Informationen zum Naturgarten und zu Naturgarten-Fachbetrieben

Verein REWISA-Netzwerk
Tulpengasse 8 A
4400 Steyr
Österreich
www.naturgarten-netzwerk.at
Informationen zum Naturgarten, Bezugsquellen für Wildstauden, Wildgehölze

Bioterra Schweiz
Scheideggstrasse 73
8038 Zürich
Schweiz
www.bioterra.ch
Informationen zum Naturgarten, Bezugsquellen für Wildstauden, Wildgehölze

Deutscher Verband für Landschaftspflege (DVL) e. V.
Promenade 9
91522 Ansbach
www.lpv.de
praktische Informationen und Fördermöglichkeiten

Naturschutzbund Deutschland (NABU) e. V.
Charitéstraße 3
10117 Berlin
www.nabu.de
zahlreiche praktische Naturschutzprojekte vor Ort zum Mitmachen

Naturschutzbund Österreich
Museumsplatz 2
5020 Salzburg
www.naturschutzbund.at
zahlreiche praktische Naturschutzprojekte vor Ort zum Mitmachen

Pro Natura
Dornacherstraße 192
4053 Basel
www.pronatura.ch
zahlreiche praktische Naturschutzprojekte vor Ort zum Mitmachen

Der Autor

Dr. Uwe Westphal (Jahrgang 1957) ist Diplom-Biologe und zertifizierter Fachzeitschriftenredakteur. Nach langjähriger hauptberuflicher Tätigkeit im Naturschutz lebt und arbeitet er heute als freier Publizist und Textdienstleister in der Nähe von Hamburg. Er ist Verfasser zahlreicher populärwissenschaftlicher Artikel und Fachaufsätze zu den Themen Umwelt, Natur und Garten sowie Autor und Coautor mehrerer Bücher und Audio-CDs. Daneben leitet er seit mehr als drei Jahrzehnten naturkundliche Wanderungen und Seminare. Einem breiten Publikum ist er durch zahlreiche Auftritte in Hörfunk und Fernsehen als Tierstimmen-Imitator bekannt, der die Lautäußerungen von rund 200 Vögeln, Säugetieren, Amphibien und Insekten beherrscht.

Das besondere Anliegen des Autors ist es, naturwissenschaftliche Forschung und intuitives Erfahrungswissen zu einem »neuen alten« Naturverständnis zu vereinen. Neben der Begeisterung für die Vogelwelt und die naturnahe Gartengestaltung haben es ihm ganz besonders artenreiche Hecken und Heckenlandschaften angetan, wie sie in seiner norddeutschen Heimat früher typisch waren und teilweise auch heute noch sind. Wo immer sich die Gelegenheit bietet, pflanzt er Hecken aus heimischen Sträuchern in Gärten, er hat diverse Projekte, zum Beispiel in Hamburger Grünanlagen und Kindertagesstätten, angeregt, geplant und praktisch begleitet.

Weitere Informationen: www.westphal-naturerleben.de
und www.westphal-textdienst.de

Andere Bücher aus dem pala-verlag

Uwe Westphal:
Schräge Vögel
ISBN: 978-3-89566-342-0

Uwe Westphal:
Das große Buch der Gartenvögel
ISBN 978-3-89566-375-8

Uwe Westphal:
Mehr Platz für den Spatz!
ISBN: 978-3-89566-353-6

Christof Sandt:
Kleine Anleitung zum Gehölzschnitt
ISBN: 978-3-89566-398-7

Gesamtverzeichnis bei:
pala-verlag, Rheinstraße 35, 64283 Darmstadt, www.pala-verlag.de

ISBN: 978-3-89566-296-6

Rheinstraße 35, 64283 Darmstadt
www.pala-verlag.de
3. Auflage 2021

Umschlag- und Innenillustrationen: Margret Schneevoigt
Lektorat: Angelika Eckstein

Satz und Gestaltung:
Die Werkstatt-Medien Produktion GmbH, Göttingen
www.werkstatt-produktion.de

Druck und Bindung: Druckhaus Nomos, Sinzheim
www.nomos-druck.de
Printed in Germany

Gedruckt auf
100% Recyclingpapier